知名人士的好评

《企业转亏为盈》一书为在富有挑战性的亚洲环境下，如何避免潜在的陷阱，将一家公司业绩成功转亏为盈提供了清晰的步骤。这是一本在亚洲行商的必读宝典。
～大卫·阿布斯托教授（Professor David Ahlstrom），香港中文大学管理系

对所有从商人士来说，不论他们所经营的业务是否有问题，《企业转亏为盈：护理一间生病公司至康复》一书都是必读物……这本书对如何护理及重建一间生病公司提供大量有效可行的建议。这些建议都是由经过不止一次实际操作的行家老手总结出来的。
～罗纳德·布莱菲尔德先生（Ronald M. Bradfield），英国斯特莱斯克莱德大学（University of Strathclyde）亚洲教务主任

许多在亚洲营运的跨国公司会发现这本书和亚洲背景息息相关……它为身陷重围的公司制定一套完整全面的计划，摆脱财政赤字，并享受全面而长期的复苏。
～Chou Fang Soong 先生，新加坡，金普斯技术公司亚洲区总裁

这本书资料极其丰富，非常注重实际操作。不论对生病还是健康公司里的经理而言都是一笔不可多得的宝贵财产。
～Harry Chua 先生，新加坡合新有限公司（Hersing Corporation Ltd）主席

邓博士的书非常有用，对新加坡和世界许多体弱多病的制造业公司来说简直是一剂灵丹妙药。书中系统地展现了转亏为盈的技巧，打开了思维的一片新天地，非常具有启发性。对于商业人士、经理、专业人士以及其他想要改善公司业绩的人们而言这是一本优秀的参考指南。
～Robin Lau 博士，新加坡工业联合总会会长

这本书是从事企业转机人员的有益参考，对想要从有成就的个人身上学习技能的人而言，这也是一笔可观的知识财富。
～Peter K W Leong 先生，新加坡康福集团财务总监

从医学的角度把一间公司比作一个人。这种别具匠心的风格使这本书从其它众多公司转机类型的书刊当中脱颖而出。这本书不仅读起来很有趣，而且复杂的转机概念也变得易于理解和记忆。推荐所有总裁、经理和执行人员都来看看这本书。
～Liau Beng Chye 先生，新加坡特许管理协会会长

有趣、有见地、有价值。
～Subhash Mehta 教授，澳洲南昆士兰大学商业经济学院客座教授

邓博士以其丰富的企业救援经验写成本书。他以自己的亲身经历，把西方管理理论和亚洲背景相结合，论述了如何成功地扭转不利局面的方法。作者丰富的实践经验以及深厚的理论背景更凸显出本书对于在亚洲行商具有特别高的实用价值。
～凯文·欧博文教授（Professor Kevin O'Brien），澳大利亚南澳大学副校长

在当今这个全球经济衰退的时期，邓博士的书实用、中肯而且有助益。他称之为手术、复苏

和护理的三个企业转机疗程对亚洲许多生病公司的康复都是可行而适用的。我强烈推荐这本书给那些竭尽所能带领自己的机构摆脱经济不景气的总裁、经理以及顶级公务员们。
～黄鸿年先生，香港中策集团主席

这本书将对众多在亚洲运营的跨国公司有所帮助。它展示了通往成功的道路，并指出途中可能遇到的风险和陷阱。
～E C Ong 先生，新加坡百特医疗产品股份有限公司总经理

邓博士……开发出一个处方，能将一间生重病的公司实体转化成健康的机构……在这个动荡不安的时代，这是一本必读之书。
～Jose Jesus F Roces 先生，菲律宾亚洲管理学院（AIM）高级管理人员培训副教授

号召所有总裁和企业经理！如果你正在寻找一本能把你的公司带上正轨的好书，这本就是了。它会自始至终为你指引方向，从你的公司刚刚踏上征途开始，直到向着成功全速前进。真的很有启发性！
～Gregory Tan 先生，新加坡公共关系学会会长，公共关系机构亚细安联盟主席

一本易读易懂的书，其中有不少有意思的看法，包括使用医学行话和比喻。
～黄昭虎教授，新加坡南洋理工大学策略、管理及组织教授，高层主管培训课程主席

《企业转亏为盈》是一本难得的书。邓博士……能够提出具革命性的见解。这些见解完整清晰，而且保证了普遍适用性。
～Y Y Wong 博士，新加坡 Wywy 集团主席，太平洋商业经理事会主席

邓博士以其自身领导才能和机构转机经验写就了一本实用而中肯的书。领导人、大学工作人员和学生会发现这本书不论在国际还是国内范围都非常有帮助，而其中的医学类比也很有创意和启发性。
～麦克·伍德教授（Professor Mike Wood），澳洲科廷商学院副院长

许多生病的中小型企业将会从这本书所分享的资料中获益。而那些已经做得很好的则会在这本书的帮助下达到更高的目标。
～Diana Young 博士，新加坡中小型企业协会前任会长

企业转亏为盈

护理一间生病公司至健康

邓耀兴 博士

目录

图表与表格

图表

表格

作者简介

邓耀兴博士曾著有《企业转亏为盈：护理生病公司康复》（Corporate Turnaround: Nursing a sick company back to health），由 Prentice Hall 在 2002 年出版发行英文原版。该书也被翻译成印尼文。其英文版曾一度成为当时最畅销的书籍之一。

邓博士曾多次就企业转机和转型课题被国家媒体采访。他被包括如亚洲新闻电视台、FM93.8 新闻广播电台、《老板》杂志、《经济通报》、《今日》报、《世界经理人文摘》、《联合早报》、StarBiz、Singapore Edge、《海峡时报》等电视、电台和刊物报章公认为亚洲的转机总裁。

邓博士于 2004 年七月加盟英华美控股有限公司（IHL），任职执行总裁。这是一间新加坡上市公司，在全球 50 多个国家和地区拥有 300 个教学中心。他在当时披挂上阵是为了带领这间教育服务机构走出财政困境。在将英华美控股从财政崩溃的边缘拯救出来并将情况稳定下来之后，邓博士选择了离开。他要去开创自己的商业顾问公司：企业转机中心有限公司（Corporate Turnaround Centre Pte Ltd）。

在此之前，邓博士也曾就任西氏医药服务公司（WPS）的常任董事几近十年。该公司是一间美国跨国公司在新加坡的子公司。在他的领导下，公司取得了迅速的成长。

在西氏任期之前的岁月里，邓博士曾先后担任新加坡锦泰公司（Scott and English）以及基地在澳大利亚的沃莫尔德国际公司（Wormald International）的执行总裁。在他任内的第一年，就以高超的手段成功将这两家公司转亏为盈，展示了他在企业转机方面过人的见识和天赋。

此外，邓博士还在 2004 年初担任新加坡裕廊工程有限公司（上市公司）的顾问，指导该公司的重组过程。他也曾参加过新加坡理工学院和新加坡国立大学的咨询顾问委员会。他在亚太地区的企业转机、策略规划以及运作责任上拥有超过 27 年的丰富经验。其中，他担任首席执行官职位的时间就超过 17 年。

邓博士在 2000 年——2004 年曾担任新加坡市场协会（MIS）主席。该协会是一个代表着在新加坡大约 5 千名个人和企业成员的国家团体。邓博士在南澳大学荣获经营管理学博士学位，在新加坡国立大学分别荣获工商管理硕士和机械工程学士学位。他也是新加坡专业工程师和英国特许市场营销协会（CIM）、欧洲特许管理协会（CMI）、美国机械工程师协会（IMechE）、英国电气工程师协会（IEE）的高级会员（Fellow Member）以及新加坡电脑学会（SCS）的资深会员（Senior Member）。

序

我很高兴能给《企业转机：护理一间生病公司至康复》一书撰写前言。邓博士把他亲身经验和亚洲哲学智慧相结合，造就了这本独一无二的书。

因为经济、政治和科技力量的不断变更，企业转机不再是特别的，而是成为日常生活的一部分。商业动荡一直持续。这要求强有力的领导能力来维持稳定或管理危机。

虽然围绕这个主题已经出版发行了不少书籍，但本书的独特之处在于医学类比的运用使得有效进行企业转机的概念和方法容易让广大读者理解并接受。这本极具可读性的书上对严肃认真的转机总裁和专家，下至普通大众都有强烈的吸引力。书中所探讨的技巧和概念涵盖广泛，对那些急需将生病公司摆脱困境与那些致力于巩固公司财富维持长期增长的人们来说都具有同样高的实用性。

这本书的中心思想围绕如何将一间生病公司全面转亏为盈，是一本综合而完整的转机指南。在第一年内就产生盈利是相对容易的事。关键是如何应用邓博士所推荐的三个公司转机疗程：手术、复兴和护理去维持长期康复。这是转机管理一个独特而崭新的前沿。

邓博士的健康类比非常合适。事实上，我相信大多数陷入困境的公司正象我们单独但不定期锻炼身体，也没有定期安排好饮食。如果我们一直遵循一个有系统性的饮食（效果）和锻炼（效率）规律来管理公司，我们就能避免公司陷入不得不转亏为盈的境地。然而我们并没有这么做。最后只好去转亏为盈了。

我以两种身份亲身经历过转机局面。第一种是作为数间公司的非执行委员会成员，我经常奇怪为什么好公司也会失败，以及它采取什么行动扭转失败的局面。第二种是公司总裁邀请我作为外部顾问，针对在转机局面下要做些什么提供建议。

亚洲的读者们能够马上确定书中所探讨的添加了大量亚洲和东方智慧精华的概念。他们的观点因为受到来自众多出类拔萃的公司转机专家、管理大师和世界级公司的总裁们的管理实践和经验的影响而显得明智且均衡。非亚洲读者们能够获得无价的见识和观念。这对在亚洲区域经商特别有用。

我恭喜邓博士写成如此实用的商业书籍。

贾格迪胥·谢兹教授
查尔斯·凯尔斯特营销学杰出教授
美国艾默雷大学
Professor Jagdish N. Sheth
Charles H. Kellstadt Professor of Marketing,
Emory University, US

前言

我们正在全球范围内的一个空前动荡和充满挑战的新纪元中进行冒险。这是由经济兴衰周期日益短缩而决定的。世界经济环境同时也充斥着其它复杂因素，如不断增加的暴力、恐怖袭击、政治冲突、社会动荡，等等。举例来说，自上世纪三十年代的大萧条时期以来，这个世界还从未有过如此在全球范围内的经济不景气局面。结果，许多公司生了病，急需进行改组以在将来生存下去。不幸的是，他们当中有许多并不知道要怎么做，因为他们从未碰到过如此大规模的挑战，也因此显得准备不足。而且，几乎没有公开的信息和文献指导如何帮助生病公司克服全球经济放缓和其它形式的症状等等这些公司所面临的挑战。所以，我希望通过分享我的意见和经验抛砖引玉，为解决这类问题尽一份薄力。我坚定相信这将能够改变许多命运，不止是公司层面的，还会包括个人层面。

本书对两种公司都密切相关，一是那些处于困难时期，正经历重组和复兴的公司；还有就是虽然处于繁荣时期，但仍要保持身体健康的公司。本书将带领读者亲历一个完整的程序，从濒临破产，到一个健康阶段，最后再达到一个能维持长期成长和全面康复的地步。

尽管亚洲经济发展的步调放缓了，但这个地区仍然毫无异议地被许多专家推许为最具未来成长潜力的地区之一。然而，亚洲作者著作的有关企业转亏为盈的书却非常稀缺。而且，不象市场中由非亚洲作者或管理顾问写的有关企业转亏为盈的书籍那样，这本书是由其丰富一手从业经验的亚洲执行总裁（CEO）写就。作者曾亲身经历动荡复杂的企业环境，并先后带领多间陷入困境的公司走出失败的泥潭。

本书通过使用叙述说明实际案例经验的方式涵盖了广泛的关于企业转亏为盈中如何护理一间陷入困境的公司直至康复的问题和步骤。这过程包括了手术（重组机构），复生（使销售重现活力）以及护理（康复企业免疫系统）三大疗程。读者们通过深入浅出且综合全面的引导最终可掌握涉及转亏为盈模式中复杂的概念。

现实生活中转亏为盈的说明和手法独一无二地通过对一名病人形象生动的医学比喻表达出来。用来治愈一名病人和使公司摆脱困境的关键是一样的，那就是预防、早期诊断以及正确治疗。在三个疗程中分别对比东西方不同医疗手段会令人恍然大悟。我希望，通过这些关联，读者们会发现这本书让他们耳目一新。他们能够清晰地理解并掌握人类身体健康和公司财政健康之间那千丝万缕的联系。医学比喻的应用也有助于读者记住本书提到的有关企业转亏为盈的技巧。

部分读者可能认为本书主张的转亏为盈技巧仅仅是常识而已。因为有过成功应用这些技巧的亲身经历，我希望澄清这个误解并重申这些技巧是汲取众家所长而且结合了西方管理方法和东方古老的哲学智慧的结晶，是经过时间的考验的原则和策略。作为通过东方传说和文史资料流传下来的哲学智慧在当今社会仍然有非常重要的指导意义。象《孙子兵法》这样的战略思想现在被西方管理大师和执行总裁认可为适用的管理原则。中国商人在非常不利的市场环境下仍能取得繁荣为他们自己赢得了荣誉。除了勤奋节俭外，他们的成功也可归结于许多其它东方哲学原则。其中有些原则就体现在本书所主张的转亏为盈的步骤当中。从许多西方转机总裁的个人经验、富有洞察力的眼光以及转亏为盈道路上的陷阱等方面总结出来的至理名言也同样包含在本书中。它提供了一个平衡的东西方观点。

除了通过一些步骤引导读者们掌握生计之道，即有关头脑或是"硬"的问题（将在疗程一：手术以及疗程二：复生中具体讨论），本书中转亏为盈过程也涵盖了有关心或是"软"的问题（将在疗程三：护理中具体讨论）。后者需要为公司建立清楚明确的企业哲学概念，造成一个灵活、快速而专注于行动的氛围。要使其具体化，公司哲学则必须很好地定义，要包含这样的思想机制：产生新主意，促进以新方法做事情，接受不断变化以及愿意接受失败。而且它还要提倡企业哲学能够和在机构内部自由流动的能量（气）融为一体。所有这些都将对建设强大健康而且以行动为驱动力的氛围起巩固作用。这将强化公司的免疫系统，保护公司免于遭受内部和外部病毒的侵袭，因此维持长期康复。

因为影响每一间公司转亏为盈局面的因素都可能显著不同，要找到一个"放之四海而皆准"的转机方法是非常困难的。我承认局限于个人经验和本书篇幅的关系，我无法罗列全部的答案，也无法在这里彻底探讨所有的转亏为盈的方法。然而所提供的转机技巧可以由读者自己轻易地仿效出来，因为这些技巧是非常实用和通用的。生病公司可以轻松上手，通过正确适当的处方剂量得到有效医治。这些转机技巧对我有效。因此我相信明智地应用它们也对大多数生病公司有效。我有信心在认识到所讨论的各种问题之后，转机总裁和经理将具备巨大优势。所得到的处方也有助于他们根据他们所处的情况设计合适的转机策略。

本书也可作为一本参考指南，帮助那些没有陷入困境但想要巩固自身企业健康的公司进一步强化长期业绩表现。渴望增强实力或在亚洲扩展现有业务的公司，特别是跨国公司，可能也会发现这本书的有用之处。

这很可能是第一本由新加坡执行总裁写成的有关企业转亏为盈的著作。尽管自然资源匮乏，新加坡经过多年的发奋图强，从一个贫穷的殖民小岛变成一个现代化全球化的工业城市，一个金融中心，一个商业枢纽和一个繁忙的港口。说实话，新加坡的成就在很多方面都是个奇迹。这个奇迹来自伟大的视野，并通过彻底的决心、坚定不移、勤奋以及为保持在竞争的领先位置而不懈地奋斗转化为切实的成绩。超过六千间跨国公司在新加坡营运。亚洲和西方机构的适当混合帮助新加坡成为世界上最具竞争力的国家之一。新加坡的成功可以归结为东西方实践方法的最佳融合。其中有些案例在本书中将作进一步探讨。

我的目的是要启发和鼓励在窘境中挣扎着的转机总裁和经理们坚持对中小型企业、本地业务甚至跨国公司进行重组、复兴及康复，帮它们迈向强壮健康的企业继续努力。其收获将是巨大的，比如增加就业、提高国民生产总值增长幅度以及其它附带的好处。

最后，我个人希望本书中所探讨的转机原则和技巧能够帮助更多充满压力的经理们渡过经济动荡时期。他们不必重犯我在为生病公司转亏为盈的过程中所犯过的错误。

鸣谢

我花了整整七年漫长的时间才写成这本书。我曾因为工作、家庭和社区义务等原因中断过好几次。我的爱妻维青是第一个我要感谢的人。在她的鼓励下促使我最终完成了这本书。此外，她还在本书编辑、繁琐艰辛的校正、资料搜集以及其它管理工作中给予极大的帮助。我从来不敢想象，如果没有维青，我是否还能写成这本书。我的孩子文彬和文惠也在我要放弃这本书时及时为我加油，给我鼓舞。

我感到非常幸运，能有许多好朋友响应号召，在我写作的时候热心地给予帮助，并对我的作品回以中肯的评价。非常谢谢你们，Subhash Mehta 教授，David Ahlstrom 博士，Roger Low 博士，Choo Weng Chuk 博士，Gary Lim 先生，Chan Tuck Chun 先生，Gwen Ling 女士，Jonathan Kong 博士，Justin Kong 博士和 Stephanie Kong 博士。我要特别感谢培生教育出版集团（Pearson Education）的 Gillian Chee，Angela Chew 和 Pauline Chua 给予我不断的鼓励和无价的建议。我也非常感谢所有支持我和这本书的人以及 Jagdish Sheth 教授。对你们高度的赞誉和评论致以深深的感激。

我还要感谢许多其他来聆听我的演讲并对企业转机反馈意见和建议给我的人。他们当中有很多本身也是转亏为盈专家。他们的反馈给我提供了灵感，让我有了更进一步的了解。

第一章 导言

新千禧年带给亚洲和世界许多公司全新的挑战。当这些公司向新领域进军时，当中的很多公司因为无法适应剧烈动荡的商业环境带来的快速改变而饮恨商场。这些公司无能为力可能由于过时的策略，陈旧的产品，缺乏管理，傲慢的企业态度以及将在本书后面的章节中提到的其它许多因素。每天都会有新的挑战浮出水面。传统上的智慧和经商手法在过去有效，但现在和将来却不一定可行。许多公司突然置身于混乱的空间。过去的成功并不能保证将来也能成功。

亚洲经济奇迹在上世纪九十年代曾经所向无敌。曾有预言说 21 世纪是亚洲的世纪。不幸的是，这个美好的前景在 1997 年突然结束了。始于泰国的经济危机迅速升级并引发大量资本从马来西亚、印度尼西亚、韩国以及东南亚其他地区外流。最终，这些突发事件促使亚洲货币崩溃。紧接着 1997年的经济危机，许多在亚洲的公司被宏观的因素所压垮，比如由英国和日本经济放缓而引起的全球不景气，以及政治骚动和区域经济委靡不振等等。当其全面影响仍有待进一步评估时，在 2001 年 9月 11 日发生在美国的恐怖袭击等于给美国经济当头一棒，也连带深深地冲击了亚太地区。使公司陷入困境的还有微观因素，如市场自由化，大量增加的合并和收购行动，中国崛起成为强大的竞争对手，成本不断增加以及其它许多因素。

从积极的方面理解，除了恐怖袭击和全球经济不景气所带来的空前挑战之外，许多潜伏着的"企业失利"其实可以通过早期干预恢复强健的健康状况。这就要用到本书中所探讨的经各种考验证实有效的企业转亏为盈的技巧。因此这本书对挽救重病公司的企业转机总裁和经理们而言不啻无价之宝。许多成功的公司是在废墟中建立起来的。这本书也能帮你这么做。那些在技术上而言虽然还未处于需要转机的境地，但却受到诸如增长停滞，顾客流失，市场影响力下降或受损，职员跳槽率居高不下等局面困扰的公司也会发现这本书对设计相应的拯救计划大有裨益。甚至对于相对健康的公司而言，他们有可观的盈利，也不会陷入危险的转机局面，在这本书中所证明的步骤和做法仍然会强化巩固他们的业绩表现，维持长期成长。本书所要体现的一个信息是："一个人不必通过生病而变得更好。"

要精确定义什么是"需要转亏为盈的局面"是很难的。因为这取决于疾病的种类，社会文化差别以及业务类型（是服务还是制造）。在本书中"需要转亏为盈的公司"是指如果没有在短期和长期实施恰当及时的纠正行动，公司的财政业绩就会在可预期的将来注定失败。一般来说，"转亏为盈"或者"转机"就是指公司已经遭受直接现金和盈利危机的折磨，急需扭转现状。然而，转亏为盈在这里采取更广泛的定义，也包括了那些还未直接受这种危机影响到的公司。一个广义上的需要转机的局面认识到公司在危机到来之前经常会表现出明显的失败兆头或症状，象一名病人一开始会有轻微发烧或感到疲倦等症状一样。这些公司常常出现的症状包括管理层不胜任，销售额下降，盈利低甚至是负数以及职员跳槽率高。如果因为管理层无法有效适应市场动荡带来的变化而停滞的业务没有好转，危机局面最终会发生。但是，只要及早采取正确的转机策略，在危机局面中奄奄一息的生病公司也能从混乱中重获生机。目标不是坐以待毙，等候验尸报告，而是给予正确的药物治疗避免死亡。

这本书的另一个目的是描述在转机局面下整体实现完全康复所要用到的技巧。就象很难精确定义什么是需要转机的局面一样，要确定整体完全康复的含义也很困难。全面或完全康复在这里意味着公司彻底摆脱了现金和盈利危机，而且能够维持健康状况并在长期取得成长。因此，它将不会在可预期的将来脚步不稳地面对另一次危机，而是能够从容自信地面对环境的变化。一旦整体公司实现了完全康复，就将能够在长期维持竞争优势。

作者将在本书中以执行总裁的角度介绍转亏为盈的经验。他在这方面拥有超过二十年的实际操作经验和管理技巧。他详细讲解为企业转机所开发出的操作方式。不论生病还是健康公司，他都能应用这种操作方式管理得很成功。转亏为盈的应用过程以及结合东西方最佳的实践经验将通过现实世界中的三间公司 A，B 和 C 作为例子具体说明。作者曾在这三间公司分别担任过执行总裁。

别具一格地在医学上对比企业和人体为读者掌握和理解企业失败和转机过程中复杂的课题提供了强有力的工具。关于"气"或者说内部能量的至关重要性以及对企业健康起决定性作用的强健的免疫系统的说明都具有深刻的意义，将有关原理生动逼真地呈现在读者眼前。这些方法不仅有事实作为依据，而且还从我们之大多数都会涉及到的许多大学管理原则中援引至理名言和实践应用。本书以叙述的形式，逐步展示实际情况，佐以相关图像和表格以及用总结和"智慧结晶"（引用谚语和口号）的形式突出重点和事情本质。这种方式提供快速指南，能轻易地找出需要实施的正确行动是什么。书中没有所谓纯理论的概念，有的是久经考验能行得通的解决方案。

不幸的是当今的商业学校极少教导企业转亏为盈的科目。认为教科书上的知识足够用来帮助那些经理们对付企业转亏为盈那极为深奥复杂的局面简直是天方夜谭。转机执行人员必须集慈善的独裁者，危机经理，梦想家，企业家，教练，精神领袖等身份于一体。转机执行人员戴上这么多顶帽子后，就会因为相互矛盾的特征而患上精神分裂。在一些艰难的转机局面下，转机执行人员甚至要拥有超自然的能力，比如销售听诊器给园丁或者有起死回生的本事。结果，商业学校经常沦为这样一种角色：他们提供的所谓教科书经理，无法在现实世界中存在着大量重病公司的市场环境下找到用武之地。

有一种令人遗憾的说法是转机领导人的基本任务只是残忍和开除职员以便减低成本。媒体助长这种谬论，把转机经理描绘成电影《第一滴血》里恐武有力的男主角兰博，毁灭掉一切挡路的东西。举例来说，媒体曾给许多转机领袖起绰号，象通用电器（General Electric）前主席杰克·威尔齐（Jack Welch）的绰号是"中子杰克"，尚彬公司（Sunbeam Corporation）的前主席阿尔·杜兰普（Al Dunlap）的绰号是"链锯阿尔"，而英国前首相玛格丽特·撒切尔夫人的绰号则是"铁娘子"。威尔齐与杜兰普在他们竭尽全力将公司转亏为盈的过程中分别解雇了上万名雇员。而玛格丽特·撒切尔夫人则将国有企业不列颠公司（Britain Inc.）私营化，导致数以千计的人失去了工作。不幸的是在公司经历重大裁员时股票市场的反应却有利于公司股票价格。本书将会证明企业成功转亏为盈远不止开除职员和规模缩小化这么简单。

还有一个普遍存在的误区是公司不认为自己容易遭受财政困难的冲击："我的公司一切都好，不会生病的。"就象得爱之病（AIDS）一样，一些患者之前一直持这样的态度："这将不会发生在我身上。"然而一旦真的发生了，就要做好准备从医生那里听到这样的话："对不起，我们不能治好你。"这本书尽量提醒并避免公司发展到最后病入膏肓，什么治疗都无效的地步。它也显示出即使一间成功公司也容易遭到财政失败的冲击。所以关键是要知晓各种类型的企业病毒。就象谚语所说："能够确定是什么疾病在折磨你就等于痊愈一半。"

成功的企业转亏为盈应该是全方位的，而且是基于在短期和长期专心处理策略和营运上的问题。全面的转机计划应该不止削减成本，而且应包括增加收入以及改变公司文化以便在将来能更好地管理反复无常的市场。转机管理层必须把握好机构内"软"或者说有关心和"硬"或者说有关头这两方面的问题。

要使整体公司完全康复，将会用到以下用医学术语表达的三个转机疗程：
- 疗程一： 手术   一重组陷入困境的机构以面对严酷的现实并改善现金流
- 疗程二： 复兴   一使业务重获新生以改善销售收入和盈利
- 疗程三： 护理   一恢复强健的公司免疫系统以维持长期成长

图表 一.一显示了一个完整的公司转机计划摘要

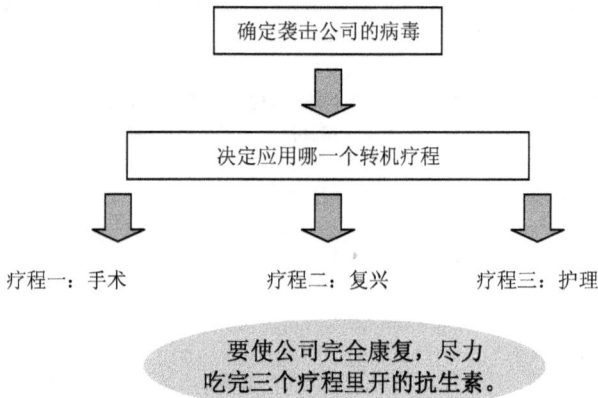

图表 一.一完整的公司转机计划

许多有关企业转亏为盈的书都仅仅停留在给公司动手术这第一个疗程上。然而疗程一还不够彻底。因为尽管手术很成功，但病人有可能还是会死去。在疗程一当中，现金流是非常重要的一环。当你来到疗程二时，盈利占据了更重要的位置。因为只有通过盈利才能确保将来有更充裕的现金流。有些书可能涉及到疗程二：复兴策略的一部分用来增进销售。本书提供一套完整的公司转机方法，包括疗程三：护理，处理有关"软"的问题。这是市场同类书籍中绝少涉及到的。贝恩咨询公司（Bain & Co.）对 2 万 5 千间公司进行了长达八年的研究。在 1997 年公布的研究结果显示，大多数公司都可以取得一年财政佳绩。在任何一年里，这 2 万 5 千间公司里有 40%的销售增长要快于国民生产总值，而且盈利增长要快于销售额。然而在接下来的几年里却很少公司能持续得到盈利增长，有 94%的公司无法做到。关键在于如何保持盈利增长。这就是为什么第三个护理疗程是如此关键了。它是成功完成整个公司转机过程中至关重要的一环，确保了公司的健康。

第三个疗程涉及到公司文化的变更。没有它，重组就好像把一名癌症患者升级到医院里更贵更高级的病房一样，只是治疗疾病的表征而非病根。迅速变化的环境使得成功公司如昙花一现。变化不会来，而是早就在这里等着复仇了。要应付这些迅速的改变就要建立起一个强健的公司文化，就象人体内强健的免疫系统一样，能抵抗某些变化所带来的破坏。本书通过视野、反馈和行动这些均衡的饮食具体说明如何强化公司免疫系统。均衡的饮食提倡主动沟通，培养积极精神态度，并侧重于象培训和发展等锻炼。一个强健的免疫系统包含一个新公司哲学和内部能量，"气"，的自由流通。它也使得管理层以行动为导向，即灵活、快速而且专注，让机构能对变化迅速作出反应。

转机技巧精选自作者的亲身经历以及如美国通用电器的杰克·威尔齐，IBM 的卢·葛斯纳（Lou Gerstner）微软的比尔·盖茨，戴尔电脑公司的迈克尔·戴尔，美国在线（AOL）的史蒂夫·恺斯（Steve Case）等等在内的西方转机总裁。东方经历则是《孙子兵法》、陶朱公商业策略以及孔子和其它中国哲学家智慧的结晶。其他亚洲卓越的人物还包括现代化新加坡的奠基者李光耀资政，日本索尼的创始人盛田昭夫（Akio Morita）以及台湾宏碁的施振荣等等。转机总裁的能力中蕴含这样一个关键因素，能赋予整个公司哲学和公司文化以新的生命力，培养包括灵活性、适应性、自由学习、勇于探险、创意思维和个人责任等在内的优秀品质。这个关键因素释放公司的能量，将周围的力量，包括攻击公司的内部和外部的病毒，转化为无限的契机，而不是仅仅维持现状躲在舒适的环境。本书不但为生病公司里紧张焦虑的转机执行人员提供强有力的帮助，而且也是健康公司里想要进一步发展业务的经理们的好帮手。

第二章 身体和财政健康

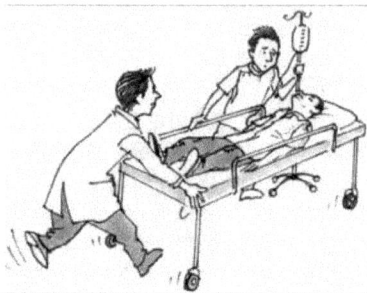

医学类比：人类和公司

公司和医学之间有很强的相关性。事实上，一间公司象人一样也会生病。与通常的看法恰恰相反，公司不是无生命的东西，而是一个人类社团，一个活的生命体，一个有着自己独特人格和态度的生命实体。因此，如果缺乏适当的关怀，有着自己生命的公司就会死亡。

表格 二. 一列举了一些对比人类和公司从出生前到出生再到生活和死亡的例子。

在出生前的阶段，正如人类胚胎的受精怀孕一样，一间公司的形成是通过创始人探究或集体讨论一个初始的主意而形成公司概念。对人类来说，胎儿在出生前的照顾下得到养分，直到出生。对公司而言，公司概念发育成为关于其生存能力的可行性报告，接下来是在启动前充分酝酿和准备。刚出生时的起步公司是个小婴儿。有些婴儿会因为各种病毒攻击而死产或流产。这些病毒将在后面的章节详细说明。

一个健康有活力的人就象一间盈利的公司，充满生命力（扩展）和精力（贡献）。而一个病人或生病公司则受到很多问题折磨。对公司而言，困扰他们的问题和疾病通常是财政方面的，但也会以其它形式表现出来。这将在本章稍后重点说明。象人类一样，公司也容易遭到病毒袭击。具体表现在内部和外部冲击公司健康的负面因素。公司的现金流相当于人类生命所必需的血液。碰到现金流损失甚至是负数时，就象人遭受大出血的折磨。有时候，公司受到官能障碍的雇员的不良影响。这和人体内滋生无法控制的肿瘤和癌症的情况很类似。

对公司而言，医生就是那些使生病公司痊愈或复兴以完成转亏为盈过程的转机总裁或经理。医院则是银行、私人投资者或投机资本家，为陷入困境的公司提供了性命攸关的财政援助和现金流以维持其运作。手术用公司委婉的说法就是重组、机构合理化、规模缩小化、机构重建等熟悉的术语。其实这些都意味着同样的事。如果你不幸是机构重建的牺牲者，那基本上就代表你被开除了。当一间公司因为一种重大疾病而病倒了，它就需要动手术和特别护理治疗来康复和痊愈。特别护理治疗是指用来重振公司恢复健康的转机手段。当公司痊愈时，就意味着转亏为盈成功了。否则就会以财政体系崩溃或破产的形式死亡。公司的殡仪事务承办人就是由清算人宣布其结束或死亡。

表格 二. 一医学类比

人类	公司
怀孕	概念、主意
婴儿	起步公司
健康	良好的盈利和现金流
婚姻	合并与收购
病人	陷入困境的公司
疾病、不适	麻烦、问题
血液	现金流
大出血	关键职员流失
病毒侵袭	影响公司的内部和外部负面因素
肿瘤、癌症	官能障碍的雇员
医生	转机总裁、经理
医院	银行、私人投资者、投机资本家
手术	重组、机构合理化、规模缩小化、机构重建
复苏、复生	使销售和盈利重获活力
护理、康复	维持、培养成长，特别是公司文化
痊愈	转亏为盈
死亡	破产、关闭、结束经营
殡仪事务承办人	清算人
心脏	思想理念、态度
心脏病、中风	主要业务失败、策略失误
文化	公司文化、免疫系统
内部能量、气	动力、热情
脱氧核糖核酸（DNA）	商业模式
生物神经系统	数字神经系统

护理公司需要改变思想理念和态度（心）以及公司文化（文化）。现代医学普遍认为如果一个人罹患心身失调的疾病，其精神态度、思想理念、心智和忧患都能对身体健康产生巨大的影响。严重时甚至会导致妄想狂。其他病人也会因无法应付压力而导致心脏方面的疾病，如中风、心脏病甚至癌症。这在公司里也一样。职员们错误负面的态度可形成机能紊乱的公司文化。公司文化就象公司的免疫系统。在第五章里会针对公司文化提供更多的资料。人体的内部能量（在传统中医学称之为"气"而在日本则是"元气"）相对应于公司可广泛转化为动力和热情，是许多出类拔萃的成功公司的共同特点。这也将在第五章里作进一步阐述。公司的商业模式基本上是由一砖一瓦修建而成，这相当于人体内的脱氧核糖核酸（DNA）。举例来说，许多网络公司为生存下去急需改变 DNA。因为他们的商业模式无法长久持续。相当于生物神经系统的公司数字神经系统有助于灵敏地感应自身环境的变化。

如果一间公司生病了，就必须赶快寻求正确诊断。正确的诊断做法可以建立在广泛的检验（分析）的基础上。其后，就可以通过适当的治疗和正确的药物进行复原。具体细节将在本书接下来的章节中进一步详细说明。

对人类而言，疾病和不健康的状况通常显而易见，能得到快速诊断。比如，一名患上流感的病人表现出咳嗽、流鼻涕、发烧和身体疼痛等症状。医生可以用温度计测量病人的体温。

公司也一样。对于即将来临的问题通常都有明显的警兆或症状。然而这些警兆却常常被有意无意地忽略或压制了。因此危机开始发动攻击才令人感到意外。很不幸的，许多公司失败不仅仅由于其财政健康不可挽回地恶化，而是因为管理层无能或不愿坚定面对这些严重问题并采取及时妥善的行动。管理层也许是在自我否定或不希望其他人知道公司所处的困境。这种否定是自欺欺人的，将导致在业绩表现不佳的早期阶段延误实行必要的补救措施。在另一方面，迅速行动能显著地提高公司存活的几率，确保公司复兴及重获生命力。定级执行人员有时会掉进否定的陷阱。因为承认问题就等于承认失败，将他们置于董事局、股东和更大公司架构中同僚的批评中。

许多公司都会为职员们进行年度身体检查和健康防护，但却疏忽了他们自身的检查。糟糕的管理和财政信息体系尤其为管理层无法"看到危机到来"而遭到指责。然而象资产负债表和损益报表等传统会计方法只能在一定时间段获取公司内某些可测量的财政数据。还有许多无法量化的因素影响着公司的健康。当疾病在公司会计系统明显表露出来时，可能为时已晚，无法采取矫正措施挽回局面了。"许多时候，在我们应召而来时，公司已经困难重重了。"拥有转机专家证书（CTP）的彼得·托蒂洛如是说。他也是一间拥有 4,100 名各种从事转机和重组工作的公司复兴专家的国际非盈利性机构的负责人。因此，很难接受因为我们缺乏诊断工具而使公司衰落和失败的理由。

象一个人会生病一样，公司也会。

为什么公司会失败？

业务失败即将来临所产生的最明显的警兆包括以下这些：

- 负盈利或盈利衰退
- 市场地位恶化
- 不良甚至负现金头寸，无法满足现金职责
- 职员流失率高，士气低落

在一间脆弱的公司中，其盈利指数通常表现为负盈利或盈利衰退，而且在过去数年间一直保持低位并持续不断在滑落中。任何盈利持续不断低于行业平均水准，而且比不过竞争对手同类产品或服务。这种不良的盈利表现就是公司疾病明显的症状之一。就好像一个人在发烧，是在提醒身体出了状况。

市场地位恶化能够通过公司市场份额损失，关键批发商或经销商的数量减少，以及其产品利润受到侵蚀等方面看出来。通常，低成本竞争者们在蚕食公司的市场份额相当久的一段时间里，公司都没有意识到这个问题。当它最终醒来时，才吃惊地发现一些主要客户或关键市场已经被偷走了。

一旦这些发生，其流动资金就会迅速恶化，从而无法维持生计了。受现金束缚的公司不断为满足更迫切的现金职责而篡改其现金资源。如此频繁的现金困难会给公司已经过度负荷的经营资本形成严重的压力。现有银行信贷额的减少还会使问题进一步复杂。提供这些设施的财政机构在意识到公司的财政困境后开始缩小信贷。更多严重的情况还涉及不支付债券利率、偿还款项、贷款分期付款等等。这些能迅速衰退到绝望的破产地步。

陷入困境的公司经常受居高不下的职员流失率（特别是顶级管理人员的流失）和低落士气的影响而加剧病情。这可能由包括管理不当和黯淡的前途等在内的诸多因素衍生而得。

公司失败来临所发出的警兆可能是许多潜在的根本因素累积的结果。在众多可能因素当中，最重要的毫无疑问是总裁的素质。大多数公司陷入需要转机的局面是由于执行总裁不称职、无能、粗心大意、傲慢以及缺乏经验。首先，要求和希望掌权的管理层能够客观地评价它过去的表现简直太困难了，尤其就是这些人因为管理失当而使得公司财政健康恶化。

根据商业计划与研究国际集团（Business Planning and Research International）在 1998 年为普华永道国际会计公司（PricewaterhouseCoopers LLP）所作的一项问卷调查发现，导致业务失败的原因有以下几个方面：

- 市场损失（29%）
- 管理失败（24%）
- 财政方面（18%）
- 其它（13%）
- 呆坏帐（10%）
- 竞争（6%）

管理失败、市场份额流失、呆坏帐以及不良财政管理是不称职的执行总裁的共通表现。

转机管理协会（Turnaround Management Association）在 2001 年二月完成的一项名为"趋势展望"（Trend Watch）的问卷调查[1]与普华永道的发现相一致。调查结果显示大多数回应者（58%）的意见都认为糟糕的管理层是各行业公司表现不如意的主要原因。其它有关的因素包括过度杠杆作用（37%），商业模式缺陷（30%）以及竞争加剧（22%）。

陷入困境的公司通常表现出两方面的问题：内部和外部。这在我们医学类比中将以内部和外部的病毒进行探讨。关键在于确定这些病毒，清除它们，并培养或准备好公司的免疫系统，在这些病毒进入你的公司体系里造成重大伤害之前就打败它们。这就象预防医学（对疾病的防止或保护性治疗）：预防胜于治疗。

畅销书《营销大师法则》（22 Immutable Laws in Marketing）的作者阿尔·莱斯（Al Ries）和杰克·特洛特[2]（Jack Trout）曾说："一般说来，一旦一间公司死亡，要复兴就很困难了。一旦你死亡了，很可能你就死了。"因此，很重要的一点是不应该让公司死亡。预先防止任何问题出现是很重要的，这将不会对公司的健康造成不良影响。所以有句谚语说得好："高明的医生防患疾病于未然；普通医生留意迫近的疾病；而庸医则忙于治疗已经发作的疾病。"

> 你不必通过生病变得更好
> 无名氏

内部和外部公司病毒

> **"病毒"是一个拉丁词，医生用来表达
> 的意思是"你猜的和我一样"。
> 鲍勃·霍普（Bob Hope）**

病毒是一种简单的寄生并会引起疾病的微生物。因为公司一样容易受到病毒的袭击，在其健康状况恶化之前尽早确定（诊断）任何潜在的病毒感染并寻求相关预防或补救措施（即适当药物或治疗）是非常有必要的。

上帝创造人类，而人类创建公司。上帝的创造相比之下要完美得多。因为人体本身并不会产生病原体（一种引发疾病的有机体），即内部病毒。一旦病毒侵入人体，就会造成感染，然后利用人体内的细胞复制自己的后代。最接近内部病毒的可能就是所谓的自身免疫性疾病。一个患有自身免疫性疾病的人，他的免疫系统会错把自身器官、细胞和组织当成敌人而攻击。最常见的自身免疫性疾病之一是风湿性关节炎。身体里的抗体攻击身体关节部位的组织，导致这些组织发炎变厚，从而使患者丧失行动能力，有时甚至导致死亡。其它有关自身免疫性疾病的例子还有狼疮、多发性硬化、重症肌无力和炎性肠道疾病等。

除了易受外部病毒感染外，公司也能产生自己内部的病毒。内部病毒主要是指那些通常产生自机构内部具微观本质的因素。另一方面，外部病毒具宏观本质，通常不在公司的控制范围之内。**表格 二.二**列出了其中一部分例子。

表格 二.二商业上病毒袭击的例子

内部	外部
管理问题	政府干预、制定规则
● 傲慢	经济衰退
● 延误	政治骚乱
● 总裁、经理不称职	
● 拒绝改变	低成本竞争者
● 职员素质差	货币增值、贬值
● 内部管理失误	
不良财政控制	消费者行为变更
● 现金流	环境、健康问题
● 财会体系	
● 预算控制	科技变更
营运弱点	自然灾害
● 成本高	
● 后勤不力	工人、原材料短缺
● 市场营销失当	劳工动乱
人力资源问题	
● 负面态度	恐怖袭击
● 职员跳槽率高	
● 其它因素	
主要项目惨败	

内部病毒袭击

许多内部病毒由公司内部产生，其实是在公司控制范围内的。它们通常伴随着管理无力和财政体系差劲而生。有些内部病毒的生成是由于包括以往机能紊乱的公司文化在内的基因或 DNA 缺陷。这类病毒的袭击可导致业务决策失误或不合时宜、财政控制不力以及其它相关问题。

下面一些这类病毒袭击的例子虽然不敢说详尽无遗，但也为我们提供一个大致的印象，它们所能造成的后果有多严重。它们可以造成致命的伤害，而且这种伤害会严重妨碍公司健康及复原的机会。

管理问题

根据前面所引用的问卷调查结果，这是许多业务失败背后最大的一个因素。管理可引起许多严重的"病毒袭击"，例如：

- **傲慢** 源自公司成功及或故意自我否定或拒绝承认在市场环境、竞争等方面发生的显而易见的变化。它会导致制订全面计划失败或对市场判断失误。一种自以为高人一等的优越感有时会充满整个公司文化当中。
- **延误** 能够趁人不备打击公司。一间公司会因为最高层没有谁想要作出重大业务决策而陷入困境，只能维持缺乏活力的现状。这可能由于管理层的优柔寡断或是害怕失败。这在医学世界中正如一名罹患中风或昏迷中的病人一样。
- **总裁、经理不称职** 会聘用缺乏必要专门技术或技能的人员，甚至他们根本就不具备经营公司不可或缺的营业本领。这会导致决策失误或不合时宜，降低公司在瞬息万变的商业世界成长和发展的机会。这种类型的病毒严格意义上说扼杀了公司的生命，导致公司窒息而亡。《孙子兵法》作为中国珍贵的历史军事遗产已经流传了二千五百多年。其作者孙子（公元前 544—496？），原名孙武，字长卿，是在公元前 510 年左右写成《孙子兵法》原稿。原稿最初保存于中国，后来被法国人带到西方。拿破仑曾用其中的策略征服欧洲。孙子对中国历史有着不可估量的影响。公元前 512 年，经好友伍子胥推荐，他得到吴王阖闾的重用，被拜为将军，辅佐吴王，经军治国。吴国在他的率领下崛起为当时最强大的国家之一，号称"战国七雄"。孙子认为将军（执行总裁）扮演着举足轻重的角色。他在《孙子兵法》中曾说："将弱不严，教道不明，吏卒无常，陈兵纵横，曰乱；"意思是说，将领软弱没有威信，其号令不清晰明确，委任官员和士兵的职责不确定，队列散漫随意，这样的军队称之为乱军，注定要失败的。
- **拒绝改变** 是因为传统惯例或墨守成规，会形成束缚，例如公司被迫适应一个固定模式的综合症。不幸的是这个模式可能是已过时或不相关的。任何新想法或创意的火花都将被认为不合常规、激进或仅仅斥之为行不通而不被接受。这常常使得公司错过取得突破的良机。
- **职员素质差** 也会妨害公司的运作。与总裁或经理不称职无法带领公司发展前进的情况不同，素质低下的执行人员能使实现公司目标和策略的计划出轨。此外，培训不足或不称职的职员会对公司业务和形象产生不良影响。具体表现在客户服务差、销售下降以及市场份额萎缩等等。
- **内部管理失误**
  管理层忽视内部管理或控制力度不够会导致严重的特别是财政本质上的损害。其范围包括失误没有向上汇报，偷窃行为，甚至欺诈行为。有些严重的失误情况会导致取消营业执照，甚至整间公司的崩溃。一个很好的前车之鉴是英国历史最悠久的商业银行之一，巴林银行（Barings Bank）。它因为一个名为尼克·李森（Nick Leeson）的交易员的欺诈行为而于 1995 年倒闭。

不良财政控制

这由许多方面组成，包括下面所列举的：

- **现金流** 问题源自现金管理失当。即使拥有良好产品和服务的公司严格说来也会因为现金流通不畅而"噎死"。没有现金，他们就无法维持正常的日常运作。
- **财会体系** 对公司的财政健康至关重要，对其收益性和长期生存能力具有巨大的影响。有效监控价格、利润、成本等等是非常重要的，因为如果忽略这些领域的话就会引起特别是流动资产的迅速恶化。这有点象一个人如果想要避免将来患上心脏病，就需要经常监控他的血压和胆固醇含量。
- **预算控制** 不能过度强调，因为紧密监控所有相关开支和收入是非常关键的。预算控制失当会导致资源分配不合理以及无法预见到需要马上注意的问题。小心监督在另一方面允许公司可以预料可能存在问题的领域，从而能够为预防或改善局面采取及时正确的措施。这就象一个有健康意识的人为预防疾病或有关肥胖和心脏疾病的攻击而经常检查体重、饮食状况、活动量以及其它相关详情。

营运弱点

通过提高警惕，公司可以避开高成本、产品过时、市场营销失误、后勤或产品问题以及其它营运因素等形式表现出来的主要病毒的袭击。因为这类袭击当中有些发生得很突然，如果公司没有赶快服用解毒药物，就会在很短时间内陷入瘫痪甚至面临死亡。本书后面的章节将引用很多这样的例子。

人力资源问题

人力资源问题经常导致公司失败。它包括以下这些方面：

- **负面态度和思想理念** 存在于公司内部的职员意识中，有时是如此根深蒂固，严格说来是一场来自内部的战斗—"我们的敌人是我们自己"。负面态度象野火一样易于蔓延，可以多种形态表现出来，如士气低落、生产力低下、职员跳槽率高等等。如果放任不管，就会在公司中逗留不去并通过连锁反应最终严重影响公司的竞争优势、顾客服务以及毫无疑问的公司的利润。这就象没有把过敏原或毒素从人体内清除出去而引发的过敏反应或腹泻一样。
- **职员跳槽率高** 的代价很昂贵。而且关键职员叛变投奔竞争对手那里会进一步阻碍公司在市场环境下的竞争能力。有时，问题潜藏在公司无法激发雇员们的潜力和工作热情。这通常由于缺乏培训，导致雇员们拒绝改变而远远落后于竞争。
- **其它因素** 还包括缺乏激发雇员保持力计划。并不是所有保持力计划都有效。有些鼓励职员保持现状，而另一些则煽动雇员们（通过"创新"会计帐目、操纵股票价格或其它缺乏职业道德的手段）假造成绩，以便使公司表现出欣欣向荣。然而事实却并非如此。

主要项目惨败

这可能由项目管理不当、错误的成本计算和定价、预算超支等等在内的多种因素造成。因此，公司无法在合约期限内完成项目。这就要承担法律后果，如清偿违约损失、没收投标保证金，以及声誉下降和不良记录等有害后果。后者会严重限制公司未来的收入前景。

过度杠杆作用

一间公司可能过度贸易或在非核心领域、地理区域或不熟悉的领域扩展过快。一个最常见的导致破产的内部问题就是对公司资产进行过度的风险投资。公司可用的太少，想做的却太多。因此，当碰到诸如货币贬值、利率突然调高或银行家收回信贷款项等意外事件时，公司就变得特别脆弱。结果严重制约了现有财政、人力以及其它资源。扩展过快加上资本不足可能是致命的。多样化经营的范围越广，公司资源分布就越薄弱。集中注意力在少数几个业务上建立强项可能是改善你的长期财政表现的关键所在。公司必须为生存开源，寻找更多资金。然而因为虚弱的财政状况，陷入困境的公司可能要以更高的利率和费用吸纳资金，从而进一步削弱其收益性和现金流。这就会形成恶性循环。

内部病毒的治疗

大多数的内部病毒不断由素质低下或不称职的管理队伍和这些总裁产生。澳洲第二大国内航运公司安捷航空（Ansett）是一个很好的例子，说明良好执行总裁的重要性。安捷航空正经历财政灾难，无法找到财政救星。它每周大出血一百万澳元，而累积债务已高达二十亿澳元以上（十亿美元）[3]。

创始人雷金纳德·安捷爵士（Sir Reginald Ansett）在 1936 年从一个适度的起点将安捷航空公司发展起来。因安捷成功而被授予爵士的雷金纳德爵士是这间航空公司起飞背后的动力。1979 年，非航空业者，鲁珀特·默多克的新闻公司（Rupert Murdoch's News Ltd）与运输公司 TNT 买下安捷航空公司，迫使雷金纳德爵士在 1981 年去世前一直只是一个有名无实的精神领袖。公司离开雷金纳德爵士但却没有一个有力的领导人。新业主长期不在这个行业内，对飞机组队作出数次错误的决策，以及实施伤筋动骨的削减成本措施，为取得有利可图的销售而紧缩预备操作程序。新西兰航空公司（Air New Zealand）在 1996 年收购 TNT 公司 50％股份，但却为时已晚，无法挽救安捷了。在 2001 年问题进一步加剧。一系列在维修保养方面难堪的疏忽致使整批老化的波音 767 客机停飞。公众对航空公司的信心跌入了谷底[4]。安捷在管理失当这内部病毒接二连三的袭击下而遭到灭顶之灾。失去一个强有力的执行总裁（雷金纳德爵士）加上其继承者不称职导致安捷的衰败。一次输血或手术有时需要更换整个管理队伍，根除内部病毒。医学比喻中的根除内部病毒应该用接种或手术等西方医疗措施。这些措施提倡标准、具侵略性、科学以及分析的方法。用企业术语来说，这些就相当于规模缩小化、重组、开发新市场等等。关键在于必须在病人病情恶化之前迅速服用正确的药物。这在转机过程的疗程一和疗程二中具体说明。

外部病毒袭击

具有宏观特性的外部病毒通常在公司的控制能力之外。整个行业或市场，甚至是整个国家都有可能遭受某些外部病毒的打击。其袭击可以是迅速无声的，经常在一开始表现得没有威胁性。但他们全都会对公司、业界、国家甚至全球进行致命的突然打击。由于外部病毒的不可预料性和不可捉摸性，几乎不可能抢在前面进行预防或预估会造成的后果。这些外部病毒的袭击可能来自最意想不到的方位。即使在 1981 年接任成为通用电器总裁的传奇人物杰克·威尔齐也在预测外部病毒时有过两次失误。回想起威尔齐的那两次预测，当时我还是一名年轻的工程师，在设于新加坡的美国通用电器工厂工作。威尔齐预测通货膨胀——当时在美国曾高达 20％——总会是两位数。他也预测，再一次与市场情况相去甚远，日本经济奇迹将使其很快超过美国。威尔齐这两次都错了。

生活充满了不确定性，商业也是如此。

让我们检验在表格 二.二中所列举的几种典型的外部病毒的例子。

政府干预

政府干预就象是似是而非的双刃剑——为有利影响的带来巨大的商机，但对那些受负面折磨的则是无尽的悲哀。伟大的英国小说家查尔斯·狄更斯（Charles Dickens，1812-70）曾写道："那是最美好的时代，那是最糟糕的时代。"政府干预在某些方面可以严重危及或限制公司运作。人们可能发现一夜之间规则空间几乎完全不同了。比如 1996 年新加坡政府为限制逐步攀高的房地产价格强行推出一些反投机措施。所有房地产交易都必须交付百分之二十现金定金这一规定使得狂热的房地产市场突然熄火，就好象熊熊燃烧的火把丢进水池里一样。以往能够以百分之五现金成交的房地产投机者们迅速销声匿迹。大多数房屋单位没人认购。接下来在 1997－98 年以及 2001 年的房屋单位滞销成为房地产发展商沉重的财政枷锁。

当这种外部病毒来袭时，业务必须为生存而具有敏捷的步伐寻求创新以便克服限制或巧妙化解它。

经济衰退

这个病毒具有特殊的重要性，因为它完全可以在一个相对较短的时间内使公司、行业甚至整个国家陷入不景气。更糟的是，如果这种病毒长时期流行，许多公司最终将倒闭。自上世纪九十年代起，这种病毒以及其它诸多因素加速敲响了日本许多曾盛极一时并家喻户晓的公司的丧钟，如八佰伴超级市场（Yaohan Supermarket）、崇光百货（Sogo Department Store）等等。这种形式的病毒最致命的地方在于即使是我们医学比喻中的医院（即银行）也不对其免疫。这在多个国家数不清的崩溃或濒临崩溃的银行体系中都显而易见，包括在 1997－98 年亚洲金融危机高峰期的那些泰国、印尼和马来西亚银行体系。

在一项全亚洲的调查中，区域专家认为由区域经济放缓引起的威胁远高于政治差异、社会不稳或恐怖袭击等因素之上。他们觉得区域经济疲软可能比政府不力或外部干涉造成更大损害。引用菲律宾国家安全顾问罗伊洛·戈赖斯（Roilo Golez）的话："经济低迷直接造成和平与内部安定的恶化。"

政治骚乱

自冷战以来我们正进入一个空前不稳定的新纪元。这是表现在种族和宗教两极分化日益严重而导致普遍上政治混乱的不断加剧。前面讲过，经济环境和政治局面之间有相辅相成的关系。一般说来，政治稳定可促使经济繁荣，而在经济繁荣时期内也会进一步实现政治局面更加稳定。反过来，政治骚乱时期不可避免地会导致社会不安以及在经济上形成浩劫，一般伴随着的后果是暴乱、劫掠、军方不同派系间内斗，甚至战争。因为酝酿在一个国家甚至整个区域或经济体之间的政治骚乱而导致的信心崩溃，一系列事件或多米诺骨牌效应通常导致大量资金和投资撤出，业务关闭（从大型跨国公司开始，接着是当地企业），失业率上升，等等。这种灾难性的局面自 1997 年亚洲金融危机爆发以来就一直在印尼持续着。中国大陆和台湾、巴基斯坦和印度、两韩之间可能的军事冲突对亚洲来说可不是什么吉利的兆头。

低成本竞争者

这种病毒能给许多公司带来头痛，甚至引发严重偏头痛。这种袭击引发某些公司患上急性病，尤其是那些生产引以为豪的新潮产品和奢侈品等高价位优质产品的公司，如高级女式时装、高档手表、名牌手提包和鞋子。他们的市场每年都有很大一部分被掠夺走了。竞争不止来自诸如中国、泰国等第三世界国家中大量增加的廉价仿制品，而且他们的业务还在经受着成本更低廉、更有效以及更有生产力的竞争者的冲击。后者能够生产质量不输于前者的产品，而价格则只有前者的几分之一，甚至更低。

美国果农受到火箭般成长的中国苹果产业的重击。为了避开竞争并维持他们的业务，美国政府发放给这些不幸的苹果农场主前所未有的总共一亿五千万美元的补助，以作为其市场损失的补偿。在短短几年内，中国就超过美国，成为世界上最大的苹果生产商。今天，中国的苹果产量已经超过了美国产量的四倍。前者低廉的劳动成本（相对于美国高昂的劳动成本）允许其苹果价格维持在低水平。一名美国农场主说："这可把我难住了。在中国那么遥远的地方的栽培者如何做到这些的：培育，用手工采摘，把他的水果运送到加工厂，尽其所能集中苹果，装进集装箱，支付中间人，远渡重洋，再卸货并用卡车运输——而且还能在这里（指在美国）卖这么便宜的价格。"[6] 由于这种病毒的影响，一些美国苹果农场主被迫破产，而其他的只好改种另一种农作物。

低成本竞争引发"产业空洞化"效果。因为公司趋向以低成本生产为主以便降低成本，增进收益性。日本越来越多公司将生产线转移到中国及东南亚等更廉价的国家去，因为日本平均月薪比南韩的要高两倍，比中国的要高 33 倍。根据业界估计，中国现在制造世界上 40% 的空调设备，24% 的电视机。隶属日本贸易省（Trade ministry）的日本经济产业研究所（Research Institute of Economy, Trade and Industry）副所长田中章博（Nobo Tanaka）估计，进口日本的中国纺织品在过去十年中增长了六倍，而其国内的纺织品和丝织品则缩减了一半。中国正成为世界廉价的加工厂。即使东南亚的产业也有空洞化现象。因为跨国公司把他们的业务转移到了中国。在竞争时代，低成本竞争的出现和增长随后被确定为许多成名公司的主要杀手。

货币和资金增值、贬值

这种病毒可在毫无预警的情况下袭击公司，对其流动资金造成重大损害。因为在 1997－98 年亚洲金融危机中，与美元汇率挂钩的数个亚洲货币迅速贬值导致在亚洲的资金大量外逃。众多以美元贷款的亚洲公司突然发现由于货币贬值而引起的巨额贷款使他们无力偿还。当中许多公司不得不宣告破产。这又引发投资者对整个区域的信心一落千丈。病毒袭击也导致国家的衰败。

这种病毒袭击虽然有时不可避免，但顶级管理层可通过长远的目光来抵消其负面冲击，如通过节制借贷以及外汇避险等明智的管理手段。

消费者行为变更

一些公司和行业容易受到这类病毒的攻击。口味或趋势的变幻无常和快速发展可致使一个现在非常旺销的产品立即过时。在新加坡的一个例子是，当人们越来越富有，他们就宁愿在有更全面产品和服务的霸级市场购物，也不愿在邻里小店购物。而且，光顾象星巴客（Starbucks）、香啡缤（The Coffee Bean）和德利法兰西（Delifrance）等高档的饮食店比粗陋的"咖啡店"（Kopi-tiams 或 coffee shops）更有吸引力。还有一个例子就是，家庭缝纫机逐渐消失了。因为现在的职业妇女忙得连干家务活都没时间，更别提在家缝制新衣服了。另外，随着更多妇女参加工作，对方便食品、电视餐、预先拌好的调味酱等等的需求在不断增加。因为她们几乎没时间做饭了。

公司为了生存势必要一直监控市场趋势，并对自身进行不断校正和彻底改造。这将让他们有充足的时间制定合理的策略，对运作进行必要的修改以便在剧烈的市场竞争中坚持住，避免被淘汰。

环境、健康问题

随着保护自然资源、健康以及其它环境问题的意识的加强，受到负面影响的公司需要对其产品进行彻底改造以便生存下去。有远见的管理层将能够把公司从企业破产的边缘挽救回来。这种形式的病毒袭击的例子是为避免污染和健康因素而在新加坡禁止猪只和家禽养殖业。由疯牛症（又称牛绵状脑病）所引起的恐慌几乎断了英国和欧洲大陆许多国家畜牧业者，特别是牛养殖业者的生路。所引起的冲击是如此广泛，以至于奶制品、餐馆和其它有关牛肉的商业都受到波及。现在甚至日本牛肉行业和餐馆也被这个病毒所打击到了。另一个例子是要求使用无氟空调和冰箱。其它例子还包括对废物处理和农业用土地的清理制定规章等等。

科技变更

这种病毒袭击就象一把双刃剑，给一些公司带来不幸的同时也会使其它的受惠。随着科技日新月异，公司别无选择，要不就创新，要不就会被竞争激烈的市场所淘汰。自从上世纪以来，科技的迅猛发展，如移动电话、超音速喷气机和电视等的发明，对许多行业造成深刻的影响，对各行各业的游戏规则进行了重新定义和改造。个人电脑出现之后，几乎不再需要手工或电子打字机（除了第三世界国家），也使得象史密斯·科罗纳（Smith Corona）这类公司销声匿迹。移动电话的高速增长以及其数不胜数的创新功能也导致了传呼机的落伍。信息时代对各行各业的众多公司的惯例做法进行改革并重新定义，在计算机化（膝上型电脑、个人电脑等的使用）、电子商务、远程通讯（移动电话、传真机等的使用）、网上银行业务以及其它艺术级的模式方面抓住了消费者的心。

自然灾害

公司可以在毫无预警的情况下受到自然灾害的打击，如地震、洪水以及其它不可抗力。这种病毒袭击经常导致大规模毁坏。受损公司可能要花好几年时间重建业务才能恢复受灾前的境况。1995 年一月 17 日，日本神户地区遭受具破坏性的地震。当地公司经历了数年痛苦的考验在灾后重新建立起业务。1992 年八月袭击美国的飓风"安德鲁"造成估计二百亿美元损失，并导致许多保险公司因为由此引发的巨额索赔而破产。公司需要做好准备，未雨绸缪。他们应该为他们的电脑软件制定灾难防御计划并购买火灾保险。

工人、原材料短缺

一间公司如果无法解决由生产所必须的原材料或工人短缺引起的问题，其运作完全会停滞不前。前者可以对公司造成毁灭性的打击。1973 年，有些中东政府因为以色列占领巴勒斯坦地区发生冲突而削减石油供应。这造成第一世界国家的石油危机。当牵涉到高级熟练工人时，原材料短缺就成为迫切的问题了。如果公司备有意外事故方案和警醒的后勤以及其它监控系统，这种病毒的袭击完全可以避免。

劳工动乱

许多公司因为工会代表雇员要求更高薪水而不断受到动荡不安和罢工的影响。比如，2001 年国泰航空（Cathay Pacific）的机师让该公司至少损失三亿五千万港元，还不包括其它无形的损失。新加坡通过取缔罢工和培养劳资政三方紧密关系来解决这类问题。

恐怖袭击

2001 年九月 11 日恐怖分子劫持商用客机对美国发动恐怖袭击,造成规模空前的经济损失和人命伤亡。在担心全球经济普遍衰退的时候,没有比这更糟的事了。世贸中心的灾难导致纽约人民在那之后的两年担负一千零五十亿美元的损失,其中包括了三百四十亿美元的财产损失以及高达六百亿美元的经济损失。除了对财产和人命的危害之外,恐怖袭击也在其它各方面造成高昂的代价[7]。比如,恐怖袭击之后大众消费和旅游一落千丈,对业界造成残酷无情的打击。自九月 11 日后股票交易的第一周内,股市就损失了 1.38 兆美元(1.38 万亿美元)。道琼斯工业指数单周下滑幅度创下新记录,是自上世纪三十年代以来下滑幅度最大的一次。航空业仅仅在九月份就损失了五十亿美元。

最大的威胁来自信心进一步丧失,压缩了对汽车和房屋等大宗消费品需求。美国联邦储备银行主席艾伦·格林斯潘(Alan Greenspan)指出美国经济在相当程度上依赖于空中旅游。然而,由于人们害怕乘坐飞机旅行,航空业和旅游业将陷入困境。这就会使旅游公司、航空公司、主题公园、酒店、餐饮业等一系列行业遭受负面冲击,并抑止大众消费。由于取消机票和预定机票急剧下降使得航班次数减少,数间美国航空公司已经进行大规模裁员。许多酒店的入住率跌至百分之二十以下。9·11恐怖袭击之后,许多保险公司可能也不得不宣告破产。因为他们无法支付估计介于四百亿到七百亿美元的巨额保险赔偿。这个特殊的外部病毒袭击范围广泛而巨大,对绝大多数国家都造成这样或那样的影响。恐怖袭击导致重大企业以令人惊讶的速度破产。这证实了防患于未然和未雨绸缪的重要性。公司需要建立更多现金储备以便能经受任何来自外部的冲击。

外部病毒的治疗

因为外部病毒产生自机构以外,使得它们更难以清除。即使拥有一只强有力的管理队伍,有时也无助于彻底根除这些外部病毒。IBM 的领袖小托马斯·约翰·沃森(Thomas J. Watson)在他写的书《商业及其信仰》(A Business and Its Belief)中对一名访问者说,他怕 IBM 会变成一间庞大而僵硬的机构,无法跟上电脑业的变化。他是在比尔·盖茨和史蒂夫·乔布斯(Steve Jobs)出现之前 30 年就说了这些话。沃森说对了。葛斯纳之前的 IBM 在上世纪九十年代差点儿破产。虽然强大的 IBM 拥有一只工作动力高昂和技巧熟练的管理队伍,再加上其非常高的品牌声誉,但还是没能抵挡住个人电脑的冲击。那时的 IBM 有一个傲慢的公司文化,忽略了个人电脑带给它的威胁以及这种公司文化本身具有的危害性。盖茨曾在微软发展的早期好几次拜访 IBM 寻求合作。但 IBM 统统拒绝了。如果 IBM 接受了盖茨的一些提议,现在就可能已经拥有了微软。因为当时盖茨的公司很脆弱,完全挡不住 IBM 一次竞标收购。当 IBM 从个人电脑的严重威胁中醒悟过来时,盖茨的财政基础已经今非昔比了,而且不再愿意放弃视窗系列软件。

IBM 很幸运及时聘用到卢·葛斯纳作为主席和总裁。后者挽救了 IBM。而其它公司则没这么幸运。数据揭露了其它重要公司的垮台。比如,在 1970 年《财富》(Fortune)中的 500 强公司中,只有三分之一得以生存至今。许多公司因为无法应付外部病毒袭击带来的变化而倒在前进的路上。根除外部病毒的治疗方法是培养一个强健的公司文化,也就是公司的免疫系统。免疫系统产生根除病毒的抗体。与医学相一致,发展强健的免疫系统是和病毒作斗争的最佳途径,甚至比吃药还有效。用医学比喻来说,传统中医(TCM)可能是消除外部病毒的一个好办法。因为传统中医强调巩固免疫系统,主要针对不同个体的病根进行预防性的全面治疗。另一方面,西医则对治疗症状更有效,而不是消除病毒。这将在第六章中进行详细探讨。

> 每一个新变化都迫使行业内所有公司改变策略以适应这个变化。
> 比尔·盖茨

亚洲病毒

发达经济体

2001 年，世界上科技力量最大的经济体，美国、日本和德国都陷入不景气（较早前定义为主要外部病毒之一）。经济学家们害怕"共同沉没"（Synchronized Sinking）的最坏情况会发生在这三个经济体身上，以及不断增加的全球通货紧缩危险。1997－98 年全球金融危机的影响在 10 万亿美元这强大的美国经济的挽救下得到很大的改善（几乎占全世界 30％的出口市场）。美国经济在 2001 年第三季度萎缩了 0.4％。2001 年十一月，国家经济研究局（National Bureau of Economic Research，NBER）指出美国从 2001 年三月开始进入不景气时期。经济学家保罗·克鲁格曼（Paul Krugman）警告说全球经济很可能在 2003 年之前都不会好转 [9]。

亚洲

作为出口一般都会前往美国的亚洲正面对着一个更惨淡的局面，情况比 1997 年由金融崩溃而导致的亚洲病毒袭击更糟。新加坡、台湾、南韩、马来西亚、日本以及泰国都严重依赖于销售到美国的电子和其它产品的收入。现在美国正陷入经济不景气，亚洲却没有其它维生系统。国内消费市场可能除了中国和印度，到处都患上了贫血症。

世界上最大经济体陷入低迷时期并不是导致亚洲经济和失业率失控的唯一因素。亚洲还没从 1997－98 年金融危机中吸取教训。延缓实施痛苦但必要的改革、结构性经济变更以及政局不稳等因素也在伤害着经济和就业市场。许多经济改革都毫无成功的希望，一些措施半途而废，甚至流产。银行和公司仍然债台高筑，其中有许多是巨额不良贷款。另外，很多宝贵的时间和资源从具生产性的经济改革运动中抽离出去，却投入在维护占统治地位的政权制度和政治斗争中。所以，经济动荡被政局不稳进一步放大了。

日本

自 1991 年以来，日本经济一直陷入昏迷，仅仅靠呼吸机和药物维生 [10]。在财政方面，政府靠投入固定开支来维持国内生产总值（GDP）的增长，最后变成就象为止痛连续注射不断增加剂量的吗啡一样。政府为刺激国民经济而对商业企业投资的做法仅仅是在改组日本公司时麻痹他们自己的感觉而已。随着恐慌不断加剧，政府开出一系列实验性药物：印制钞票阻止通货紧缩，大幅削减资本收益税以吸引日本投资者返回股票市场。但这一切好象都没什么用。这不是一场轻微的感冒，需要下剂量很大的重药或对公司动手术。日本经济已经受到严重的感染，公司重要器官也受到侵蚀，甚至已经衰竭了。日本东京证券交易所指数（Nikkei index）持续创下二十年来的新低。私人银行持有的呆帐估计达到 120 兆日元（一千亿美元），几乎相当于日本国内生产总值的四分之一。政府和私人机构的债务将在未来四年内膨胀到国内生产总值的五到六倍。这是一个工业国家前所未有的 [11]。日本国内经济的心跳几乎停顿。在过去十年里，日本国民生产总值的年平均增长幅度仅仅为 1％。在 2001 年，日本再一次陷入不景气中，经济预计会萎缩 0.9％。这是十年内出现的第三次经济放缓。唯一值得庆幸的是日本人民的恢复能力非常顽强。他们能从第二次世界大战失败的废墟中迅速复苏，成为继美国之后世界上第二大经济体。有一天，日本人民也能够克服他们目前的困难。

南韩

在 1997－98 年金融危机之后以令人惊讶的快速复苏，南韩很大程度上靠的是对美国的出口。然而，在 9·11 恐怖袭击对全球经济的感染下，南韩也不可避免要患上感冒。在恐怖袭击之前，经济学家预计韩国经济将在 2001 年增长 3％左右。相比之下，在 2000 年的经济增长是 8.8％。现在前景变得更加不确定了。南韩在接下来十年将面对两个吓人的挑战 [12]。一是要如何在经济竞争中应对来自中国的威胁。另一个则是制定一个能与北韩和平统一的计划而又不会使南韩政府破产。中国是一个成本低得多的市场基地。南韩是亚洲除日本外薪水最高的国家，尽管其生产率并不符合这么高的成本。

最后，四分之一的韩国业务不能产生足够盈利以偿还所借贷的利息。"韩国在过去几年开始的改革中取得了令人瞩目的进展。然而，这进展却越来越慢。"管理顾问公司麦肯锡（McKinsey）的一份报告作出如此警告。批评主要集中在政府在银行借贷决策上多管闲事——南韩以中央管制经济在二十世纪后半叶迅速崛起的一项传统遗产。打破维系政府、财团（Chaebol，多个公司的聚集体）和财政机构之间腐败关系的改革脚步正逐渐缓慢下来 [13]。

台湾

根据没有部长职务的台湾部长胡胜正博士的话，在台湾，40％的失业率上升应归咎于经济正经历过渡期 [14]。他还说台湾在过去几年失业率持续上升是因为台湾逐步淘汰不盈利的传统工业。总统陈水扁骑虎难下，一边要应付敌对党派掌权的立法机关，同时还要以不激怒大陆的姿态把他自己的民进党推向政治舞台的中央。

香港

香港也处于类似进退两难的境地。公司为削减成本而转移到大陆，造成失业率持续恶化。中国社会科学院教授陆建人（音译）表示，这种转移可能会在中国创造工作机会，但相对由于每年国企改革而下岗的八百万工人来说，这个数目却是微不足道的。因为高成本而失去竞争力、9·11 恐怖袭击导致旅客减少以及其它各种病毒袭击，香港经济也处于危险的境地。尽管最大的贸易伙伴（中国大陆）的经济欣欣向荣，但香港经济在 2001 年还是陷入三年来的第二次衰退。香港经济的病情不仅仅是咳嗽和流鼻涕，而是患上肺炎，需要赶紧治疗。

中国大陆

作为一个泱泱大国，中国在地域、市场、人力等方面的深厚资源是其发展的一大推动力。然而，造成一些非常严重的问题，包括发展不平衡导致农村向城市地区大规模人口流动和日益加剧的收入悬殊问题。尽管中国承诺市场改革，但政治意向和实际操作之间仍然有明显的脱节。自从 2001 年十二月 11 日加入世界贸易组织（WTO）之后，对中国经济似乎就有些乐观主义的成分。中国花了 15 年才成为一名羽翼丰满的国际贸易体系成员。而要适应新局面还要花上一段时间。至少要花五年时间去消除各种贸易壁垒，修改或消除各种规章和法令。而且，千万别忘了中国还有许多基本经济问题需要解决：普遍存在的"三角债"问题，在国外会计标准中，许多国有企业实际上已经破产以及特别是在尚未开发地区居高不下的失业率问题。所有这些问题都不会因为主观愿望而自动消失，不管是中国加入世贸或者主办 2008 年奥运会。还有就是中国需要进一步强化国内企业以面对降低关税和公开竞争所带来的新挑战。经济学家保罗·克鲁格曼预计中国加入世贸之后因为工人和行业上的置换会碰到一些调整上的困难。这个过渡期将是艰难的。《亚洲华尔街日报》（The Asian Wall Street Journal）报导不进行结构改革，世贸的会员证对中国经济将不会产生积极作用 [15]。

中国三角债问题 1997 年估计已差不多达到一兆人民币（一千二百万亿美元）。问题的产生是由于制造商拖欠供应商的钱。于是供应商也无法偿还银行。制造商生产的产品没人想要而且这种无效的运作还受到允许。制造商、供应商和银行这三方实体都是国有企业。更糟的是，有些银行被迫借贷给业绩表现很差的企业。三角债问题破坏了银行体系，尽管政府尽力进行矫正。政府不能负担继续让这些大脑已经死亡的国有企业继续生存下去。

曾经是中国最著名的广东国际信托投资公司（GITIC）在 1998 年十月宣告破产。其失败可归咎于前面描述的中国棘手的三角债问题。广东国际信托投资公司发放贷款给包括多个下属公司的超过 240 个借贷者，贷款总额超过一百二十亿人民币（十四亿美元）。广东国际信托投资公司有 240 间下属公司和合资公司，其中有 108 间在其破产之前是从未公开的。中国第二大信托公司，广东国际信托投资公司的破产凸现出中国的国际信托和投资公司显然缺乏透明度。

在上世纪九十年代，大多数带领中国农村繁荣的火车头已经失去了动力。然而，农民的收入却没有增加，反而在过去五年内很多地方出现了下滑。表现在购买多余的粮食储备以及扩大贷款给无价值行业和地产的开发项目等铺张浪费现象抑制了繁荣 [16]。

中国必须对付这个后遗症：几乎所有方面存在巨大的生产过剩、大量空房和巨额呆帐。三角债问题也反过来困扰着中国。政府竭尽所能征收到的税款却无法弥补庞大的公务员薪水开支，只能发放越来越多的国库券。

中国个人储蓄很大部分投入到上海和深圳的股市中。但因为国有企业私营化，这些资金其实等于变相投资在有问题的国企中。如果国营企业通过腐败和玩忽职守浪费资金，中国将会迈向财政灾难和政治动荡的局面。中国政府认识到了这个问题，想方设法在官僚机构的最高层限制打击腐败。中国政府也意识到需要聘用专业管理人员取代忠心的党干部来经营这些国营企业。随着中国加入世贸，这个问题变得更加迫切。一种更乐观的看法是中国的巨额外汇储备和低政府债务使其有财政资源解决这些经济困难。政府如何处理社会和政治挑战（失业率居高不下和政权交替）将对确保中国继续稳定发展起至关重要的作用。

印度

印度经济也不能对全球经济放缓的负面冲击免疫，特别是在美国遭受 9·11 恐怖袭击之后。印度将 2001－02 年的经济增长从 6.5％向下调到 5.5％。在 2000 年歉收、50 年以来第一次工作负增长以及大量人员被解雇等各种因素的相互影响下，经济预测下调就成为一种必然。担负着接近二亿人口就业的小型企业受到来自中国的更价廉物美消费品的竞争打击尤其沉重。印度目前经历的经济困境是由于对控制大众消费、迅速增加的财政赤字、高利率以及货币估价过高等方面改革不足造成的。经济不适与巴基斯坦关系紧张以及社会暴力和恐怖活动带来的威胁叠加在一起，加剧了政治局势的压力。

为摆脱经济困境并恢复经济健康，印度政府迫切需要实行严格的经济改革。处理政治和社会问题需要精湛的政治和社会关系技巧。

东南亚

值得注意的是只有少数几个东南亚国家成功地将他们的公司和银行改革和重组。他们在 2000 年能快速复苏是因为美国强劲的出口需求，而不是由国内造成的增长。象印尼、菲律宾、泰国和缅甸等国家中存在的结构性问题使他们无法把握住 1998 年之后两年的黄金机会。巨额资金花费在大型具有很高声望但却无助于改善收入的建筑项目上面。这导致腐败而毫无效率就一点儿也不令人吃惊了。时至今日，仍然有许多建筑项目未能完成，而许多完工的建筑物也被空置着。

印尼

有人把印尼政局不稳怪罪于投资者不愿多雇用人员。随着总统大权由瓦希德【Abdulrahman Wahid（Gus Dur）】平稳交接到美加华蒂（Megawati Sukarnoputri）手中，印尼政局希望能稳定下来。从 1999 年十月到 2001 年七月瓦希德仍然在位的这段时期，印尼政局极度不稳，剥夺了许多外国投资者们的权利。其影响不止印尼，还波及到周遭其他亚细亚国家。国际货币基金组织（IMF）提供的资金不足以治愈正持续扩散到整个私人和政府机构中的经济癌症。这需要实施也许不受欢迎的更严格的处方。

菲律宾

在菲律宾，前艾斯卡达（Estrada）政权为在其任期内试图避开对总统的弹劾而消耗掉很多精力。这导致要矫正经受低投资、不熟练的劳动力以及高犯罪率的经济就要花费大量时间和资源。菲律宾应该会在阿罗约（Gloria Macapagal Arroyo）总统的带领下走上更好的道路 [17]。对她来说，把菲律宾这个为许多问题困扰的国家推销到全世界的确是个异常困难的任务。

马来西亚

在某种程度上，马来西亚陷入困境是因为 1998 年九月到 1999 年四月的政治纷争。首相马哈迪（Dr. Mahathir Mohamad）被指责在 1998 年九月解雇他的副首相安华（Anwar Ibrahim）以及在此之后的相关处理事宜。宝贵的时间花在了解决来自安华传奇的政治斗争中。这段时间本可以用来进行经济改组的。当马来西亚在 2001 年终于摆脱经济不景气局面时，却由于电子出口疲软和农产品产量下降而延缓了其成长的步伐。工业生产和出口绝对值双双下滑。相比 2000 年，失业率几乎肯定上升而外国直接投资则会下降。唯一的一线希望是马来西亚企业能通过企业债务重整委员会（Corporate Debt Restructuring Committee，简称 CDRC）翻开崭新的一页。CDRC 是新成立的政府机构，旨在彻底清理公司。随着 CDRC 即将展开许多强硬手段，马来西亚公司将在接下来几个月经历重组的痛苦。一些银行和控股股东预计会遭受巨大的损失。许多公司可能将倒闭。届时也会有资产强制拍卖。所有这些似乎都是国家领导人为肃清以往的弊病而愿意付出的代价。然而，单一剂量的药物并不足以根除经济上的疾病。

泰国

泰国一样也有政见不同的问题。在 2001 年八月，针对首相达信（Dr. Thaksin Shinawatra）无法在反贪污法令的要求下完全澄清其所有财产的指控，泰国宪法法庭勉强宣布首相达信无罪。在此之前，全国的精力都花费在两党矛盾和全国大选等事情上。据一些独立经济学家和大银行预测，泰国经济在 2001 年将会出现零甚至是负增长。首相达信，这位受欢迎的领导人，将要扮演医生的角色拯救泰国经济。他一边要成为一名战争外科医生实行一些不受欢迎的做法，一边还要扮演虔诚的医疗术士，祈祷泰国能得到一个最好的结局。

因此，从以上分析看来，我们有理由相信 1997 年在泰国首先出现的亚洲病毒仍然是非常危险的。事实上，自从 2001 年九月 11 日恐怖分子袭击美国以来，亚洲病毒扩散得更厉害了。

新加坡

即使是在 1997－98 年金融危机中受伤相对轻微的新加坡如今也遭到亚洲病毒的感染。2001 年十月，政府宣布新加坡将面对 30 年以来最严重的经济衰退，并把 2001 全年国民生产总值（GNP）增长预测大幅度调低至－3％（负百分之三）。这个流感病毒对新加坡经济造成空前的打击。

政府将这次大幅度经济萎缩归咎于世界主要经济放缓、全球电子和信息科技业低迷以及区域经济衰退等因素。此外，本地公司正失去作为贸易商、合约制造商以及转包商的贸易中间人的角色。随着利润压力的不断累积，制造商和消费者们更愿意绕过中间人。后者正意识到随着传真机、国际互联网等科技的出现，他们那些"老友"关系和客户服务技巧就相形失色了。本地企业还面对着大批可怕的疾病，范围包括缺乏集中的业务（许多业务领域都过度分散），管理不善以及资金不足导致的品牌效应差等等。所有这些都导致竞争能力的丧失。

2001 年，新加坡是东南亚国家中第一个在技术上陷入经济衰退的国家。其病症也影响到亚洲所有国家。新加坡这个回合受到重创，因为其制造业受全球电子业的深刻影响。后者在 2001 年预计将萎缩 25％。这使得亚细安其他经济体原本就成长不利的经济状况进一步恶化。

哈佛商业学校著名教授迈克尔・波特（Michael Porter）开出一剂猛药治疗新加坡的不舒服。新加坡需要从投资导向经济过渡到一个革新导向的经济。他的建议之一是新加坡应该更专注于服务而不是制造业，减少政府对经济的干预并让国内商业机构更有竞争力，为让思想更活跃而创造一个"多元混杂且能容纳不同意见的社会"，以及加强与邻国更紧密的合作。波特开出的药真的很难吃。

新加坡政府也有治愈目前经济"疾病"的配方。李显龙副总理说，面对挑战的其中一种方法是提倡企业家精神。在前进的道路上，要减少政府干涉，让市场力量自由发挥作用。新加坡商家也被告知要利用中国巨大的增长潜能，搭乘中国崛起的顺风车。所有这些解决方案本质上都是长期的，需要时间来贯彻实施。还有一些更紧迫的问题要马上解决。

新加坡政府在 2001 年十月还宣布一项价值 113 亿新币（62 亿美元）的经济援助配套，用以帮助新加坡人民和公司渡过难关。当局承认这项经济援助配套并不能从根本上解决新加坡经济所面对问题和疾病。用医学比喻来说，这种经济援助配套仅仅是在手臂注射止痛针，最多只能暂时缓解病人的痛楚。要治愈疾病还需要更严峻的策略。

事实上在新加坡建立一间国家公司转机中心（CTC）是一个非常迫切的需要。这能帮助新加坡公司从财政困境中恢复过来，并对生病公司提供门诊式的服务。如果一切都由市场力量决定，就会有许多陷入困境的公司，特别是那些值得挽救的公司陷入灭顶之灾。使垂死的公司重获新生需要两种基本药物——通过静脉注射提供相当于公司生命线的资金以及通过优秀专业经理给予能挽救生命的药物。公司转机中心作为一个服务中心，吸引风险资本家、基金经理和天使基金来投资，为生病公司注入新鲜的资金。政府和私人投资者可以提供财政投资或援助，获得这些公司的产权股份作为回报。这些生病公司在摆脱财政困境之后，就可以逐步偿还向这些"白衣骑士"借贷的款项。另一个做法是，这些投资者可以卖出被成功挽救回来的公司的股份，获取增值回报。

许多陷入困境的新加坡公司，特别是那些家族企业缺乏专业管理人员所掌握的专门知识。这也包括不知道用怎样的手段和方法选择和获得这些专门知识。公司转机中心可以扮演一个"牵线搭桥"的角色，通过吸引许多来自跨国公司的离职但却具有丰富经验的资深经理们加盟注册组成一个联营。此外，公司转机中心可以为受到困扰的新加坡公司提供公司转机协助和顾问服务。公司转机需要非常深奥和专业的技巧。许多虚弱的公司并没有这种专门知识和技巧让他们摆脱不景气。

不管为治愈新加坡以及亚洲经济疾病所提出的解决方案是什么，都必须围绕其本质。用医学的说法就是没有哪知神奇的万能药可以治好所有的疾病。生重病的公司需要"动手术"。手术通常是一名重病患者首先要考虑的治疗手段，然后才能恢复健康。亚洲公司需要面对新的严酷现实，进行大量手术改造自身。这新的严酷现实所表现出的特征是问题多，答案少。但我们还是需要先找到下列基本问题的答案：

- 造成这一系列全球经济不适最基本的原因是什么？
- 为了摆脱目前的经济困境并准备好迎接将来的挑战，健康和生病公司都要采取哪些必要步骤？

竞争、竞争、竞争

竞争时代

二十世纪七十年代和八十年代的管理口号是产品质量。那时的工作活动围绕着质量控制圈（QC）、全面质量管理（TQM）以及ISO9000。在当时，消费者们愿意为优质产品花更多钱。然而，在大多数竞争者的质量都得到很大程度改善的今天，拥有优质产品则成为公司能有效参与市场活动并生存下去的理所当然和必要条件了。

在接下来的八十和九十年代，管理口号把科技当成万灵药。因为拥有优质产品和服务已经不能确保在狗咬狗的商业环境下生存了。公司于是试图用科技把自己和竞争者们区分开来，如提供更好更多的功能，使用国际互联网和通讯系统等等。巨额资金和大量人力资源投入到科技研发中去，努力建造具有更先进功能的高级捕鼠器。现在，更高级的捕鼠器不一定能确保比竞争对手抓住更多老鼠，因为他们知道如何建造比你的还先进的捕鼠器。举例来说，录像机已经变成一个集视频高密光盘（VCD）和数字化视频光盘（DVD）等先进科技于一体的多功能精密装置。有时这些高级功能是如此复杂，以至大多数使用者都被搞糊涂了，在没看过那厚厚的使用说明书之前甚至不知道该怎么去操作。许多人仍然搞不懂要如何录制几个小时之后播放的电视节目。

> 世界没有对更先进的捕鼠器发展商关闭大门。
> 无名氏

2001年伊始纳斯达克高科技股票的崩溃显示光有科技是不够的。投资者们开始认识到国际互联网和其它电脑通讯系统只不过是做生意的几条途径罢了。世界级工厂和普通工厂的区别不在于科技，而是管理和人。例行工作可以由机器完成，而人却能不断调整、监控、维护及改善整个过程。美国在线公司的总裁史蒂夫·恺斯也评论道："重心必须是消费者——消费者们要什么以及怎么要。我们并不在乎科技。"

科技哲学于是在新千禧年逐渐转移到强调竞争、竞争、竞争。商业环境随着通信、运输、后勤和电脑科技的进步每天都在快速地发展。出现更好的产品、质量和科技，甚至更有吸引力的价格都使得竞争进一步加剧。每一种产品都象是大众化日用品一样，而价格在日益紧缩的市场中则成为决定性的关键。和心脏病和心血管病是发达国家里的头号杀手一样，竞争也成为许多公司失败的主要因素。它就象心脏病发作，无声而突然发难。许多时候，在你意识到事态严重之前，你的竞争者已经悄悄地入侵进来了。对个人来说，可以提供健康的生活方式避免疾病困扰。而对公司而言，则要经常保持警惕，采取正确的策略与竞争作斗争。当你面对日益激烈的竞争时，你仍然可以生存、繁荣发展以至成功，但决不可能用以往的生意模式了。

全球经济将何去何从？

竞争激烈所产生的问题导致全球经济的不确定性。全球经济将不知前往何方。前面指出，虽然美国经济在 2002 年开始有起色，但欧洲主要经济体和日本仍然处于不景气。经济复苏的道路是"U"、"V"、"W"还是"L"型，就见仁见智了。

"复苏将会来临，但我不认为这会是强劲复苏，"CBS 市场观察公司（CBS.marketwatch.com）首席经济学家欧文·凯尔纳（Irwin Kellner）说道。贝尔斯登（Bear Stearns）的资深经济学家约翰·莱丁（John Ryding）说："这将会是迟缓的。"根据蓝筹经济预测（Blue Chip Economic Forecasts）公布的一项问卷调查，53 名经济学家们大多数人的意见都预测在 2002 年经济将有大约 1％的微弱增长 [19]。

2001 年的全球经济低迷要归咎于供应过剩和太多供应商追求太少的消费者。高科技经济的纳斯达克和在黯淡的公司盈利展望下的实际经济致使投资泡沫破裂。长时间的扩展最终导致在软件和设备上投资过度。这在澳洲商业学校的圈子里称之为"不正当投资"。资本开销的下降性循环通常历时更久。艾伦·格林斯潘降低利率的药物没什么用，因为资本投资对利率不敏感。国会可以削减税务，但公司要等到过剩设备和股票都卖出去了，盈利前景得到改善之后才会再投资。

摩根大通（JP Morgan）纽约基地的首席经济学家约翰·列普斯基（John Lipsky）有更积极的看法。他期望美国经济复苏会比预计来得更早，而且更强劲。他预测美国经济增长将在 2002 年第一季度回复到正数，并在全年取得 3.2％的增长。新数据似乎暗示 9·11 的悲剧引起全球一致相应，在消费者意外维持他们的花费时，最高决策者迈出扩张性的脚步，制造业者大量削减职员人数和生产成本。这导致存货急剧下降。因此，周期性好转同期带来的决定性因素正产生比预期更好的结果 [20]。

高盛集团（Goldman Sachs）在调整对美国、欧洲和亚洲经济预测时也得出相同的积极观点。2002 年美国经济增长率从原来的 0.1％调高到 1％，而欧洲则从 0.7％调高到 1％。高盛预测亚洲出口复苏很可能由信息科技、通信和无线电通讯等行业所领导，因为全球在这些领域的存货已经见底。

回归基础

不管全球经济发展的结果如何，有些东西是肯定的。如今全球商业被描绘成"永远处于浪尖上"。

这是个很恰当的比喻。反常、全球化以及科技进步使一般机构和产品发生显著的剧变——这剧变甚至在短短几年前我们还无法想象。合并的浪潮后面必定跟着整顿和重组的浪潮。在许多行业里，令人吃惊的是过剩设备成为标准而不是例外。供过于求和过度投资到处都是。这就是为什么许多公司因为激烈的竞争病倒了。

挽救这些陷入困境的经济体最好的办法是重组他们生病的公司来面对新的苛刻事实。他们需要回到最基本的事情上面，重建财政健康以及重新构建自身以便应对迎面而来的挑战。举例来说，在日本和中国的许多不盈利的机构需要关闭。这样才不会进一步削弱银行体系。香港、台湾和南韩也要更激烈地刺激各自的国内经济，而不是仅仅依赖对美国的出口。因为后者的经济已不再充满活力了。此外，东南亚许多国家需要忍受主要经济结构变化带来的冲击。他们所面对的变化本质上不再是周期性的，而是来自象中国和印度这些能干而成本低廉的崛起中国家的长期威胁。多数改革措施都将是痛苦的治疗和苦口良药。实施它们将会很困难，而且会受到人们很大的反弹。不幸的是，这些措施恰恰是帮助经济恢复健康不可缺少的万灵药。

多少世纪以来，人类一直试图寻找青春之泉或能长生不老的灵丹妙药。中国第一位皇帝，秦始皇（公元前259—209）为人残暴。他派遣500名男女为他寻找不老泉，并下令如果他们找不到，就不准回家。结果显而易见。这些男女再也没回来，而秦始皇也最终死掉了。同样的，对陷入困境的经济和公司而言，也没有什么不老泉。然而，在以下三个疗程处方的帮助下，他们可以促进提升自身抗衰老的 DHEA（脱氢表雄酮，又称青春素）水平，从而使公司生命获得长寿。

此外，如果公司是因为本章较早部分所描述的疾病而导致不适，它也要马上接受这三个疗程的治疗，以确保很快康复。任何延迟都会造成可怕的后果。

因此，挽救公司的治疗方法可分成以下三个疗程：
- 疗程一：手术，主要专注于机构重组并改善现金流
- 疗程二：复兴，努力使公司收入和盈利重新焕发生命力
- 疗程三：护理，目标是恢复一个强健的公司免疫系统以维持长期成长

这三个疗程在接下来的几章内将通过在三个经典案例中的实际转机经历具体展开说明。这三个案例包括本地以及基地设在新加坡的外国公司。此外还有来自世界级公司的其它案例补充说明。要想公司完全康复，就要尽量吃完疗程一、二和三中所开的全部抗生素处方。

尾注

[1] *PR Newswire* (2001), "Corporate Renewal Professionals Have More Realistic Views of Troubled Companies' Outcomes, TMA Survey Revealed", 30 March.

[2] Ries, Al and Trout, Jack (1992), *22 Immutable Laws in Marketing*, New York: Harper Business.

[3] *Today* (2001), "The Ansett Haemorrage", 3 December.

[4] Wood, Leonie; Goodsir, Darren and Paxines, Stathi (2001), Administers Called In after Qantas Says 'No'. *The Age*, http://www.theage.com.au/news/national/2001/09/13/FFXZBOMZIRC.html.

[5] *The Straits Times* (2001), "Asia's Top Threat: The Economy", 10 September.

[6] Lee Siew Hua (2001), "Chinese Apples Give US Farmers Sleepless Nights", *The Straits Times,* 8 September.

25

07 *Newsweek* (2001), "Screeching to a Halt", 1 October.

08 Watson, Thomas J. (1963), "A Business and Its Belief: The Ideas That Helped Build IBM", New York: McGraw-Hill.

09 Tan, Audrey (2001), "Global Economy may not Recover till 2003: Krugman", *The Business Times,* 29 November.

10 Soh Wen Lin (2001), "A Diagnosis of Japan's 10-Year Coma", *The Straits Times,* 3 September.

11 Khanna, Vikram(2001), "Japanese Economy Sicker Than Believed", *The Business Times,* 14 December.

12 Burton, John (2001), "Momentum Challenged by Twin Threats", *Financial Times*, 24 October.

13 Ward, Andres (2001), "Speeding Up the Pace of Reform", *The Financial Times,* 24 October.

14 Li Xueying and The Jen Lee (2001), "It's Not Just Due to US Downturn", *The Straits Times,* 6 August.

15 Chang, Gordon G. (2002), "The WTO Won't Save China", *The Asian Wall Street Journal,* 11–13 January.

16 Becker, Jasper (2001), "The Challenges of Rapid Change", *SCMP.com*, http://special.scmp.com/nationalday01/.

17 *Jacksonville.com* (2001), "Philippines: Arroyo is the Best Hope for Leadership", 10 February,
http://www.jacksonville.com/tu-online/stories/021001/opl_5361990.html.

18 Khanna, Vikram (2001), "The Porter Medicine will be Hard to Swallow", *The Business Times,* 6 August.

19 *China Economic Network* (2001), "It's Got to Get Better, Doesn't it?",
http://cen.ccer.edu.cn/en/news/ASP/disp.asp?News_ID=379.

20 Chuang Peck Ming (2002), "Faster US Turnaround Seen", *The Business Times*, 29 January.

21 Khanna, Vikram (2002), "Goldman Upgrades Singapore Growth Forecast for 2002", *The Business Times*, 31 January.

第三章 疗程一：手术

病例：遭受癌症折磨的本地公司

对公司 A 的诊断是它受到癌症的袭击。幸运的是疾病发现得早，它还有得到挽救的希望。这间本地公司虽然还用不着靠它，但已经表现出在表格 三，一描绘的症状。它需要住进特护病房接受手术治疗，对业务进行全面改革。

公司 A 是一间擅长制造和贸易工业产品的中小型企业。在上世纪六十年代的全盛时期，它曾夸口说拥有一条繁荣的生产线，范围几乎涵盖《黄页》从 A 到 Z 的所有产品。

表格 三.一 公司 A——一间遭受癌症折磨的本地公司

背景：	擅长制造和贸易工业产品的本地中小型企业
问题：	失去市场份额和盈利，管理费用高，注意力不集中
方向：	博而不精的三脚猫水平
导向：	无系统性
管理方式：	放任，自由主义
架构：	不注意收益性
沟通：	所有部门只埋头做自己的事

然而，在上世纪九十年代当它作为中间人的重要性显著减小时，它的好运就走到头了。由于直接采购越来越普遍，公司 A 的生存逐渐变得艰难起来。它的主要问题包括日益紧缩的市场份额，盈利下滑，管理费用高昂以及生意活动没有重点。缺乏方向性导致公司 A 的业务处于博而不精的三脚猫水平。因此，其企业导向变得毫无系统性而管理方式则是放任和自由主义流行。由于不注意收益性以及公司内各部门间缺乏协调，只是忙于从事自己的活动使本来就没有组织性的机构进一步衰弱。

什么是手术疗程？

传统的手术经常用来矫正发生缺陷和有问题的器官和组织（象心脏绕道手术），或者心脏移植或摘除癌症及其它病变组织（如阑尾切除手术）。它甚至可以通过输入新鲜血液或器官移植等手段让病人复苏或重获生命力。通过手术程序，虽然一开始很痛苦，但保证在此之后治愈和恢复一个人的身体及其主要生命能力。不经受短期痛苦，就不会有长期收获。

公司动手术也涉及机构主要架构重组以便重获健康。开始时可能会象传统手术的经历一样产生忧虑和疼痛。和外科医生一样，转机总裁进行手术时，必须非常小心地挥动手术刀，有技巧地深入身体内部而不移动太多肌肉或伤到骨头。否则就会对病人造成伤害。这个阶段持续时间非常紧迫，通常只有少于一年的时间。这是因为在公司中普遍存在"即时"或"快速修理"的思想。因此转机总裁需要在这个转机阶段"走捷径"以便尽早取得看得见的成果和正面转机。如果在这个时候拖拖拉拉，优秀职员可能就会跳槽，而股东和老板们也会变得不耐烦。转机总裁没有犯错误的余地。一旦他没有在预期时间内完成任务，可能就会被解雇。象朗讯科技公司（Lucent Technologies）的前任总裁理查德·麦克金（Richard McGinn）仅仅在升任总裁职位三年后就于2000年十月遭到解雇。他无法让公司快速好转，因而被踢出朗讯的大门。朗讯股价在不到一年的时间内大幅滑落了68%。通用汽车公司（General Motors）也因为同样原因在鲍勃·斯坦普尔（Bob Stempel）治愈生病的公司之前将他开除。

由于股票市场需要季度财政报告，在多数列名公司中动手术对时间要求非常迫切，需要快速的思维、敏捷的行动和莫大的勇气。这个时期也不能被过度分析妨碍而导致瘫痪。一旦掌握了有关的重要数据，转机总裁就应立刻制定并实施转机策略。他应该做他知道的事，而不是长时间等待着知道要做什么。在意外和急救单位里的病人可能因为等待治疗的时间太久而死亡。

总而言之，手术疗程涉及到给公司重组以面对新的严酷现实。使公司摆脱赤字是当务之急。转机总裁及其团队必须赶在任何变化发生之前尽快牢牢掌握工作，以便明确表达作为成功重组的万灵药或指南针的手术计划。这不是"刀耕火种"的行动，而需要外科医生的技巧。记住这样的医学格言："最重要的是别伤害陷入困境的公司。"一旦转机总裁确定了主要目标，他也能分清实现这些目标的先后顺序并估计出完成重组计划的时间表。在认真考虑细节之后，他能够决定实施程序（具体到特定的步骤）以及在落实这些程序时不断检查以便监督进展情况。在这个阶段，转机总裁必须时刻保持自信，千万别说："这个可怜的家伙已经不行了。把尸体缝起来吧。"因为如果连总裁都失去了信心，下面的职员们就会更加没有信心。这对公司是一种不健康的情绪。

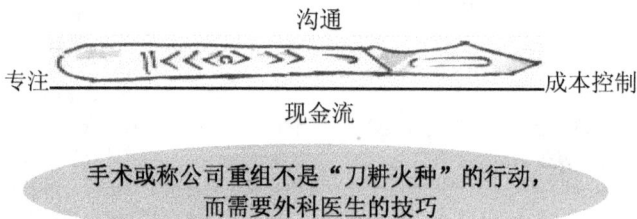

沟通

专注 _____ 成本控制

现金流

手术或称公司重组不是"刀耕火种"的行动，
而需要外科医生的技巧

图表 三.一 疗程一——手术：重组机构

手术疗程如图表 三.一所示，可以用四个 C 表现出来，即

- 沟通（Communication）
- 专注（Concentration）
- 成本控制（Cost Control）
- 现金流（Cash Flow）

沟通

当公司碰到困难时，这迟早会成为大家都知道的事情。为了避免误解和延缓转机计划，转机总裁让所有有关当事人都清楚了解他内部和外部的沟通计划是至关重要的。就象一名医生不会委派护士去把病情和治疗方案通知病人一样，转机总裁也应该亲自将转机计划告诉职员们。

沟通的方法包括以下主要步骤（见图表 三.二）：

✓ 成立一支转机队伍
✓ 谋求支持
✓ 采取严格的管理方式

成立一支转机队伍

谋求支持

采取严格的管理方式

**转机总裁要亲自与职员们交谈。
就象一名医生不会让护士去和病人谈话一样。**

图表 三.二 沟通

成立一支转机队伍

进行沟通首先要成立一支转机队伍。将公司转亏为盈的过程极少会是个人秀。大多数协调良好的公司恢复小组都是由公司内部和外部最好的人才担任，包括破产律师、审计员和转机顾问等具熟练专业知识的专家。开创成功转机的第一步是让每个人都参与进来。如果雇员们相信你所做的一切将带领他们走向一个更美好的未来，那么他们就会努力实现这一变化。

陶朱公（约公元前 500）原来是一位著名的军事战略家，后来转而经商，是中国公认的第一个富甲天下的成功商人 [1]。他流传后世的十二条经商原则中，首先就是"能识人。知人善恶，帐目不负"，也就是说，要有识别他人的能力：知道人们的好坏，能确保你的帐目不出现亏损。根据中国历史来看，这一条原则挽救了陶朱公的性命。这也是为什么他会将这一条原则放在第一位的原因。同样的，转机总裁必须确保选择了正确的人选作为他的转机队伍。

陶朱公进一步补充说商人必须学会如何分配人。在第七条中说到："能用人。因才施用，任事有赖"，也就是说，要有用人和合理分配的能力：选择正确的人用在正确的工作上面，确保他能够信任和依赖。在第一条原则中，认识人只是一个必要条件，但并不能保证生意成功。在认识了解他们之后，还要有效任用他们。这是成功转亏为盈的必要手段之一。你也要准确地知道需要从转机队伍中不同成员那里得到的帮助是多少。转机总裁只是在实现转机蓝图时指引方向，就象战争中一名将军和总司令一样。配置人力资源的能力是成功转亏为盈不可或缺的关键之一。因此，陶朱公这么认为，军队在发动攻击前蓄势以待，就象拉满的弓一样……在高超的指挥技巧下，军队能在战斗中发挥出惊人的气势，就象从高山上滚落的巨石一样。他还认为，开明的管理者仔细研究计划，而优秀的将军将其付诸实行。基本上，是转机队伍中的成员们执行计划细节，就象排长一样扮演属于他们的角色。

因此，将公司 A 成功转亏为盈应归功于那支帮助完成计划的团队。作为决定，外部顾问没有参加进来。因为不是所有顾问都是优秀的危机经理，也没有时间寻找一名好的转机顾问。在把公司需要重组的消息透露给二十名临时管理层职员的前一晚，大家对是否应毫无隐瞒地公布事实还存有疑问。要从中吸取的教训是："要诚实，别隐瞒真像。"因为人们本质上并不反对听到坏消息。他们只想尽快看到结果。关键是转机总裁要清楚明确地告诉职员们公司所处的困难局面（比如，因为经济普遍放缓、产品投放市场受挫或投资失败、失去重大客户等等原因而必须重组）以及为改善公司财富并预防公司健康状况进一步恶化而迫切需要采取一些强硬而不受欢迎的做法。你应该早一点诚实地这么坦白。如果转机总裁能做得到的话，也可以提供一些重组的大致时间表。沟通的主要目的是让雇员们和你一起在困难时期并肩奋斗。

> **你们必晓得真理，真理必叫你们得以自由。**
> 约翰福音 8：32

令人惊喜的是当职员们听到消息时，他们非常支持。他们其实等待"救世主"挽救公司已经等了很久了。他们甚至发誓通力合作。在以前，前任总裁们试图用半真半假的话隐瞒公司状况的严重性，想方设法粉饰太平，并做出很多承诺。职员们对此非常失望。那些总裁们最终自食其果，因无法成功改组将公司转亏为盈而不得不离开公司。转机队伍的目标是尽快取得成果。

同样的，手术疗程这部分应该尽快，因为时间就是一切。传达转机计划时如果有不恰当的延误将可能产生不确定性和不安全感。这可能导致出色职员大批离去。

与某些转机总裁象走马灯似的雇用并解雇执行人员和经理不同，转机团队只有在真的无法解决问题的时候才能更换。不断的改变将很难建立起和睦互信，也不能更好地了解团队成员。只要有可能，就将那些之前和你相处过的信得过而可靠的人，那些可以和你共事的稳重男女引进团队。因为你们早已建立起和睦互信，他们都熟知你的方式，做起事来就会事半功倍。这样也减少了误解和猜疑。时间决定一切。你必须迅速将所有事情都办好。转机团队必须给予你全力支持。

如果你由公司内部提拔上来为公司转亏为盈，就象当初通用电器的杰克•威尔齐那样，不要把应声虫放进你的转机队伍中去。寻找那些与你互补的人，那些拥有大量创新想法并能够实现它们的人。你想要在此之前经历过变化的人能够作为变化的媒介帮你一把。别怕有人在你脱离正确轨道时大声提醒你。这些人也一定能够接受批评。有些经理因为不喜欢受到批评而失败。他们不想作出变化，因为那会引来批评的声音。大多数人都想当好人。但此时并不是拉选票的时候。许多不受欢迎和行政上不正确的决策必须得到执行。然而，你需要成为受尊重的人。记住，必须赢得人们的尊重。通过讨大家欢心赚取而来的尊重没有价值，也不能持久。赢得尊重的不二法门是成功获取成果。

谋求支持

转机总裁通常不能获得全部自主权，特别是当机构对他们不熟悉时。他们不得不获取各方信任和支持以便更好地执行他们的工作。

因此，很重要的一点就是谋求包括顶层管理人员、股东、工会和公司职员等当事人的支持。这是因为在转亏为盈的进程中，将采取不受欢迎的方法。这对当事人会产生直接或间接的影响。同样的，转机总裁也有必要让他们了解转机计划并定期告知他们计划进展情况。否则就有可能滋生忧虑不安的情绪，发生怠工或故意破坏计划的事情，进而危及转机过程。在手术疗程刚开始的时候，应该更加频繁地更新计划进展情况。随着重组过程进入比较稳定的阶段，更新次数也可以逐渐减少。

团结在这个节骨眼上是至关重要的。因为转机总裁的注意力和能量不应该耗费在由持有不同意见的当事人发起的不具生产效益的斗争中。你需要掌握一定的自主权，有效地完成公司手术。然而，能够自主决定的权力通常在你经常与他们沟通，使他们确信你知道你在做什么之后才能获得，而且是由股东或董事局逐步委任给你。

因此，在接受转亏为盈的委任状之前，势必确定导致公司陷入困境的主要因素是否因为公司主席。如果确实如此，那么转机经理就要有足够胆量向主席要求全部行政权力。否则，最好别接受转机委任状，因为这注定要失败。在努力转机的过程中，很可能要开除和主席有关的职员，比如和他关系要好的同事或亲戚。

采取严格的管理方式

在第一个疗程当中，生病公司需要采取不受欢迎的措施，这通常会是痛苦的经历。象更换经理（输血）、关闭运作（放血治疗）或改变生意模式（更换基因）等措施并不会拉拢任何人。事情不再和以前一样了。变化将成为必须，但人们却普遍拒绝变化。因此，员工参与管理法和少数服从多数的管理方法在疗程一中不会奏效。

领导英特尔（Intel）成功转机的安德鲁·葛洛夫（Andrew Grove）说："'好'或'不好'这些词不应该出现在你怎么想或做什么中。记住，我们按照最有效的方法去做。"葛洛夫领导英特尔跳出它曾创立并垄断的微处理器市场行业[2, 3]。

简·P·慕克兹克（Jan P. Muczyk）[4]曾说象亨利·默兹博格（Henry Miutzberg）这样的管理专家们都一直明白在裁员和转机局面下需要独裁的领导者。比如，柯达公司（Eastman Kodak）的主席和总裁凯·R·惠特莫尔（Kay R. Whitmore），通用汽车公司的总裁罗伯特·斯坦普尔以及 IBM 的约翰·阿克斯（John Akers）都被董事局开除了，因为他们在面对公司规模缩小的情况下，或者无法作出决定，或者花太久时间作出这困难的抉择。比起在平常时期，独裁和命令方式的领导行为在危机时期更合适。然而，转机领导人也不必冷淡无情，而要更为老练地处理危机以获得支持。记住，转机领导人要严于成绩而宽于待人。

> 民主的领导人别来申请。
> 简·P·慕克兹克

因此，在转亏为盈的第一疗程中，推荐转机总裁的管理方式应该是当一名仁慈的独裁者——严格强硬但通情达理，富有同情心。前面提到的转机团队支持这名总裁。权威和责任必须放在总裁手中。此人必须在这个阶段中扮演全局领导人的角色，在人事、战略、投资和行政事务上作出及时决策。孙子曾说："故令之以文，齐之以武，是谓必取。令素行以教其民，则民服；……令素行者，与众相得也。"大意是说（将领）用"文"的手段即政治道义教育士卒，用"武"的方法即铁的纪律来统一步调，这样的军队打起仗来就必定胜利。平素能认真执行命令、教育士卒，士卒就能养成服从的习惯；……平素之所以能认真执行命令，是由于将帅与士卒相互取得信任的缘故。

一间公司开始出现问题时，通常是起源于管理层过度专注于自己的额外补贴胜于公司所生产的产品或提供的服务。如果你要改变，就先从废除公司额外补贴开始，比如，不再提供专职司机、公司专车以及头等机票。因此，削减成本的命令应该从公司顶层开始，其基本目的是减少昂贵而不具生产效益的管理经营。

就象一名开业医生需要高贵的希波克拉底誓言（Hippocratic oath，公元前460－375）作为职业道德一样，一名转机经理同样需要遵守一定的职业道德。最基本的一条是转机经理必须言行一致。如果你取消经理们的额外补贴和公司福利，你也要以身作则。如果你已经决定在经理们出差坐飞机时要降级到经济舱而自己却享受商务舱飞行，或者在你的手下为节省成本而遭受裁员时自己却在高级餐馆花天酒地，那么你就会失去可信度。一旦你没有将你所鼓吹的那一套付诸实践，人们就能看出你前后矛盾。失去个人可信度将极大地损害接下来所有为转亏为盈而作出的努力。

管理层是促进其他所有职员显著发展的支柱。在第二章中我们说过，软弱无力的管理层通常允许机构腐败化脓从而形成内部病毒。当公司出现问题时，大多数情况下不能仅仅通过任用内部现有的管理层治愈自己。如果管理层就是问题的根源所在，就会因牵涉到太多私利而无法作出变化。生病的公司需要一个媒介产生变化或者接受输血，也许一名转机总裁或新任资深经理，最好是没有被以往的包袱压垮的人，能够不计代价，冒着甚至有可能丢掉自己工作的风险，尽一切力量去做有利于业务的事情。

在手术阶段，转机经理的任务是为了成功，而不是让所有人都喜欢。他必须为了所有当事人的利益而成功，而不只是董事局和其他主要投资者。象工作和退休人士这些次要投资者的利益也需要得到保护。在精神上，转机经理也需要为了公司雇员以及在生活上依赖他们的家人取得成功。他们相信他能够带领他们走出死胡同。如果你要将一间公司转亏为盈，你就要意识到许多可怜的人都寄希望于你取得成功，而你的目标是要为他们赚钱。这是一个令人敬畏而沉重的责任。

专注

在手术阶段，时间和资源都是极为有限的。因此，转机总裁要集中所有资源，把主要几件事情办好。你应该拥有象激光般敏锐的注意力，正如在一个标准的手术程序里，外科医生只专注于手术要进行的区域。作为一名病患，如果你的主刀医生同时给你和另一名患者动手术，你会有多害怕！同样道理，一间生病公司只能专注于其核心能力，尽量裁减掉那些无助于改善收入的业务。这有助于生病公司明确目标，将全副注意力都投入正确的事务中去。而且，把业务规模缩小到管理能力范围之内能够使得管理效率以及现金流获得显著改善。

这个"C"需要下列管理方法得以实现：

● 专注于核心能力
● 去除边际盈利项目
● 采取基于"零预算"方法
● 挑战以往商业假设

> 外科医生一次只给一名病患动手术。
> 同样的，一间生病公司只能专注于其核心能力。

专注于核心能力

身处一个日趋激烈的商业竞争环境中，生病公司必须回到起点。它需要为生存集中全部注意力，专注于其核心能力，而不能受到进军新领域的诱惑。这通常是生病公司唯一的选择。因为其匮乏的财政资源不足以应付在非核心领域里的冒险活动。迈克尔·波特[5]将集中公司有限资源在一个或少数几个产品市场作为竞争策略之一。此外，IBM 转机总裁卢·葛斯纳学到了一个教训："别想当然地认为要成功就必须要进入一个新商业领域。你经常能通过已有的业务和技能以低得多的成本取得成功——只要你能做得更好。"在 1993 年葛斯纳担任主席和总裁之前，华尔街曾推测 IBM 会破产或遭到分解。大多数新业务需要启动成本。其导致的营运损失是生病公司所不能承受的。珍贵的资源也需要用来处理新冒险行动，这进一步削弱了公司力量。现在是进行认真评估和分清优先次序的时候了——重要的事情先办。

为了把资源腾出来给核心业务，生病公司必须出售任何不盈利或无关的业务。这个观点也得到美国通用电器前主席杰克·威尔齐的肯定。他要求通用电器的业务必须处于其市场数一数二的位置，否则就将遭到彻底重组、出售或关闭。结果很多机构遭到关闭。通用电器的劳动队伍减少了十万人。但威尔齐创造的股东价值比这个星球上任何其他总裁创造的都多。

微软的每一名雇员都把百分之百的注意力集中在主导其所瞄准的市场上面。没有人能投身于两个事业。微软也认为没有雇员能够将注意力公平且平均地分配在不同的两个项目中。除极少特例，微软的每一名雇员只负责一个主要项目。比如，对一名副主管而言，其任务可能是接管整个桌上型电脑应用程序市场。

其至陶朱公也在他的第三个商业原则中提到应该在做生意时集中注意力："能安业。厌故喜新，商贾大病。"[6]意思是说，喜欢新的而讨厌旧的是做生意最大的病根。值得注意的是，在商业中的专注与在战争中保持精神高度集中具有相同意义。中国古代军事家孙子曾说："兵非益多也，惟无武进，足以并力料敌取人而已。"大意是说，打仗不在于兵力越多越好，只要不轻敌冒进，而且能集中兵力，判明敌情，也就足以战胜敌人了。孙子还警告那些有庞大的军队就自以为可以轻举妄动的将领。而最重要的是在关键地方集中兵力。孙子主张只有真正掌握了"集中优势兵力打击敌人"这一思想精髓，即使总体兵力不如对方，也可以取得战争的胜利。孙子也说："……并敌一向，千里杀将，是谓巧能成事。"意思是说，一旦机会成熟，便集中兵力指向敌人一点。这样即使长驱千里也可以擒杀敌将。这就是所谓巧妙能成大事的意思。

西方许多研究发现集中注意力和专注是值得保持和鼓励的优点。迈克尔·特里希（Michael Treacy）和弗瑞德·魏斯玛（Fred Wiersema）[7]在他们的著作《市场领导者原则》（The Discipline of Market Leaders）提出了一个骗人的简单课题：成功公司——市场的领导者——擅长于为他们选定的消费者提供一种价值。关键在于专注。市场领导者选择了单一"价值原则"——最佳总成本、最佳产品或最佳总方案——并完全围绕着这些建立他们的机构。

> **市场的焦点将从大范围领域转移到寻找及瞄准特定区域。**
> **菲利普·科特勒（Philip Kotler）**

在阿尔·莱斯[8]写的《焦点》（Focus）一书中展示了为什么公司应该专注于核心产品而去除无关及浪费能量的冒险活动。三百六十行，不管哪一行，都只有高度集中注意力的公司才是大赢家。随着日益激烈的竞争以及商业全球化，未来属于那些可以为主导行业而集中注意力的公司。阿尔·莱斯和杰克·特洛特在《营销大师法则》[9]中说："随着商业演变成全球化，你必须将注意力集中在全球市场的某一个特定领域。"

世界上最大的个人电脑音频产品制造商新加坡创新科技（Creative Technology Singapore）的主席和总裁沈望傅（Sim Wong Hoo）[10]在2001年六月结束的财政年中一共承受了一亿三千零四十万美元的损失。他正在重新组织他的业务并将注意力重新集中起来。主要原因是第一次在高科技投资领域冒险的失利。这个原本可带来高额回报的领域却因为世界范围内科技股的崩溃导致净投资不利，在同年损失了几乎一亿五千万美元。因此，他回过头来重新专注于个人电脑音频产品，特别是声霸卡系列产品。沈望傅解释道："我们最近作了一些深刻的自我反省，将所有的数字都重新处理了一遍。我们发现，如果我们只专注于音频产品，就已经能够带来利润高得多的业务了。我们却一次又一次试图扩展到音频产品以外的领域。而这些新领域的表现只是一般而已。我们也可以不靠它们取得成功。"他分辩说："我想我们要学的教训是，逆境时，我们需要专注。如果我们专注于擅长的领域，即使在低迷时期，其实也有大钱等着我们去赚取。"

市场上激烈的竞争也使消费者需求和期望加速高涨起来。如今，一名消费者将投诉文件直接递交到总裁或管理顶层的办公桌上已经屡见不鲜。如果后者没有亲自妥善安抚消费者的不满意情绪，他就可能掉头而去，再也不回来了。他因为有太多选择而被宠坏了。然而接待这种消费者投诉的事情会使转机总裁不可能抽出时间做其他事。对公司A的解决办法是出售众多的不盈利和无关生产线，如家用电器（公司的强项是工业产品），解放肩负沉重包袱的资源。这就好比一个胖子做了抽脂手术，想办法去除满身不需要的肥肉一样。更苗条的体形肯定能促使他获得更好的健康。同样的，陷入困境的公司也可以在新能量和资源的刺激下专注于其强项或核心能力。

> **专注于你最了解的事情。**

去除边际盈利项目

改善生病公司可怕现金局面的另一个办法是停止不盈利项目或很难赚到钱的边际盈利项目继续侵蚀资源。陷入困境的公司的销售数据有时会对其盈利情况产生误导。因此，关键是以正确的方式回顾公司接下来的项目的利润。

以公司A为例，所有合同所承诺和未承诺的利润都经过重新讨论。为取得更好成绩和赚取更高佣金，销售人员经常头脑发热地签下许多销售合约，虽然这些合约既无价值，也没有利润，甚至经常有可能造成财政损失。销售人员被告知这等于是花钱买销售额。这种做法是不足取的，用俗话说就是："雷声大，雨点小。"西方谚语则说："只听到咝咝作响的煎牛排的声音，但却看不到牛排。"在重视这个阶段之后，随着接下利润优厚且容易收到付款的订单，公司A的盈利得到显著地改善。在逐步剔除边际盈利项目之后，公司总体资源分配和客户服务也发生了巨大的好转。只要情况允许，咬紧牙关忍痛将所有亏损的冒险活动截肢总好过试图给它们绑上绷带。根据标准手术程序，出现化脓情况时，就要把脓排干净。如果身体某个部位受伤，也会影响到身体其它地方。此时关键在于将公司结构重新调整为一个更小型但更赚钱的机构。这也有助于公司专注其核心能力。

> **不要绷带和缝针，而是**
> **尽量将所有亏损业务截肢。**

此外，公司一些产品的价格上调以减少损失。这产生了立竿见影的效果。处理恰当的话，价格上调将不会影响销售量。然而，不应该不分青红皂白地增加售价，而是要经过慎重考虑、全盘计划并认真执行。在调高价格时，最重要的是以市场作为导向，由消费者的反应来确定公司在市场中应处的位置。对即将提升的价格，你应该给消费者足够的通知。对提价应有可靠充分的原因，如原材料和劳动力成本上升等。这应该一直基于价格/销售额的考虑，而非感情冲动。

采取基于"零预算"方法

在转机局面下，公司没有资源可供挥霍，不象在正常商业环境中那样可以任意获取和分配资源。转机总裁必须对转机团队清楚地传达这点。而这个信号最终也会传播到公司内其他职员耳中。这个概念和传统的预算方法（如逐渐增加的预算）恰恰相反。对于后者，每一个部门在前一年预算数据的基础上增加若干作为今年要分配资源的预算。这种增加可基于一定的市场指数或是在下一个财政年度增加任意百分比

所以才要引入基于零预算的方法。在基于零预算中，每一名经理证明所提议的活动，如同它们是第一次实行一样。所有成本分析和证明都从"零"的基础上开始，而不是现有的基础。如此一来就可以确切看到一个单位到底花了多少钱。此外，它需要一个现有的程序证实其存在。因此，基于零预算是一个在没有任何批准资金的基础上报告一个操作计划或预算的方法。

此外，每一个部门都要求按刚起步的情况准备自己的预算，并证实每个计划的必要性。这样，公司内每个部门都在规定的资源限制下最有效率地工作。有必要告知大家，因为受人们精神和公司资源的限制而必须专注。在第四章中也会显示，消费者的精神也是有限的，他们只能记住一定量的品牌名字。在对公司 A 实行这种方法之后，尽管最终职员人数减少了，但生产率却得到了提升（详情在成本控制方法中有进一步解释）。其影响就象通过减少饮食（或摄取含卡路里较少的食物）以及增加新陈代谢（如运动）来改善一个人的健康状况一样。

挑战以往商业假设

一间有问题的公司要谨慎挑战所有"圣牛"，即以往神圣的商业假设。很可能有些以前的"圣牛"是基于不正确的理解和假设，从而导致公司陷入困境。以老办法做生意的传统和以往商业假设可能就是致使公司遭受疾病侵袭的病根。在这个瞬息万变的时期，策略失误经常是由于一种"我们以前也曾经历过这个"的对危机的理解或者误以为变化是暂时的（想当然地认为其冲击是微不足道的，因此可以忽略不计）。许多这种陈旧过时的假设发生在大型知名公司中。他们传统的"现金牛"业务已经变成了"圣牛"。在巨大的市场洪流冲击下，最终会演变成为"祭牛"甚至更糟的"牛粪"。

一些错误的商业假设和理解一次又一次地使许多公司在专家的带领下误入歧途。马赛地—奔驰汽车

公司（Mercedes-Benz）因为在 1900 年对马赛地－奔驰的研究预测而错过了小型汽车市场的良机。那次预测的结果发现"因为司机数量有限，世界上对汽车的需求基本上不会超过一百万辆。"数字器材公司（Digital Equipment）的负责人肯•奥尔森（Ken Olson）在 1977 年曾说："没理由有人想在家里有一台电脑。"即使 IBM 主席托马斯•沃森在 1943 年也说过："我认为世界市场只需要五台电脑。"IBM 的另一位主席约翰•阿克斯在 1983 年补充道："世界电脑市场大约是二十七万五千台。"由于这些错误的理解，怪不得数字器材公司和 IBM 在进军个人电脑市场上双双迟到。

即使所谓专家也被证明是错误的。玛格丽特•撒切尔在 1977 年的一次电视访问中说："不，在我有生之年无法看到一位女性首相。"两年之后，她就成为英国历史上第一位女性首相，并通过选举连续三届担任首相职位（1979－1990）。拥有数千名高级智能工作人员的美国五角大楼在伊拉克入侵科威特的前两天作出如此评论："萨达姆在吓唬人。他不可能进攻。"

为确保执行起来成功有效，转机总裁必须重新仔细回顾检查公司以前制定的每一条商业假设。就好象验血等对身体诊断检查一样，这也会开始一次详细检查，诊断出究竟是哪些假设导致公司面临现有的困境和难题。经过细心而连续不断地在显微镜下检查公司 A 的情况之后，几种不合理的商业假设被确定出来。其中之一是在过去多年里过分依赖单一的供应商使得公司不再具有竞争力。通过外部采办减低一些成本，因而提高了盈利空间。

成本控制

不必要的成本一直都是你的头号敌人。你必须与之斗争并证明所花费的每一分钱都是恰当的。不管你的公司是否陷入困境，成本都是致命的，即使你能生产出更好的产品。在亚洲尤其如此（详见第四章，以恰当的价格开发恰当的产品）。如果你的某个产品的成本达到竞争对手的售价，你就不能在这一行长久待下去。你必须在每一个部门里与成本作斗争，不管大小和数量。

挑战每一个成本

成本控制，特别是在孤注一掷的转机局面下，是一种很重要的解毒剂，或者说是一种有效的补救方法。它本质上通常是短期或暂时的。除非是最有必要的开支，否则成本要全面得到削减。要成功实施成本控制，行动必须快捷、有力而且果断。有时必须做到残酷无情，因为局面对于公司眼前生存和未来成长都已经危如累卵。由于此时涉及到重组所要采取的许多不受欢迎的决定，转机总裁必须小心敏感地去实施。任何商业学校一年级的学生都知道如何进行削减成本。但关键在于要如何削减成本才不会进一步伤害到生病的公司，将它从财政崩溃的边缘拯救回来。他应该和每个部门的经理讨论相关细节，恳求他们的建议。因为这样做能大大提高全面合作和成功的机会。职员们有时提供有价值的建议，能为公司节省时间或金钱甚至二者兼得。记住，现在不是用手指指点点制造不必要压力的时候。关键在于营造一个有利于解决问题的气氛。因此，现在是团结一致的时候，要把每个人的私利放在一旁，为将来的收获专心工作，而不是增加敌意互相揭别人过去的老底。转机总裁的任务确实不容易，必须以高水准的技巧应付。他要确保自己不会与团队成员的关系疏远。他必须苛刻，严于要求成绩，但有时也要有外交手腕，对人们宽容。成本控制包含了非常广泛的方法，但所有这些本质上都可以归纳成以下三个主要范畴（详见图表 三.三）：

- 削减运作预算
- 缩小劳动力规模
- 降低固定和可变动管理费用

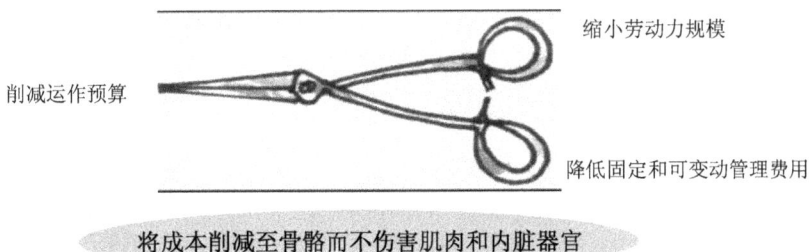

削减运作预算

缩小劳动力规模

降低固定和可变动管理费用

将成本削减至骨骼而不伤害肌肉和内脏器官

图表 三.三   成本控制

削减运作预算

转机总裁一般第一个会采取的步骤是立即裁减人员。然而，这可能是一个骗人的秘方（一种号称是特效药但实际上却是假药），可能无法达到预期的效果。因此，裁减人员不一定是转机总裁的首选。因为还有许多其它方法克服难关。探索削减运作预算的方法是转机总裁的首要任务。然而，他必须为此做好准备工作，在实施之前确保修正过后的运作预算既正确又可行。既然旧预算已不再正确，转机总裁就必须草拟一个修正运作预算。在决定削减运作预算时，转机总裁要掌握好削减的百分比，维持其微妙的平衡，在有效刺激利润增长的同时也不能削弱公司正常营运。通过对比每一年的财政帐目报告，转机总裁可以确定开支是否与当前的销售情况相符合。于是他就可以确定开支项目以及维持无亏损甚至小量盈利所要削减的数额。这种分析对准确找出问题所在非常有用，比如销售额下滑（也许你需要增加市场营销力度），总利润和净盈利低或不足（很可能由于价格问题），管理费用高（也许你需要削减成本），偿还债务承诺（也许你要回顾条款，调整贷款偿还款项），以及其它许多方面。一旦运作预算降至适当的水平，转机总裁就应当坚持转机团队履行承诺。人们天生不想作出牺牲，转机总裁身负一个艰巨的任务，就是要说服所有雇员，每个人都必须勒紧裤腰带过日子。因此，这个成本控制运动就要看成是实现公司成功重组目标途中的一个任务。如果计划过程中的这个部分出了差错，就可能导致巨大的灾难，使整个运作陷入困境。因为错误的收入预测会对公司盈利造成不利影响。

经理们得到这样一个信息，一旦他们完成销售和盈利预算承诺，就等于保住了他们的信誉和饭碗。这种方法看上去好象很僵化，没有妥协的余地。但这却是为实现转亏为盈而制定正确计划所必需的一步。对于公开列名公司而言，则具有更重要的意义。因为根据预算数字取得成果对公司管理有更大压力，而且要求更高的透明度。根据预算的实现程度而开展的成绩激励计划使经理们强烈意识到，实现他们的承诺是多么重要。在各部门和基层，可以颁发小奖品和奖章激励奖赏那些实现他们目标的人员。

缩小劳动力规模

缩小规模就好象截肢，切除身体的一部分。

在裁减劳动队伍之前，转机总裁应当先尽量激励职员们全力以赴，拿出他们最大的干劲。作家弗兰克·帕斯塔（Frank Pacetta）有句座右铭："别开除他们，先激励他们。"在美国公司环境中，管理层为尽快减少管理费用，经常诉诸于裁减劳动力。尽管一开始很有效，但任何裁员运动的背后却是低落的士气和生产率。此外，这种"企业截肢"（切除行动）可能导致公司虚弱的财政健康进一步恶化成"企业厌食症"（失去食欲），进而引发下一轮裁员，将剩下的职员也大规模裁退。有时，"企业大屠杀"（有预谋地灭绝一个种族）会在实现股东最佳回报的名义下进行。

解雇不守本职的人员（详见本章稍后解释）是没有问题的。但当你为减少管理费用而必须解雇具有生产率的雇员时，问题就来了。这种规模缩小化在新加坡可能并不奏效。因为在这样一个人力资源有限的小国家里，不管是小道消息还是大新闻都会象野火一样迅速传播开来。公司里那些转机总裁希望在裁员运动中能留下来的有才干的职员反而可能最先离开。这就象人们都急于逃离一艘正在下沉的轮船一样，每个人也都希望能保住自己的饭碗。即使老鼠也会逃离一艘正在下沉的轮船。讽刺的是生病公司可能在无意之中促使优秀职员大批离去，而留下来的却是一群本来是裁员运动潜在对象的"朽木"。结果使问题进一步恶化，陷入困境的公司无法吸引有才干的职员替代那些离开的人员。因为公司在市场上的声誉已经遭到破坏。

对总裁和经理们而言，削减劳动力只是改善公司业绩表现的其中一个工具而已。还有许多其它方法增加销售收入，从而使业务好转（这将在第四章：复苏中具体讨论）。虽然陷入困境的公司发现积极改进收入手段确实有用，但规模缩小化仍然被证实是最受管理层欢迎的行动。这主要有两个原因[11]。首先，在短期内更容易预见到削减成本是增加盈利的一个办法。通过提升售价，进军新市场，引进新产品等增加收入的办法并不容易预测，而且风险大，实施困难。其次，规模缩小化的财政成本通常隐藏在重组开支中，而且经常被股票市场认为是利好消息，因为额外成本显著减少了。经理和股东们也从中获益。但裁员运动实际上报销了有价值的企业经验和资产。

越来越多的研究显示美式的规模缩小化特别是针对裁员的方法并不能解决问题。比如，1998年，哈佛大学的研究发现规模缩小化不能帮助包括国泰航空和日本八佰伴等公司盈利。过度裁员削弱了产品开发、市场营销和客户服务。美国公司，特别是在制造业聘用方面，其人员裁减程度几乎已经快到达骨骼的深度了。财政顾问公司贝恩公司的管理伙伴俄国人海格里（Hagery）在2002年洛杉矶办公室表示担忧，如果这些公司在聘用新人时耽搁太久时间，在恢复时就会降低整体生产力。解雇所带来的成本远远不止解雇费。时间和精力要用来招募对业务和消费者在行的雇员。随着每次裁员运动，公司也因为留下来的雇员们对公司冷嘲热讽和缺乏信任而产生难以估量的成本和信誉损失。他进一步补充说，不会再有人或人才在这些公司里成长了。曾主持解雇行动的资深经理一旦其总薪水记录被公布，不信任和冷嘲热讽就会完全变成敌视和不尊重。

在裁员之后，工作中积累下来的知识丢失了，就象一次机构脑白质切除手术（一种切除脑前额叶部分的手术，用来治疗精神混乱症，让有暴力倾向或失控的病人安静下来。现已废除），机构必须重新学习哪怕是最基础的功能。宝贵的时间将用来重新获得失去的经验和企业记忆。在这些问题影响下，公司里顶尖的执行人员通常会辞职离开。

有才干的职员大批离去，就好象大出血时身体失去大量血液一样。它迅速而严重的打击，对公司重要器官和机能造成广泛伤害。在公司本来就患有免疫缺陷（身体无法抵抗感染）的情况下，其破坏性就更加严重。关于公司免疫缺陷，或者说，脆弱的公司免疫系统的问题将在第五章里进行探讨。

能够替代裁员的同时又降低雇员成本的其它方法也应该加以考虑。这包括了实行减薪，结合工作运行情况雇用小时工代替全职员工（从而节省医疗、带薪假期等方面的开支），安排更短的工作周，"强制"休假，削减额外津贴和优惠（特别是旅游、娱乐补贴等）。然而，在转机过程中，这些主要是临时性的做法可以为公司买到时间。在实行减薪时，转机总裁必须小心公司支付的薪水与市场水平要成一个合理的比例。如果支付的薪水已经比市场平均水平低,进一步大幅度减薪可能导致职员背叛离去。如果你的公司酬劳比市场价格稍高的话,就有比较大的削减空间。按比例减薪是一个方便的衡量准绳。其推广的过程必须小心处理,要让职员们及时了解这一方法的基本原理和预计持续时间。你可以作出承诺,一旦局势好转就恢复原来的待遇。然而,应避免绝对的保证,特别是白纸黑字的书面保证。因为万一你无法在日后履行诺言,就会失去信誉。当然,如果你的雇员们都加入了工会,那就应该通知工会并寻求工会的通力合作。

但有时裁退职员也是不可避免的。比如陷入困境的公司不堪负担超额的人力成本,以及新近合并的公司里存在重复的人力资源。其它需要缩小规模或改组的公司还可能包括以前制度上提供基本服务的唯一供应商,如公共能源、电讯和运输等。因为在过去没有竞争,这些公司长得太臃肿,积累了过剩的人力资源。它们需要缩小规模,以便形成一个更有竞争力的成本结构。在专利过期的公司里,如一些制药和科技机构,缩小规模经证实是可行的一步。因为这些公司的核心市场将面对竞争。其它必须缩小规模的公司也包括那些失去重要代理商或客户而无法找到代替者、或者因为成本因素将工厂转移到其他国家的制造业者,等等。不可否认的事实是,人力成本是公司管理费用一个重要组成部分。生意不会失败,但人会。有时,疾病在于患上官能障碍的人以及其它公司脂肪。人体内多余的脂肪会造成冠心病、中风和糖尿病。公司脂肪也同样不健康。举例来说,杰克·威尔齐因消除公司脂肪的行动中冷酷无情而获得"中子杰克"的绰号。意思是说经中子炸弹袭击后,人都被杀光了,留下的只有完整无缺的房子。对威尔齐来说,竞争实力就是一切。太多人会使得成本不具竞争力,而不良的工作习惯大大限制了生产力的发挥。不管过去有多大痛苦,威尔齐相信,在意识到一个更苗条更健康的商业环境能使人们更有效地工作时,他们最终都会积极地响应。比较好的方法之一是裁减行动从不直接影响利润的工作开始。

日本公司在过去十年间陷入昏迷状态。其原因之一是许多日本老板仍然严格秉持终身雇用制哲学,雇员们生是公司的人,死是公司的鬼。然而,这种哲学在日本也经历着改变。因为没有及时认识到不称职雇员的影响,公司内其余的人就遭殃了。日本的经理会千方百计避免开除人员,如通过转移工人、减薪、出钱请雇员自动辞职、临时性工作分担,等等。这不能奏效。归根究底,臃肿的公司需要裁减多余的职员。这个问题不是周期性不景气,而是结构性变化 [13]。

在规模缩小化行动中,有时这是挽救公司必不可少的,成功不仅取决于你做什么,还要看你怎么做。举例来说,在削减公司总部职员之前,先别裁退那些从事运作的低薪工作人员。如果你首先切除真正的脂肪所在,包括开除不具生产效率的资深经理、中层经理以及一些患上官能障碍的人员,这些低薪工作者就知道你是来真的了。最后才处理工会和操作员的事情。他们甚至比管理层更希望公司成功。根据我个人经验,如果裁员意味着公司整体健康能确实好转,他们就会积极支持。

任何裁减劳动力的企图都要小心谨慎地进行评估,权衡可能的反弹并在实施之前制定好对策。必须明智地选择要开除的不守本职的人员,而不是用一刀切的方式。大多数经理发现,开除他们的职员是工作中一件最困难的事情。

降低固定和可变动管理费用

还有一个有效控制成本的途径,就是想办法降低固定和可变动管理费用。通常,对于这方面成本的削减,许多公司都采取"刀耕火种"的方法。然而,这里要特别注意。转机总裁必须在行动中小心谨慎,不能当食人族,拆散整个公司的运作——这里需要的是外科用手术刀,而不是帕兰刀(马来人用的带鞘大砍刀)。而且,只有在削减成本和增加销售及(或)利润同时进行时,才可能获得可观的成果。有时可以通过简化程序和操作并使之更有效从而达到削减成本的目的。如此一来，重复无效的方法可以降到最低。在有些情况下，外包可以达成同样甚至更好的结果。比如，不用雇用一名固定的保安，而更好的办法是通过外包的形式联系外面一间保安代理公司来完成这方面的工作。保安工作的跳槽率很高。但你不必为此犯愁。因为这是代理公司的事，而不是你的。

如今，你基本上可以外包所有非核心的业务。根据这个方针，公司 A 的管理层得到指示，将尽可能多的业务交给外面的专业组织去做。这个指示包括了从人力资源到安全人员以及维护系统在内的各方面。外包为你提供了很大优势，让你能够专注于对公司运作至关重要的领域，而不必为对公司成功没什么影响的事情分心。

比如，不是每一间公司都需要内部薪水支付系统、一个餐厅为职员提供饮食服务、园艺或清洁服务，或者保安服务。事实上，即使有人能以更低廉的成本把这些服务做得更好，也可能不会对公司增加多少盈利。进一步说，既便你拥有世界上最好的薪水支付系统，能提供最好的饮食服务的餐厅，最好的园艺或清洁服务，或者最好的保安服务，这些也不能为你在市场上带来竞争优势。因此，你应该专心处理能为你取得竞争优势的核心领域。

同样的，固定管理费用，特别是有关人的开支可以通过多种技巧间的互相培训得到显著减少。通过让职员们完成更多增值的任务，可以增进生产效率。象在公司 A 里，秘书的工作范围得以扩大。她的职责不仅仅局限于听听电话，写信或备忘录以及帮老板端茶送水，还要完成简单的数据分析。用积极的眼光来看，一些职员欢迎这样的在职培训和自我提升，当成是磨练他们技术和提高他们市场价值的大好机会。此外，有些在海外只有一个人的运作被下令把办公室关闭，而改为在家办公。这样做在办公室租金上帮公司节省了一大笔开支。

官能障碍人员的种类

不论健康还是生病公司里都有两种患官能障碍的人员。用医学术语来说，就是：

- 良性肿瘤病例
- 恶性肿瘤病例

良性肿瘤病例

这个群体包括许多不称职和缺乏动力而又无法找到其它工作的职员。这种情况不仅不健康而且会降低生产效率。因为他们之中有些人会经常抱怨，甚至在等待遭到裁退的同时故意妨害公司运作，使公司发展速度慢下来。

在处理良性肿瘤的病例中，英特尔的总裁安迪·葛洛夫为我们作出了很好的榜样。他带领英特尔赢得微电子处理器真正的专利权，并在系统软件方面与微软媲美，在网络硬软件方面与升阳微系统（Sun Microsystems）比肩，在打印机协议方面与 Adobe 和惠普（Hewlett-Packard）不相上下。如果一个人不能迅速完成任务是怎么回事？葛洛夫[14] 指出这只有两种可能性：不是这个人做不到，就是他不想做。他用一个简单的测试来分辨是哪种情况。如果这个人是靠他所从事的工作而生活，他能否做好？如果答案是肯定的，那么他就缺少动力。如果答案是否定的，那么他就缺乏能力。管理人员用以引发下属最佳表现的两个关键武器是动力和培训发展。更多有关详情将在护理疗程（第五章）进行详细阐述。这是唯一的时候，一名经理应同时扮演法官和陪审团的角色来决定表现不佳的职员需要激发工作动力还是接受培训和发展。葛洛夫是一名精力旺盛、野心勃勃而且不留活口的总裁。

但他有足够的耐心尽力挽救他的一些工作表现不好的同事，所谓的良性肿瘤。然而，如果没有紧密监控措施，有些良性肿瘤也会转化成有害的恶性肿瘤。

恶性肿瘤病例

这在所有患官能障碍的人群中是有害得多的一种病。通常涉及有诚实问题的职员或那些持消极态度，总是和公司利益作对的人员。就象患恶性肿瘤（癌症）的细胞一样，这种职员一直和公司作对。因此，必须尽快清除这群人员。一个最好的例子是不廉洁的职员。在很多时候，要收集你的小组成员从供应商或竞争对手那里收取贿赂的证据是很困难的。然而，你可以从许多蛛丝马迹中看出一些端倪。比如，你的小组成员对批发商过于保护，反常的夜间活动或秘密举动，象是在一些神秘的时间回到办公室，等等。对于大多数经理而言，只要足够直观，就迟早能发现并确定有关他们的职员是否在行为上保持诚实的猜测。

如果你有大量证据指出你的职员腐败，那么你就应该立即开除这名雇员。俗语说："一颗老鼠屎坏了一锅汤。"如果你知道你的职员靠不住，但又没有足够的证据。在这种情况下开除他可能会在法律上导致反弹。一种解决办法是故意催促该职员取得结果。这样的话，即使这名职员别有用心，也很难调皮捣蛋。一旦他无法很好地完成工作，就有借口请他离职。一定要给出合适的提前通知和合理的遣散费。不必为这种非常举动给出理由。根据我的经验，大多数这类恶性肿瘤病例会知趣地离开。因为他们知道自己的过错。

恶性肿瘤不仅是身体上的疾病，它们也是一种负面的态度。因此，其它恶性肿瘤的病例还包括不称职而又顽固或对公司事务处置失当的职员。不称职的管理层经常招聘更多不称职的雇员。因为这些管理人员不希望他们的下属比自己更强。在这种情况下，最好强迫这种职员自动辞职。在解雇的那天，特别是不友好的情况下，你应该准备两封信。一封是当作雇员自己辞职。如果该雇员不同意，那么他就会接到一封公司终止雇用的信。换句话说，雇员没有选择的余地。当然，最好的情况是该雇员立即走人。这样你就不必采取过激的行动。这是让人不愉快的。但有时，这也是清除恶性肿瘤不可避免的。有几次，很遗憾我不够坚决果断，在作出这些困难的决定时有所迟疑，还抱着万一的希望，以为涉及其中的职员能改正不良行为，补救所犯下的过失。有些公司将这些患上官能障碍的人员"雪藏"起来，调入"SLEEP"部门（即，最无效率人员隔离区，Segregation of Least Effective and Efficient Personnel），希望他们会在压力下辞职，而不肯开除他们。然而，我所学到的教训是宁愿忍受快速切除恶性肿瘤一开始短暂的痛苦，也不要招致允许肿瘤不受控制地增生扩散演变成癌症所带来的缠绵病痛和无法恢复的伤害。

> **清除官能障碍人员就象一次癌症手术，**
> **确保肿瘤不再卷土重来。**

建议友善的方法

尽管在别人眼中不得不扮演刽子手的角色，转机总裁应该争取尽量减轻痛苦，以便为职员们（尤其是那些非恶性肿瘤的职员）提供一个友善的新开始。在没有烧毁桥梁的情况下，公司也许可以在财富得以好转的不久的将来重新聘用这些遭裁退的雇员。以公司 A 为例来说，我们发现虽然我们关闭了一些不盈利的生产线，消费者仍然回来找我们接受售后服务。这些消费者当中，许多也是我们继续运作中的生产线的现有客户。幸运的是，我们没有解雇所有不盈利的生产线的职员，从而能够重新动员他们去满足售后服务的需要。

不在恶性肿瘤范畴内的职员可以得到另谋生路的时间。其中有些人可以转为公司的合同转包者。只要情况允许，公司都应该提供公平合理的解雇费并让职员友善地离去。公司也可以通过提供推荐信或介绍信帮助遭到裁退的职员。所有这些措施都在公司 A 的裁退行动中得以实行。事实上，有些遭裁退的职员后来被同行竞争者录取。在整个行动当中，公司应自始至终尽力保持好名声和显示出善意来。这里要注意的一点是保护这些遭裁退职员的尊严。有一天，你可能也会走上他们的路。

> **善待遭裁退的职员。**
> **因为有一天，那可能就是你。**

儒家思想是中国思想体系的主流，发展自孔子（公元前 551－479 年）所传授的精义。它关心的是良好的行为、智慧的应用以及正确的社会关系等基本原则。孔子思想体系的理论核心在于一个"仁"字，可以表现在爱、仁慈、人性以及博爱之心等很多方面。"仁"是品德操行的最高境界，代表着人类最佳素质。在诠释每个个体之间的人际关系时，"仁"证明代表着对自己和其他人诚实的"尊"和利他主义的"恕"可以用一条孔子的黄金定律来表达，即："己所不欲，勿施于人"。意思是说，自己不希望得到的，就不要强加在别人身上。这也是在实行缩小规模行动中要遵守的原则之一。

裁员行动之后

在规模缩小化行动之后，沟通将有助于遏制消极影响并将留下来的雇员的精力放在他们的工作上。此时，不能够"沉默是金"，有时这甚至是最糟糕的政策。职员们应该被告知为什么有必要进行改变。解释规模缩小化的目的以及公司需要成长和收益性是很重要的。此外，重要的是让所有职员们都知道，遭到裁退的雇员们都得到善待，他们离开的时候带着尊严以及合理的解雇费或者在找新工作时得到公司的帮助（如果有的话）。最重要的一点是，不管任何时候，你都要仔细聆听雇员们的声音，并适当处理他们所关心的事情。在这个节骨眼上，也可以通过雇员问卷调查衡量他们的满意程度。雇员问卷调查在亚洲背景的公司特别有用。因为这里大多数雇员不善于当面表达他们的心声，而宁愿以匿名的方式说出他们的委屈。因此，公司在规模缩小之后要争取当一名学徒，更多的利润必须用来解决造成雇员不满的问题，以便稳定留下来的雇员们的情绪，维持一个和谐的环境。

> **在规模缩小运动之后，赢回信任。**

现金流

钱使世界运转。现金是王者。现金流组成一间公司的生命线，是保证成功管理和健康运作的最重要资源。对中小型企业而言，有技巧的管理现金流甚至比收益性更迫切和重要，更需要优先考虑。盈利并不能用来支付你的租金，现金可以。一步步走向亏损可能让你头痛，但突然出现的现金不足则立即让你患上严重的偏头痛。现金流的管理本质上需要建立起公司的现金储备，为最大程度取得回报而明智地保存和使用。因此，应采取双管齐下的方式——促进现金收入与减少开支（如前面提到的成本控制等）现金外流。作为一个开始，转机总裁在会计的帮助下应回顾公司过去三到六个月，如有必要甚至更长时间里的盈亏帐目报表，以便获得一个较为准确的有关公司平均月亏损的概况。现在的目标是尽快使公司恢复到一个不亏损或者盈利的局面。必须把所有正在流血的漏洞堵上，防止进一步举债。为了有一个准确的诊断，要使用实际现金收入或收据以及付款。实际情况将能确定现金不足量。这将为转机总裁提供清楚的目标，他所需要裁减的百分比是多少，以便使公司摆脱财政赤字。当然，他必须将服务或偿还旧债所需要的金额计算进去。于是，最终所有债权人的债务都将得以清偿。

这最后一个"C"是转机计划中一个不可或缺的因素。下列这些确保现金流的方法也概括在图表 三.四中。
● 出售无关业务和非核心资产
● 控制存货水平
● 减少购买或额外津贴
● 回顾并重新商榷条款

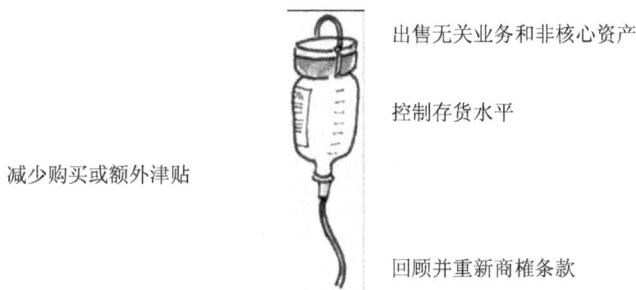

出售无关业务和非核心资产

控制存货水平

减少购买或额外津贴

回顾并重新商榷条款

现金是你的生命线。

图表 三.四 现金流

出售无关业务和非核心资产

改善现金流一个有效的办法是资产折现，出售公司的非核心业务和资产。曾是泰国蓝筹综合公司的暹罗水泥公司（Siam Cement）为发展扩张借贷了巨额美元。在 1997 年泰铢崩溃时，其外汇债务攀升至 50 亿美元。结果是暹罗水泥不得不清除掉超过 40 个下属单位以摆脱公司的经济困难。被卖掉的单位包括钢铁基金、汽车零件工厂以及玻璃生产工厂等等。在 2000 年，暹罗水泥公司迎来了自 1997 年处理掉非核心业务以来第一次财政正盈利。如今，暹罗水泥作为泰国有问题公司的楷模广受欢迎[15]。

另一间在出售非核心资产和业务之后成功转亏为盈的公司是新加坡海皇船运公司（Neptune Orient Line，NOL）。在 1997 年，NOL 收购了一间主要海运公司，美国总统轮船公司（APL）。在随后的亚洲金融危机的打击下，造成 NOL 接连在 1997 和 1998 两年财政亏损。为摆脱财政灾难，NOL 采取果敢的行动，出售了自己的总部大楼，美国铁路网以及在数个国家内的财产。NOL 也关闭了在中国的亏损合资企业。到了 1999 年亚洲经济复苏时，NOL 取得强劲回弹。

公司 A 的情况中，所有无关业务都被出售。这不仅通过清除无关业务和非核心资产停止了原本严重的大出血，堵住了外流的资金，而且还确保生病公司能迅速筹集资金，刺激增加利润。就象经历过脂肪抽吸手术的病人一样，公司也能够在丢掉多余包袱之后恢复健康状况。

控制存货水平

对大多数生病公司而言，存货就是坟墓。对存货的恰当控制是必要的。因为库存不仅占用了资金并增加了运输成本，而且它们还抢走了公司在其它方面的投资和赚钱机会。当转机总裁需要为确保公司的金钱没有被轻率地投资在多余库存而管辖存货时，他也必须留心需求情况以达到一个恰当的存货水平。对后者估计错误的代价也可能是高昂的，会导致供不应求，进而影响销售，最终可能不利于公司的可信度以及未来业务发展潜力。因此，在转机总裁评估存货水平的改变计划之前应该深入分析成本和利益并逐步制定合理的存货控制策略。

此外，转机总裁也必须对公司所有存货清单进行一次广泛的回顾检查。这能够让他把过时的、呆滞存货从周转快速的存货当中分离出来。在转亏为盈的早期，把所有能用的呆滞存货以低于实际成本的价格折现是不明智的做法，特别是如果它们最终能够出售并赚取盈利。在一开始就惊慌失措地出售所拥有的东西，会使得公司亏损得更加严重，危害到其复苏的前途。因为这种做法等于是内部清算。这就象由于不当饮食或药物以及紧张的生活方式引起胃溃疡而导致内出血的情况一样。然而，公司可能需要清除掉不适合销售的以及不必要的物品，即使打折也行。这有助于向银行帐户里多存现金。总好过坚持保留过时产品，招致储存、保险和其它成本，从而继续失去更多的"血液"。有时也需要通过拍卖处理掉一些货物。正确的存货控制是产生现金流一个有效的方法。通过缩短存货周转期，公司的财政表现也能够得到显著改善。同时，公司还能实实在在节省储存和运输方面的成本。

减少购买或额外津贴

通过减少购买，转机总裁能够在多余的（有了也好）采购当中分离出那些对公司顺畅运作绝对必要的（必须有）。在公司A里，签发的每一张支票都得到控制，确保不会出现不必要的开支。

要求卖主压低售价。作为公司A的总裁，我也需要阅读所有进出公司的传真件和电子邮件。这是确保我在作出任何承诺之前对所有条款都一清二楚。此时要强调的原则是"照顾好小钱，大钱就会自己照顾好自己。"

英国广播公司（The British Broadcasting Corporation，BBC）禁止在内部会议上为职员提供免费饼干，以此作为一丝不苟的削减成本运动的一部分[16]。这个禁令是由其新任的意识到成本的重要性的主任格雷格·戴克（Greg Dyke）所提出的。虽然它遭到职员们的大声反对和哭诉，甚至公司因此有了一个新绰号"禁吃饼干公司"（Banned Biscuit Corporation），但对饼干的禁令却为英国广播公司每年节省了21万英镑（约30万6千美元）的开支。戴克也下令限制工作人员使用出租车，并指示只有在最特殊的情况下得到特别批准才能使用快递服务。所有这些削减成本措施的基本原理是尽可能把多余的钱用在节目制作上面。

节俭的信息应该充满整个机构，从最高管理层开始。转机总裁通过精明地开支树立起一个好榜样是至关重要的。以在公司A里为例，即使我有资格乘坐商务舱飞行，但我出差时仍然乘坐经济舱。这种举动对显示我控制成本的诚心很有意义。令人鼓舞的是，许多总裁和顶级管理人员在不景气时都愿意带头为公司利益作出自我牺牲（其中有些公司甚至还没有出现严重问题）。在财政困难时期，沃克斯豪尔汽车制造公司（Vauxhall）的主席尼克·赖利（Nick Reilly）在1998年放弃了他一整年总共16万英镑的薪水。回到上世纪八十年代，当克莱斯勒公司（Chrysler）不得不勒紧裤腰带过日子时，其老板李·艾柯卡（Lee Iacocca）给自己开的工资只有一块钱。在2001年股票市场的低迷时期，在线经纪公司要员查尔斯·施瓦布（Charles Schwab）第一个给自己减薪，而且减薪幅度是最大的一个。新加坡银行巨头之一，新加坡发展银行（DBS）的高级职员宣布为节省开支自愿减薪百分之二十 [17]。银行内超过 80 名常务董事也减薪百分之十。但其他职员却不用遭受减薪之苦。总裁和顶级管理人员通过这些姿态向机构和雇员作出承诺，恳求大家团结一致，并散播这样一个强烈的信息："我们正处于一个困难时期。从我（我们）做起。"

回顾并重新商榷条款

这涉及一系列对涵盖范围广泛的条款进行回顾及重新商榷。这些条款可能会局限陷入现金周转困境的公司财政运作。具体情况可能包括工会条款，供应商和消费者信用条款以及银行设备和服务使用条件等等。其目的是为了寻求最有利的条款，从而增进现金流并希望这能有助于启动公司的运作。转机总裁也必须检查各种运作是否涉及法律约束。如果合同受到法律约束，公司有可能因为过早地中止这种合同而招致处罚。有时这些可以通过在合同中加入例外条款而得以避免。虽然主要目的是为了增进现金流，但公司必须明智地处理付款问题，避免使自己的现金状况进一步恶化，尤其是当"医院"（银行以及财政机构）发现公司的现金问题之后上门催债或撤销他们的信用设施和服务。

工会条款

在整个转亏为盈期间都要保持与工会对话是基本要素，而不应该仅仅局限于裁员运动时候。与工会领袖进行适当沟通可以提供几个目的——比如向他们展示一个比较清晰的公司前景能够让他们为会员们对来临的事物作好准备，从而促进合作，在为保住雇员饭碗而实行不利措施时能得到他们的支持，等等。以公司 A 为例，与至少将会发放一个月花红的市场预期恰恰相反，工会得到建议暂时冻结发放工人的花红。如果管理层能够在提供帮助并关心工会和工人的福利问题上显示出诚意，后者是可以被说服的。当然，对话和协商必须以诚恳而透明的形式进行。

信用条款

应付款项

此时为了给支付公司帐单赢得时间，要尽可能坚持用现金。供应商的信用条款应该谨慎研究，以便作出最佳的贸易信用决策。转机总裁必须评估储蓄成本利益，争取现金回扣（在缩短信用偿还期限的情况下）或在没有回扣时延迟还款期限（从而延长信用期）或利用数量折扣，等等。其中的内在关系应该彻底评估。可是仍然需要为保护最佳条款而重新商榷。有时候，延迟 10 到 15 天付款可以为公司提供足够的缓冲时间。有些卖主可能不会催债。但你不应该以此为借口一点都不给钱。一旦卖主认为你的公司拖欠债务，他们很可能会采取强硬的行动，并在以后开始要求预先付款——所有这些都会使任何缓解现金流的企图受挫。如果你不能一次付清，就商议先偿还一部分并尽量和卖主一起制定出一些可行的计划。然而，延长应付款项时间只能在不损害公司信用标准的前提下作为一种解决方案。不管公司采取什么样的策略，都应当与债权人沟通交流。有些公司犯下巨大的错误，当供应商打电话要求付款时，既不接听也不回电。要重新声明的是，"沉默是金"此时也不适用。这种不明智的做法将使逾期付款问题逐渐升级为征收债务问题，甚至引起法律行动。如果你让你的卖主知道发生了什么事，他们预期何时可以至少拿到一部分款项，那么他们就可能接纳你的要求，也不大会立即采取强烈的行动。

对一些公司而言，削减成本的措施可能依赖于寻求更便宜的供应来源或者诸如基于寄卖等形式。陷入现金周转困境公司还有一个解决办法是把开支利息用作天然的无息短期资金来源。可是有一句警告——所有这些在执行时都必须很有技巧地而且需要很强的判断力以免出现任何反效果。例如，试图不理睬或逃避面对税务责任是很轻率的行为。最好的做法是在还未卷入申请强制执行判决的诉讼之前就商榷好部分付款的事宜。

应收款项

公司也可以在应收款项上开源。在不景气时期，公司必须努力管理好应收款项。把这项重要的工作委派给一名转机小组成员负责是很有必要的。转机总裁必须确保收款行动要在定期监控之下，而且要求把结果汇报给他。如果一个现有的体系没有发挥应有的作用，他应当立即去使之贯彻执行。程序应该开发得易于监控，例如，显示未清帐款的帐目报告在每个月底都送到所有客户手中。在到期30天之后，就会有一封友善的书面提醒信寄出。在到期60天之后，有关负责经理应打电话给客户关注付款情况。90天以上未偿还的债务需要动用实际行动（也许采取法律手段）。这种方法可能会失去一些客户，但正如前面所说，得到和保留一名根本不付钱的客户毫无必要。如此紧密的监控和回顾经常会发现可能存在的呆帐和拖欠帐款。为了建立一个成功的收款程序，公司需要制定下列措施：

- 在准许信贷之前先核对参考信息
- 以书面形式对客户制定信用条款
- 定期发送帐目结单
- 打电话追问逾期未付的帐款
- 适时采取法律行动

有时，对客户提供折扣可以加速现金周转。虽然这会影响盈利，但却在可预见的短期内缓解公司现金短缺的压力。转机总裁应该仔细研究要如何实施以及在什么时候实施。要保住大型交易或订单可以引发现金周转不灵的公司头痛和财政困难。一方面，这样的机会求之不得。但另一方面，又要在收到任何付款之前提早几周甚至几个月使用现金获取原材料、库存以及支付工人的薪水。增进现金流的一个办法是要求对这种大型订单采用分期付款的方式。然而，这办法应有谨慎明智的判断力。也许目标应该局限于跟公司有长期合作关系的经过筛选的大客户，尤其如果行业实际操作中没有这种付款惯例时。但也有一些乐于助人的客户，可以真正资助你的公司复原。转机总裁必须为了制定出最佳行动方针衡量所有这些机会用以改善现金流而又不会对公司竞争力造成不利反弹。公司A的客户要求以信用证付款或者销往某些高风险国家的货物在递送之前要预先付款。这的确有助于尽量减少公司A的财政体系暴露于恶劣的环境中。对公司来说，应收款项增加但却无法实际收到这些钱会阻碍生产力。

租金

有时为了度过困难时期，可能可以与产业业主商讨暂时降低租金，打折甚至暂缓部分租金的缴付。另一种办法是在办公室有很多空位的前提下转租出去。

银行业务

给予客户的最大赊帐应该只在非常时刻才使用。象透支这种短期业务，公司可以时不时付以小金额作为回报。为帮助生病公司度过困难的转机时期，争取到有利条款，时常需要与"医院"（即财务机构或出借人）进行艰苦卓绝的谈判。比如，在利率下滑成为主流的环境下，可以通过重新协商或以更低利率重新募集资金节省很多金钱。这些可能涉及公司长期和短期债务的重新构造并制定新的时间表。有时，通过第二间银行开发信用透支可能在产生更具竞争性业务的同时取得更优惠价格。然而，这种做法只有在公司财政状况逐步好转的情况下才有可能实现。一旦这种方法成功落实，就能为公司提供最需要的"强化剂"，避免病毒袭击带来的破坏。

疗程一不足够

1998 年六月，因有大规模裁员的强烈倾向而赢得"链锯阿尔"绰号的企业转机专家阿尔·杜兰普从尚彬公司最高位置上被赶了下来。公司董事们声称他们在聘用他之后短短两年时间就对其领导能力丧失了信心。在上世纪八十年代早期，杜兰普作为领导人服务于莉莉特利普公司（Lily-Tulip Co.）。在中止了几名其他总裁的职位之后，他最终于 1994 年结束了在斯科特纸业公司（Scott Paper Co.）的任职。他之后爬到了尚彬公司的最高位置。

在所经历的转机行动中，阿尔·杜兰普大幅度削减成本及裁退雇员。比如，他在尚彬公司削减了 1 万 2 千名职员，是公司职员总数的一半。然而，这并不足以维持公司复苏。尽管杜兰普承诺会让尚彬公司复苏，但是股市价格疲软，人们担心杜兰普没有采取足够的实际行动经营公司 [18]。他在 1996 年忙于他的新书《真的商业》（Mean Business）[19.] 也许进一步分散了他的注意力。转机总裁需要能够在疗程二中使业务成长起来。这就是公司复兴。

《财富》杂志（Fortune）资深作者帕特丽夏·赛勒斯（Patricia Sellers）解释说杜兰普拥有极为有预见性和成功的模式。"他进来对成本象蓝博（Rambo）一样一刀砍下去，然后在一年内卖得巨人的盈利。"那种方式使杜兰普非常富裕而广受欢迎。但 60 岁的杜兰普宣布尚彬的工作是他最后一次伟大的转亏为盈。因为他不希望在他走进坟墓的时候，在他的墓碑上刻着"链锯"的字眼。

"他以为自己是个大人，但他其实没长大，"赛勒斯说，"那没奏效。现在他失去了他的合法性。他的名誉也被玷污了。"这大概就是链锯阿尔的结局 [20]。他遭到尚彬公司解雇并被控假造财政帐目。基本道德原则：要用诚实的手段。

在公司转亏为盈的过程中，仅仅靠手术阶段还不足以取得成功，还需要迈入增加收入和盈利的下一个阶段。就象一名医生曾说道："手术很成功，但病人不幸去世了。"如果能选择的话，宁愿手术不成功但病人还活着。

下一章，我们将讨论在复兴疗程当中为使业务重获生命力所采取的方法。

> **手术总不是最好的。**
> **如果你能做点其它什么，那就更好了。**
> **约翰·柯克林（John Kirklin）**

尾注

[01] Wee Chow Hou (2001), *The Inspirations of Tao Zhu-gong*, Singapore: Prentice Hall.

[02] Grove, Andrew S. (1983), *High Output Management*, New York: Random House.

[03] Grove, Andrew S. (1996), *Only the Paranoid Survive*, New York: Batam.

[04] Muczyk, Jan P. (1998), *Leadership Style and the Turnaround Executive*, Oxford: Elsevier.

[05] Porter, Michael (1980), *Competitive Strategy*, New York: Free Press.

[06] Wee Chow Hou (2001), *The Inspirations of Tao Zhu-gong*, Singapore: Prentice Hall.

[07] Treacy, Michael and Wiersema, Fred (1995), *The Discipline of Market Leaders: Choose Your Customers, Narrow Your Focus, Dominate Your Market*, Reading, MA: Addison-Wesley.

[08] Ries, Al (1996), *Focus: The Future of Your Company Depends on It*, New York: Harper Business.

[09] Ries, Al and Trout, Jack (1992), *22 Immutable Laws in Marketing*, New York: Harper Business.

[10] James, Kenneth (2001), "Back to Basic Creatively", *The Business Times,* 20 August.

[11] Deal, Terrence E. and Kennedy, Allan A. (1999), *The New Corporate Cultures: Revitalising the Workplace after Downsizing, Mergers and Reengineering*, Reading, MA: Perseus Books.

[12] *Los Angeles Times* (2001), "Deep Job Cuts Putting Recovery of Firms at Risk", 10 August.

[13] Dawson, Chester (2001), "Japan: Work-sharing will Prolong the Pain", *BusinessWeek*, 24 December.

[14] Grove, Andrew S. (1996), *Only the Paranoid Survive*, New York: Batam.

[15] Tang, Edward (2001), "Thai Business Group's Restructuring Pays Off", *The Straits Times*, 20 December.

[16] Lee, Alfred (2001), "BBC Takes the Biscuit on Cuts", *The Straits Times*, 27 July.

[17] Chong, Vince (2001), "DBS Top Brass Slash Own Pay by 20% to Cut Costs", *The Business Times*, 28 July.

[18] *CNN fn* (1998), "Chainsaw Al axed", 15 June.

[19] Dunlap, Albert J. and Andelman, Bob (1996), *Mean Business: How I Save Bad Companies and Make Good Companies Great*, Times Business Random House.

[20] *CNN fn* (1998), "Chainsaw Al axed", 15 June.

第四章 疗程二：复兴

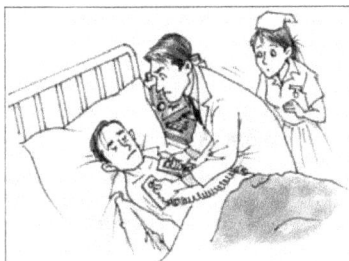

病例：患上心脏病的跨国公司

公司转亏为盈的第二疗程也称复兴疗程。显示出心脏病症状的公司 B 是一个最好的例子可以详细演示整个疗程。公司 B 的病情摘要在表格 四.一中。

表格 四. 公司 B——患上心脏病的跨国公司

背景	：	海外跨国公司，经营承包和工程业务
问题	：	盈利减少，亏损，职员跳槽率高
方向	：	无目的性
导向	：	技术导向，随外界变化作出反应
管理方式	：	遥控，自上而下式
架构	：	矛盾，机构内部勾心斗角
沟通	：	封闭，强烈的谣言制造场

公司 B 是一间从事承包和工程业务的跨国公司（MNC）。其面临的最主要难题是遭受侵蚀的盈利，不断增加的亏损以及职员流动率很高。缺乏发展方向导致公司毫无目的地"随波逐流"。基本导向偏向于技术性（接下项目是因为喜爱技术上的挑战，而不是市场导向）而且随外界变化作出反应（而不是先发制人，提前行动对付预期的问题）。管理方式自上而下，冷淡而且没有人情。整个机构因为矛盾和职员间不断勾心斗角变得更加虚弱。封闭式的沟通方式是公司的主流，产生很多不确定性，使谣言得以大行其道。在正式体系停顿之后，非正式体系就开始发挥作用。正如《孙子兵法》中所说："谆谆翕翕，徐与人言者，失众也；"意思是说，如果看见（敌人）士兵在聚集在一起交头接耳，压低了声音说话，就说明其将领不得人心，引起士兵不满。和许多有"古代恐龙"之称的有建树的前辈公司一样，公司 B 因为缺乏首创精神而不堪负重，无法重振其核心业务。它长得太胖，身体超重，已经开始出现心脏病的征兆了。

> 一个人所能做到的和所不能做到的都是他自己思想的直接结果。
> 詹姆斯·艾伦（James Allen）

什么是复兴疗程？

转机经理的另一个任务是使业务成长起来。削减成本措施总有其局限性，而且多属于短期性质。业务成长对维持康复是至关重要的。这就是为什么梅尔达德·巴格海（Mehrdad Baghai）等人[1]曾说："成功公司必须使新业务成长。那是通向可持续盈利增长的必经之路。"公司是活生生的生命体，需要成长，否则就会凋谢甚至死亡。

在第二章里曾提到过，这是公司的竞争时代，而不是象在过去那样强调科技（上世纪八、九十年代）和品质（七、八十年代）。在当今商业环境中生存下去的必要条件是拥有高科技和高品质的产品和服务。这些是你能在行业中立稳脚跟的前提条件和理所当然的事情。因此，在这章中所涉及的复兴技巧更偏向于市场导向。

> **IBM 的问题不再是生存。IBM 回来了。我们会一直在这行待下去。现在的问题是 IBM 能够成长吗？**
> **卢·葛斯纳**

复兴政策在于一开始尽力决定公司目标和发展方向。接下来，转机总裁必须脚踏实地收集市场信息，亲自评估从市场上获得的资料。有时，通过外界帮助证实自己的发现是非常有用的。这里的市场主要集中在顾客和竞争对手的发展上面。其后，转机总裁就能够集中注意力，指挥实施产品、价格以及市场营销等方面的短期策略。为使公司全面康复，转机总裁要想办法在相对较长时期以服务质量突出产品或服务的与众不同之处，加强公司品牌并对未来扩展进行投资。

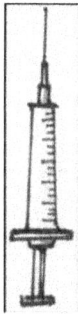

目标：		✧ 确定公司目标
收集信息：		✧ 脚踏实地、（若有必要）利用顾问
		✧ 专注于客户和竞争对手
短期策略：		✧ 以恰当的价格开发恰当的产品
		✧ 实施积极大胆的市场营销策略
长期策略：		✧ 以服务质量脱颖而出
		✧ 强化品牌
		✧ 对未来进行投资

> **良好的复兴策略就象一支有效的兴奋剂，能使濒死的业务复苏，减轻手术的痛楚。**

图表 四.一 疗程二——复兴：使业务重现活力

总而言之，在复兴疗程要使业务成长，就要涉及以下的步骤（详见图表 四.一）：

- 确定公司目标
- 脚踏实地、（若有必要）利用顾问
- 专注于客户和竞争对手

- 以恰当的价格开发恰当的产品
- 实施积极大胆的市场营销策略
- 以服务质量脱颖而出
- 强化品牌
- 对未来进行投资

确定公司目标

这部分转机过程需要一丝不苟地明确公司目标。这一步是最为基本的一步。因为一旦公司目标清楚地确定下来，就指引公司前往应该去的方向。公司将不会轻易调整或改变方向，而每一名雇员将朝向共同目标一起努力。

公司 B 在碰到困难的时候，就销售方面而言曾是最大的参与者之一。尽管如此，公司却无法取得盈利。在重组过程刚开始时，公司目标就明确定为——公司需要在收益性方面取得第一，但不必在意销售额。这个目标看上去好象目光短浅，是短期步骤。然而，假如你无法活过今天，就不必奢望谈及未来如何，特别是当公司无法取得盈利的时候。杰克·威尔齐曾直截了当地指出："如果你短期不能吃东西，就无法在长期成长起来。任何人都能管理短时期。任何人也能管理长时期。但在这两方面取得平衡则是管理的精髓所在。"为了能实现这个公司目标，需要积极控制好公司的财政，并取得包括股东、商业伙伴以及职员等公司内所有当事人坚定不移地支持。否则，转机总裁将面对一个不可能的任务。对销售人员设定的一个简单基准就是：目标是实现销售最佳回报。它以成本和销售之间的比值来衡量公司收益性。相对同样收入而言，成本能够压得越低，公司赚钱的能力就越强。即使销售额持平，职员们仍然能够通过降低管理费用或增加销售利润从而提高效率来实现这一标准。在手术疗程（疗程一）中所反复强调的一些象"零预算"和控制项目利润等共通的步骤和概念也可以在这里应用以便取得财政控制。一旦解决了公司目标所涉及的关键问题，销售人员以及其他公司内的职员们就不再徘徊在地狱的边缘，而是能够向着这些目标全速前进。我们需要行动，而仅仅是空话。

> **明确的目的是所有成就的起点。**
> 克莱门特·斯通（Clement Stone）

脚踏实地、（若有必要）利用顾问

一旦设定了恰当的公司目标，转机总裁需要为作出明智的决定而收集资料。他可以通过外部顾问，但必须实实在在地亲自验证所有资料。外部顾问就象临床医学家的，的确扮演着重要角色，可以帮助公司了解进军新市场和开发新产品的策略、合并与收购（M&A）、宣传品牌等等。在复兴阶段，他们是宝贵的资源。因为顾问可以提供其它方面的见识和观点，对业务注入一支强心剂。然而，也不能全都指望外部顾问。这时候，转机总裁也必须全神贯注，脚踏实地。现在，转机总裁经常采取更容易的方法，利用外部顾问代替他们完成全部工作。除了更昂贵的原因之外，这种做法也许还危及更好的决策所带来的一些好处。因为第三方的观点和建议有时候可能歪曲甚至完全不同于"基层"的看法。经典的例子是可口可乐公司和新加坡储蓄银行（POSB）。

> **要成为一名好渔夫，你就必须象鱼一样思考。**
> 杰克·特洛特

在可口可乐公司推出"新可乐"（New Coke）之前，他们雇用了一名顶级代理帮助他们聆听饮用可乐饮料的消费者的意见。在无数品尝试验中，事先不知情的消费者们都多多少少地肯定，比起旧配方来，他们更偏爱新可乐。基于这个信息，可口可乐公司以巨额广告预算和在喧嚣的吹捧声中推出了"新可乐"产品。

但是，在新可乐投放市场时，却有什么地方出了问题。一些消费者并不喜欢新的配方。他们几乎将货架上旧的可乐抢购一空。这一则"故事"碰巧被媒体发现。于是问题就演变成可口可乐公司被发现强行将"新可乐"推销给顾客。但后者其实想要的是传统的旧口味。最终，抗议浪潮是如此激烈，以至于旧可乐销售一空，而可口可乐公司不得不再次推出旧可乐，并将之重新命名为"传统型可口可乐"（Coca-Cola Classic）。

另一个例子涉及到新加坡发展银行[2]。在1999年与储蓄银行（新加坡国有储蓄银行）合并之后，在海外顾问的建议下，发展银行决定将自身作为主要品牌，而储蓄银行的名字将不再使用，仅仅以附属品牌的标志或类似形式在主要品牌后面提及。至此，在新加坡广受喜爱的银行似乎注定要成为银行业界的历史名词了。

有一个业界消息来源提到，海外顾问的提议书显示他们并不了解新加坡人对储蓄银行的感情。有许多新加坡人是和银行一起长大的。引用消息来源的原话："他们（海外顾问）冷漠地过来，并不了解全部情况。"

在公众大声疾呼之下，新加坡发展银行承认采取这种建议是错误的，并决定不仅保留这个低成本银行的品牌，而且还要进一步强化它。

尽管如此，一些公司因为不恰当的理由雇用外部顾问的情况依然有增加的趋势。这很可能是受到政治因素的刺激。一些公司的管理层不是直接听取管理委员会的建议，而是试图利用外部顾问作为高级幕僚，设计想得到的建议。然后再将这些建议以更容易取悦人心和更专业的方式呈现给董事局成员们。这样，设计出来的建议会被管理委员会接受的可能性就大大增加了。

在衡量利弊之后，你的公司就要决定是否应该雇用外部转机顾问。然后，你要清楚地知道所需帮助的范围。选择一名优秀的顾问是至关重要的。你应该做好必要的准备工作，在签下合约之前花些时间仔细考虑清楚。与至少三名顾问候选人进行初步谈话有助于获得他们各自背景、擅长的领域以及其它相关的基本有用资料。在这种非正式的谈话中，以概括的形式探讨你的公司需求以便可以大体评估这些候选人各自的解决问题的技巧。这种做法很管用。其后，你可以通过面试，在更深的层次上了解每个顾问的个人背景、长处、顾问经验、大体商业哲学，等等。为形成一个更友善的氛围，营造一个和谐融洽的关系是非常关键的。简历调查是不可或缺的。因为这些由顾问完成的实际任务是非常好的反馈信息来源。一旦最后确定了顾问人选，你必须与顾问在特定条款上达成一致，如所需时间期限、成本以及需要汇报的工作范围等等。为避免在将来出现纠纷，所有这些条款都应该以书面形式归档保存。

孙子是真正脚踏实地的务实策略的倡导者。他谈论说："凡军之所欲击，城之所欲攻，人之所欲杀，必先知其守将，左右，谒者，门者，舍人之姓名，令吾间必索知之。"大意是说，凡是要攻击的敌方军队，要攻打的敌人城邑，要斩杀的敌方人员，必须预先了解那些守城将帅、左右亲信、掌管传达、通报的官员、负责守门的官吏以及门客幕僚的姓名，命令我方间谍一定要侦查清楚。要做到脚踏实地，转机总裁就必须和各种各样的人谈话——职员、供应商、消费者、商业伙伴，甚至是竞争对手。通过这些五花八门的管道，转机总裁就能够更好地获得行业内相关知识。此外，他也可能对市场环境，不管是本地、区域还是全球的，都有一个更深刻的体会。只有脚踏实地，转机总裁才不会在真空中工作，才能够为制定合理决策以及采取及时行动作好更全面的准备。这将不仅遏制公司颓势，而且很有希望在短期内使情况得到好转。

IBM 的总裁，葛斯纳是 IBM 工作最努力的销售人员——为访问关键客户及潜在顾客不辞劳苦飞行上千英里[3]。他的方法向每一名雇员传达了一个明确无误的信号：付诸行动，并给 IBM 树立起一个崭新的形象。因为与市场保持紧密联系，葛斯纳能够作出正确决策，将困难重重的 IBM 转亏为盈。

在我目前的工作中，我回想起在 1997 年亚洲金融危机之前，人们情绪高涨，乐观地认为区域经济奇迹将以不可遏止的势头持续下去。当时，人们认为能袭击健全的亚洲经济体系的危机是不可思议和遥不可及的。我很庆幸我那时能够脚踏实地，不断地与在南韩、泰国、马来西亚、印尼和菲律宾等地的消费者、供应商、商业伙伴以及其他相应人员保持对话。我心中暗自担忧，觉得在这种经济健康的外表底下一定有什么地方不对劲。我可以察觉到过度放任和扩张过快的迹象。

当我与其他金融精英、企业家和商业家交流意见时印证了我的担心。事实显而易见。亚洲经济奇迹的泡沫随时可能破裂！我于是决定赌一把，开始加强在应收款项上面的控制力度。这个举动差点儿引起一场革命。那时，公司的产品主要是在没有清结帐目的基础上销售的，特别是在泰国和印尼等国家。我决定采取保守的做法，严令付款必须以信用证的形式或得到银行出具的担保书。我向职员们解释，如果我判断失误，就会在 1998 年向所有受这个政策影响的客户赔礼道歉。我也采取其它措施加强财政控制，比如保护我们的美元，避免其暴露于市场冲击之下。我非常高兴我能注意到所有这些信号。在 1997 年七月泰铢贬值所引发的亚洲经济崩溃中，我的公司可以从数不清的金融灾难中幸免。金融危机蔓延的范围及其所引发的多米诺骨牌效应对亚洲公司而言是一场灭顶之灾。

> 西班牙有句老话：要当一名斗牛士，你必须先学会当一头牛。
> 无名氏

专注于客户和竞争对手

> 把客户当成一种宝贵的财产。
>
> 汤姆·彼得斯（Tom Peters）

> 使客户满意是每一个行业的任务和目标。
>
> 彼得·杜拉克（Peter Drucker）

> 我们不卖产品，而是赢得顾客。
>
> 阿尔弗雷德·蔡恩（Alfred Zeien）

> 如何做得更好已不再是一个问题……你必须建立优势并做到与众不同……要让你的竞争对手觉得

能赶上你所做的每件事都是不可能或者很困难的。

迈克尔·波特

二十世纪九十年代或在那之后的领先公司将是那些学会不用肌肉而用头脑对付竞争的公司。

迈克尔·罗伯特（Michel Robert）

转机总裁需要了解市场信息，特别是那些关于消费者和竞争者的。消费者和竞争者对任何行业来说都是举足轻重的。在图表 四.二中所设计的矩阵有助于探讨应该如何将重点放在消费者和竞争者上面。在这个竞争时代，转机总裁制定出一套能抗击竞争的策略也是非常关键的。

消费者和竞争者的重要性

你的市场营销策略的重点应该优先放在消费者和竞争者身上。一般上公司都会意识到消费者的重要性，而且都认同亨利·福特（Henry Ford）的话："支付薪水的不是雇主。雇主只是在转移钱。是消费者在支付薪水。"在这个竞争的时代，也需要认识到竞争的重要性。根据孙子的话："知己知彼，百战不殆。"意思就是了解自己又了解敌人，打一百次仗都不会有危险。他又说："故策之而知得失之计，候之而知动静之理，形之而知死生之地，角之而知有余不足之处。"意思是说要认真分析判断，以求明白敌人作战计划的优劣长短；挑动敌人，以求了解其行动规律；示形诱敌，以求摸清其所处地形的有利与不利；进行战斗侦察，以求探明敌人兵力部署的虚实强弱。在当今以知识为本的经济中，公司必须高度戒备，不断监控并重新定义他们的顾客的产品或服务，而且还要敏锐地留意着竞争，以便彻底改造他们的业务并开创新的市场商机。

孙子能做到"百战不殆"的关键在于"SWOT"的分析方法——洞悉公司的强项（Strengths）、弱点（Weaknesses）、机会（Opportunities）以及威胁（Threats）[4]。比如，竞争者和消费者的意向以及下一步动态也许可以通过结合非正式多种渠道所获得的信息预测甚至先下手为强地抢占有利位置。就象拼图游戏一样，把许多散乱的图形碎片拼凑成一个完整的画面。这就是孙子所谓的先见之明："故明君贤将所以动而胜人，成功出于众者，先知也。"即，英明的国君，良好的将帅，之所以一出兵就能战胜敌人，成功地超出众人之上，其重要原因在于他事先了解敌情。"先知者，不可取于鬼神，不可象于事，不可验于度，必取于人，知敌之情者也。"意思是说，要事先了解敌情，不可用迷信鬼神和占卜等方法去获得，不可用过去相似的事情作类比，也不可用观察日月星辰运行位置去验证，而一定要从了解敌情的人那里去获得。

转机总裁全面掌握自己公司和竞争者的优势及弱点、各自消费者群体等是很重要的。以这些数据为基础，他就能作出合理评估并制定正确策略，不但可以满足他的客户需求和期望，或抢先一步避免市场份额受到任何侵袭的可能，而且还能够将其它可能成长的领域或市场机会变成资本。

比如，为了稳步扩展业务，公司的惯例做法是尽力增加销售。这就造成一种以很低利润甚至在没有利润的情况下进行业务承包（或者销售产品与服务）。在没有清楚地了解消费者和竞争者时，这样一种策略事倍功半，而且很可能会失败。因为公司在分配同样资源给这些负利润帐目与盈利帐目时，客户服务将不可避免会遭受重击。随后，会引起特别是那些高利润帐目的顾客不满意。如果服务水平进一步恶化，这些宝贵的客户最终很可能会将业务转交给竞争对手，导致公司以失败告终。如果你跟不上客户的脚步，你的竞争对手就会悄悄偷走你的客户。

在银行业中，如果能更清楚地了解客户和竞争者的概况，按收益性比例对客户服务分配资源就能产生令人吃惊的成绩。例如，亚德里安·斯莱沃斯基（Adrian J. Slywotzky）等人在《利润模式》（Profit Patterns）一书中发现在一些银行里，有百分之三十的客户群产生百分之一百三十的盈利。另外百分之三十客户得失相当，而剩下的百分之四十客户则产生相当于银行营业利润百分之三十的亏损。认识到这些不成比例的统计数字之后，就有银行采取行动婉拒那些不能带来盈利的客户，并故意将他们推荐给竞争对手。先进的电脑科技允许银行确定出这些不能带来盈利的客户，并在从储蓄帐目到使用支票等服务范畴对其收费。这些无益的客户通常有两种选择：一是在他们银行存款结余低于一定金额时支付一笔费用，或者银行也暗地里"欢迎"他们把银行业务转移到其它地方。另一方面，为了鼓励留住能带来盈利的客户，银行提供具有吸引力的等级制计划，为保持更高结余的帐目提供更优惠的利息以及优先转帐处理等服务。

在很多国家当中，有百分之八十的利润来自百分之二十的客户。从收益性的角度来看，很重要的一点就是要为这些能给公司带来百分之八十利润的最好的百分之二十的客户提供更优质服务。除了提供优质服务以外，还有机会向这些客户群推荐及交互销售有关产品与服务。有些公司犯了严重错误，以现有客户为代价从竞争者那里争取新客户。然而，研究显示，从竞争对手那里争取一名新客户比保留一名现有客户要多花费五倍的金钱。能带来百分之二十利润的剩余百分之八十客户群可以通过其它如电子商务和邮购等方式来获得并提供服务。事实上，这些新媒介当中，有些甚至更具成本效益。高盛集团的一项问卷调查指出电子商务预期可节省5%－30%的成本。

第二章中曾说明现在是竞争的时代。因此，仅仅专注于消费者已经不再足够。为了成功，公司也必须了解如何在满足消费者需求的同时与竞争作斗争。一旦做到这些，不仅能使公司给消费者们提供超群的产品和服务，而且还能洞悉他们明天可能需要或想要些什么。对这些课题的想法将在本章稍后的部分以及第五章中作进一步探究。要实现它，公司就要非常聪明敏锐。通过研究消费者－竞争者定位矩阵，我们可以找到一个分析评估消费者和竞争者重点的方法。

消费者－竞争者定位矩阵

公司对于其消费者和竞争者以及其内部和外部环境的定位都决定于其感知及对这些问题的相应重视程度。这种侧重或定位可以归纳成矩阵的四个象限（详见图表 四.二）。

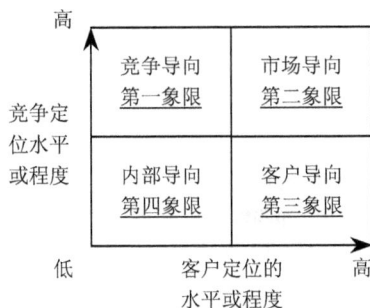

图表 四.二 消费者－竞争者定位矩阵

竞争导向定位

这个竞争导向定位仅仅专注于竞争，并将之作为基准。虽然关注竞争是很重要的，但是也不应该为了这个而以忽视客户作为代价。在第一象限中的公司是如此专注于尽力抵挡竞争，以至于抽不出时间来考虑消费者们的需求。这种思想状况就好象一个正在驾驶的人，不断留神行驶在旁边的竞争对手的车子。他对竞争对手全神贯注而无法看一眼前方的道路，极有可能碰到路上的危险。长期来看，这种公司可能最终赢了一场战斗但却输掉整个战争。也就是俗语所说"捡了芝麻，丢了西瓜。"处于这种境地的公司冒着失去市场份额的风险。消费者们会因为服务或产品质量恶劣开始转而投奔竞争对手。或者他们会被迫在更多既定市场玩家所设定的潮流中挣扎，最后不经意地沦为过时的产品，或者他们最终会作出错误的决策，比如，因为没有得到现有玩家的通知而错过了行业内的发展良机。

因为意料之外的竞争来源不断涌现，存有"对竞争对手斩尽杀绝"思想的公司将有很高的可能性患上偏执症。由于其具攻击性的倾向，这种公司不停地将创造性的能量疯狂地花费在试图踩灭竞争的野火上面。"对竞争对手先下手为强"的思想通常源自恐惧心理。这一般是一种负面驱动力：在竞争对手毁灭你之前，先一步毁灭对方。这种方法不论对公司还是其雇员而言都会形成极为焦躁不安的负担，令人疲惫不堪。

最终，全神贯注于"打败"竞争对手是目光短浅的行为。因为它限制了公司的运作，形成一种错觉，只有有限的可能性（即，终结竞争对手是唯一的出路），从而全面否定自己未知的振奋人心的优点。因此，为摆脱这种负面的专注情绪，公司需要把眼光放长远些，而不是仅仅盯着路边。

通过对商业历史的回顾发现，许多成功公司，如嘉信（Charles Schwab）的折价回扣服务，戴尔电脑集价格优惠、邮购、售后服务于一体，以及微软的视窗系列操作软件等等构想都确实没有受到"杀死"竞争这一狭隘思想的困扰 [6]。相反，他们都能够闯入未知的领域，为他们自身事业开创出新市场格局，创造以前从未有过的市场可能性。

所以，最佳的竞争定位是没有竞争。要实现这点，就要不按照你的竞争对手设下的游戏规则行事，而是制定部署与众不同的战略，将游戏规则变得对你有利。

客户导向定位

相反类型的公司位于第三象限，在市场动态中极度客户导向，把其它因素都排除在外。因为没有保持高度警觉，他们不仅对竞争对手所提供的东西一无所知，而且也没有一个清楚的概念，他们的客户到底要些什么或未来的趋势是怎么样的。

胜家公司（Singer Corporation）没有认识到自己的客户更看重简单的缝纫机。其工程师不断添加复杂的功能，因为他们以为这样就可以给家庭妇女的缝纫活增加价值。然而，销售人员并没有和真正的消费者保持联系。他们只是从有限几个零售商那里听取建议。胜家添加更多小配件的革新措施其实都找错对象了。因此，将消费者重视的事物与公司以为消费者会重视的事物相一致是非常重要的。

现在消费者要求越来越过分了。他们想要更多自己看中的东西。如果他们看中低廉的价格，就会要求更低的售价。如果他们重视购买时方便快捷，就会对方便快捷有更高要求。如果他们寻求具有现代品位的设计，就会想要看到更多技术上的突破。如果他们需要专家建议，就会想要卖主为他们专门花时间投入精力，让他们感觉到他们是唯一的客户。因此，如果公司仅仅在满足了目前消费者的需求，那么通过这种努力达到的效果很可能只维持很短一段时间。然而，这些努力并不能维持公司长期成长。因为它们无法在收益性、资源分布和发展机会这三方面取得最大效益，从而能开发出具盈利性的新市场。这就是为什么索尼的老总盛田昭夫曾傲慢地说："没必要做市场调查。公众并不知道什么是可能的。只有我们知道。"我们时代中的伟大发明包括大型计算机、个人电脑、喷气客机以及互联网都是在消费者没有意识到的情况下被发明创造出来的。消费者经常在没有考虑到他们长期需求的情况下随波逐流。有时，他们甚至不知道短期内想要的是什么。

内部导向定位

在第四象限里的公司甚至更可怜。他们完全被内部问题，诸如恶劣的工作流程、管理不当、政治活动以及其它限制生产率的复杂因素折磨得精疲力尽。由于公司将全部精力都投入内斗，忙着四处救火，满足客户需要就只好靠边站了。经理和职员们花费大量时间和资源去修改财政数据，进行撒纸追踪的游戏，参加数不清的会议为了解决部门之间的争论，等等。短期内公司整体处于混乱状态，肯定也会在长期走向重大失败，如对客户需求只是开空头支票，忽略来自竞争对手的威胁，等等。

波士顿咨询公司（Boston Consulting Group）对美国商业不同群体进行了问卷调查，所得出的结论是他们内部活动当中，95％－99％是和消费者无关或关系不大。比如，他们发现在保险业中一份客户的申请表平均要花 22 天时间回转一圈。但在内部处理任何一份给定的申请所需的总时间平均不过17 分钟。因此，在一个典型的机构基础设施内——包括政策、签字、会议、报告等在内——一个17 分钟就能完成的任务却演变成一个长达 22 天的大事。正是这种无效率性使得迈克尔·汉默（Michael Hammer）和詹姆斯·钱皮（James Champy）的著作《重组公司》（Re-engineering）成为一本畅销书，并引发了公司重组的热潮。

市场导向定位

位于第二象限的市场导向是建议公司采纳的定位方法，这也是希望能嫁接到公司身体内的组织。为振兴并维持业务长期增长，公司必须努力推动市场，保持一个恰当的平衡，既不过度偏向客户导向，也不偏向竞争导向。施乐公司（Xerox）的总裁保罗·阿莱尔（Paul Allaire）曾经评论道，充分改变公司，使之更为市场导向是非常重要的。如果做到这点，市场份额和资产回报就能照顾好它们自己。

公司千万不能以为拥有对竞争的亲身感受和彻底熟悉客户的需要就万事大吉了。他们还必须看得更长远，寻求更大的突破。比如，百特医疗用品有限公司（Baxter）经常把其人员安插到座落在医院和客户站点内的办公室。在新出现的以知识为基础的经济中，大规模生产、市场营销和销售等已不能满足消费者的需要了。仅仅提供消费者所需在很大程度上是基于按需供货这种过去的经验。这也许在今天仍然可行。然而，在以后还仅仅提供他们所需要的东西就会变得很危险。为领先于竞争，一间成功公司必须为把握明天的良机作好准备，开发消费者"潜在的需求"。这"潜在的需求"可以定义为消费者可能真正看中但却还没有亲身体验过的或还未表达出期望的东西。这对公司意味着什么？他们不能任由消费者牵着鼻子走，而是要推动市场，引导消费者们对公司的产品和服务产生需求。

有一间公司不断地将这一点付诸实行，那就是微软。除了研究学习客户说出的使用其产品出现的问题以及持续收听他们想要的是什么之外，微软还从领先潮流的买家那里收集信息，推断以后的需求。比尔·盖茨曾说："我们的客户总是在付帐，就象他们应该这样做一样。"[8] 在《未来时速：数字神经系统和商务新思维》（Business @ the Speed of Thought: Using a Digital Nervous System）[9] 一书中，盖茨如是说道："你不能只看着市场过去和现在的状况。你也必须着眼于它可能的发展方向以及在某种情况下可能出现的变数。然后根据你的最佳预测引导你的公司前进。"跟随消费者的困难在于消费者常常需要被领导。确实，微软带来的最大突破不是响应消费者的需求，而是先消费者一步作出预测。微软之所以成功的关键在于市场导向。在视窗产品出现之前，只有苹果电脑的用户可能才想得到。但苹果在等待其客户的反馈意见并让微软抢得宝贵的先机。

这种成功的例子数不胜数。比如，3M 公司的报事贴®（Post-It®）便条是现在最常用的办公室产品之一。报事贴®分类办公用品以及其它产品帮助 3M 公司从一个无人问津的市场创造了整整六亿美元。在 1980 年由特德·特纳（Ted Turner）创办的美国有线电视新闻网（CNN）则是另一个成功的例子。在刚刚推出 CNN 时，特纳受到电视业界老手们的无情嘲笑。他们是电视台的三大巨头：美国哥伦比亚广播公司（CBS）、美国国家广播公司（NBC）以及美国广播公司（ABC）。这三大巨头却无法开创无人问津的新市场——一个提供 24 小时新闻服务、拥有不同信息观点、有线网络，等等的电视台。彼得·杜拉克注意到日本人能够问他们自己："什么市场需要这个机器（指传真机）的功能？"于是，日本人能够取得传真机市场的领先地位。因此，新的每一天都代表着创意的经理可以冒出无数新鲜的想法和反应。因为在未来的赢家眼中，动态市场充满了成功的线索和信号。在新千禧年中衍生出来的新消费者们吸引着那些懂得生意不仅仅是买卖产品和服务的公司。这关系到如何把握消费者们难以预料的潜在动向和要求。如今，新规则的制定决定于包括消费者目前和潜在的需求和公司以及其代表在内的总体经验。除了懂得消费者目前和以后的需求之外，市场导向的定位还有一个重要的特点就是知道如何制定策略与目前和未来的竞争作斗争。在这个竞争时代，这是至关重要的。

最好了解市场。否则它就会毁灭你。

与竞争作战的策略

总有一些人想吃你的午餐。

李维欧·狄西蒙（Livio DeSimone）

学得比我们的竞争者更快也许是可以维持我们竞争力的唯一武器了。

阿里·德·赫斯（Arie de Geus）

在企业生命中有三件事情是肯定的。第一件是死亡，而第二件是交付企业税。如同在第一章中所探讨的（这是一个竞争的时代），企业生命中第三件肯定的事情就是竞争。游戏的名称是比竞争更聪明、更快速以及更能持久。因为他们将追在你的客户后面。千万别以为竞争没有牙齿。任何竞争威胁都要仔细调查清楚。

要专注于市场，就需要评估与竞争作战的方法。虽然有各种各样的方法，但最主要的几种策略是"战斗到底"、"激流勇退"以及"携手合作"。

战斗到底策略

在这种情况下，竞争者是能够感觉到的，并作为敌人或对手。这里要采取的姿态是战斗到底。有句成语说："你死我活"。为了有效阻挡敌人，公司需要防止竞争对手在自己的领地里建立起滩头阵地。一旦敌人能够越界蚕食你公司的领地，就很难在以后预先进行阻拦。这是因为一旦消费者们发现有多种资源和产品可供选择，他们就会把这当成讨价还价的筹码，在以后谈判要求更好的条件。

另一种巩固地位的方法是通过不断侦查监控市场，比竞争更早起跑。这可使公司与市场最新发展同步，领先与竞争对手，有助于制定先下手为强的策略。这些市场信息是无价之宝，肯定可以让公司在竞争中处于上风。举例来说，在你的主要竞争对手前来访问你的客户之前，你就应该尽可能获取其访问的细节，学习给予你的客户的承诺，等等。整理这些资料有助于对你的客户提出相对应的建议，从而使竞争对手入侵你的领地的企图破产。

市场营销主要是一种领悟能力的游戏。有时局势可能有必要对"敌人"逐渐灌输害怕心理或造成大规模的伤害。一些公司可能诉诸于"战斗到底"的方法，就象前面探讨过的在消费者－竞争者定位矩阵中第一象限所表示的情况一样。这种策略所采取的技术是"神风敢死队"式的（Kamikaze），是一种自杀炸弹的形式。因为公司为了歼灭对手不惜一切代价。其目的是确保客户的帐户不被挖走，或防止竞争对手建立滩头阵地。然而，除非能谨慎执行，否则这种策略就可能演变成有勇无谋的价格战，甚至招致反效果。如果竞争对手实行更狡猾的计划，采取破坏行动或诱使公司花费高昂的代价吸引客户，后者很有可能会上当。比如，竞争对手可能在价格战一开始时与公司相互压价竞争，但在最后关键时刻，后者价格跌破承受底线时突然抽身而去。于是，最终公司还是输家，保住了客户固然值得安慰，但却付出了高昂的代价。你可能赢得这场战斗，但却输掉整个战争。

但有时也不得不采取战斗到底的策略。比尔·盖茨主要的原则之一是在放手一博之前从来不言放弃，而如果你斗志高昂，可能根本就不需要放弃什么。当微软进军当时是由网景（Netscape）垄断的浏览器市场时，后者相信微软的行动肯定不会成功。在网景推出网景导航者（Navigator）时，微软采取的对策是提供免费互联网浏览器（Internet Explorer）。如果网景马上应战，放弃网景导航者的价格，在来自微软的威胁还在萌芽阶段就扼杀它，微软的互联网浏览器可能就要面对更艰巨的任务。即使作出更大的牺牲，网景还是没能对互联网浏览器保持明显的产品领先优势，无法取得进一步发展。由于网景的疏忽，没有打击来自微软的威胁，让互联网浏览器渗透进浏览器市场，并取得巩固的地位。

激流勇退策略

有时，远离竞争对手不失为一种明智的商业策略，而不是鲁莽地与暴风雨硬碰硬。经受得住暴风雨的洗礼，不被市场淘汰是不容易的。而以己之短，攻敌所长更是愚蠢的行为。你肯定可以避免拥挤的市场，用竞争对手所没有的创新产品开创出一片崭新的天地。或者，你也可以在竞争和入关壁垒等限制减少时重新进军市场。历史学家们仍然没能搞清楚著名的三十六计究竟是何时由谁写成的 [10]。三十六计集中国古代谋略之大成，描述的是最经典巧妙的计谋。三十六计中的最后一计，也是最常用的计谋是"走为上计"。当敌我力量对比悬殊时，全军撤退可能就是为保存实力最好的选择了。在《易经》师卦中说，在强敌面前撤退，避免与之硬撼没什么不对。就象俗语所说："留得青山在，不怕没柴烧。"这种策略提倡保留实力，避免无谓的牺牲，以便在将来适当的时候作出反击。宁愿忍受暂时的耻辱和挫折，也不要把一切都输出去。另一句俗语恰到好处地点明："君子报仇，十年不晚。"

有一个普遍上的误解，把退避等价于全盘失败，认为为了和平而投降或谈判是极其耻辱的，暗示着失败。然而，逃跑并不一定意味着失败。在逃跑之后，只要实力还在，就有机会东山再起，打败敌人赢得胜利。在退避三舍的时候，还可以分别评估认清敌我双方的优缺点，以便在以后进行反击，就象肯德基（KFC）那样。

作为全球化计划的一部分，肯德基于上世纪六十年代末期从香港登陆亚洲市场。不幸的是，当时的香港市场还没有对西式快餐作好准备。肯德基是发现自己无法在正面竞争上超越更廉价的当地食物和点心。与其在艰难的市场环境中苦苦挣扎，不如从香港撤走。同时，肯德基花大量时间研究亚洲市场并对自身策略进行重新评估。后来在新加坡这个更善于接纳外来事物的市场找到突破口，第二次出击时成功打入亚洲食品市场。肯德基能够在重新进军香港市场时延续其成功。时至今日，在中国和亚洲其他很多国家中都可发现肯德基炸香鸡的影子。在新加坡建筑业中，许多承包商接下亏损的工作。首先的原因是要击败竞争，其次要在困难时期避免自己的公司破产。然而，他们的财政状况却会进一步恶化。因为随着亏损的扩大，总有一天整个泡沫将会破裂。在这种情况下，最好的做法是象公司 B 一样即便是负盈利状况，也要勉为其难，从业务中脱身。公司 B 的竞争对手接下大量积压下来的没有盈利的合约。而当行业出现好转时，他们已经无力接下有更好盈利的合约了。这就有点象对盈利差的合约消化不良一样。如果你盲目地签定不能盈利的项目，问题就会象滚雪球一样越来越多。这是一个定时炸弹，随时有可能在你面前爆炸（请参阅手术疗程中有关清除具边际盈利性项目的部分）。

在一些国家中，要当心腐败问题。这可以利用强大的当地批发商或代理作为中间人加以解决。应该对局势仔细评估，三思而后行。如果出现的风险和缺乏职业道德的行为是无法接受的话，那么就要毫无疑问地远离是非之地。最好暂时先离开市场一段时间，等待正确时机卷土重来。

携手合作策略

在竞争的另一面也可以产生了为了竞争而合作的"双赢"局面，即所谓的"竞合"。这个词是由《竞合》（Co-opetition）一书的作者们所创造出来的 [11]。在这个竞争时代，同时代表着合作与竞争的"竞合"有时是生存的最佳途径。这种观点的提倡者们认为整个市场环境是一个生态系统，需要少数几个关键玩家共存，才能使整个系统繁荣兴旺起来。商业经常被比作是竞技型的棋牌游戏。但在商业世界中，长期收益性并不需要建立在其他人失败的基础上。这不是一场收益和亏损相当的"零和游戏"。人们可以没有限制地改变规则、玩家、界限，甚至游戏本身。一般上相信为了生存，必须消灭掉所有敌人。在一个生态系统中，某些食肉动物或被掠食者族群的灭绝可能会破坏系统的平衡状态，甚至导致整个系统最终崩溃。在商业世界中，特别是在困难时期，这是一模一样的。一个竞争对手可以变成一名重要的盟友。麦克·鲁特格斯（Mike Ruettgers）任职总裁成功挽救陷入困境的美国易安信公司（EMC）就很好地诠释了这一点 [12]。1988 年，易安信的一大批价值数亿美元的旗舰产品出现缺陷。其总裁要怎么办？为了证明公司始终不渝地追求质量和客户满意的承诺，鲁特格斯为受损失的客户免费提供其主要竞争对手 IBM 公司的产品作为替换。为了使其客户的系统维持正常运作，有两个季度易安信公司载运给客户的 IBM 公司的存储系统比自己的还要多。但其客户忠心地留下来，继续保持与易安信公司的生意。公司也吸取了代价高昂但非常宝贵的教训，认识到质量和客户承诺的重要性，以及为了生存而从"友好的"竞争者那里获得帮助。

高科技公司，如微软、网景以及苹果电脑等都乐于接受竞合策略，因为他们要尽力在危险残酷的市场生存发展 [13]。微软继续与其主要竞争对手苹果电脑在个人电脑操作系统的市场上保持更紧密的联系。微软与美国在线（AOL）也就线上服务行业在 1997 年组成联盟。网景在 1999 年加快步伐成为一个羽翼丰满的互联网入口站点，并在搜索引擎和网址目录等领域减少了一定的竞争力度。大多数专家指出，这些合作的出现是因为管制的解除和新科技的出现而导致许多高科技行业迅速集中起来。随着软件公司扩展进入互联网，相互间同时进行竞争与合作就成为了可能。

在重振公司 B 的过程中，有几次我们碰到存货不足的情况。幸运的是，其他一些竞争者为我们提供急需的补给，缓解了危机。我们也在竞争对手陷入类似困境时，伸出援手作为报答。

微软的比尔·盖茨和保罗·艾伦利用过所有上述三种竞争策略，赢得巨大的优势。在一开始，盖茨和艾伦认识到个人电脑可能具有强大的实力足以挑战 IBM。他们专心致志要与 IBM 合作，在完全了解"那将出现庞大数量的同类产品"的同时确定 IBM 的个人电脑会成功。他们起草了一份合同初稿，允许他们在非 IBM 系统中工作，从而与 IBM 自身竞争。盖茨不得不继续为 IBM 工作。他为共同开发项目 OS/2 操作系统投入数亿美元和数不清的工作时间，却没有成功。盖茨后来采取激流勇退的策略，在 1992 年退出了在 OS/2 的冒险行动。然而，盖茨却同时赢得了开发视窗操作系统的时间。后者不属于 IBM 所独有。而作为一个额外奖励，OS/2 的一个产品演变成为视窗 NT（Windows NT）。

虽然在当今这个竞争的时代，"战斗到底"、"激流勇退"和"携手合作"这三种策略中任何一种都可以在重振一间公司时使用，转机总裁仍然需要评估公司的确切需求，以便决定哪一种才是最佳的策略。

以恰当的价格开发恰当的产品

在确定了所有相关信息之后，转机总裁接下来就应该考虑以恰当的价格向市场推出恰当的产品，从而使生意起死回生。

恰当的产品

美国著名发明家托马斯·爱迪生（Thomas Alva Edison，1847－1931）一生享有令人叹为观止的 1 千 3 百项发明和 1 千 1 百个专利[14]。然而，爱迪生如果今天还活着，就可能对许多公司新产品的悲惨境地感到非常吃惊。虽然许多从研发实验室制造出来的产品被贴上"新"或"改良"的标签，它们其实不能算是新品种，只是杂交品种而已。因为这些所谓"新"产品仅仅换了一个包装或形式，它们不但不能引起消费者们的兴趣，反而有许多辜负了市场。能让消费者们为之一振的东西——也曾经使爱迪生欣喜若狂的——是产品的领导能力，一间公司显露出来的使产品出类拔萃受到广泛认可的能力和决心。正是这类产品提供了真正的好处和不断改进的性能。

比如，微软向市场推出了微软办公组件（Microsoft Office），一套能让消费者在三个应用软件（微软 Excel 制表软件、微软文字处理器以及 PowerPoint 演示文稿配套）中自动更新图画的三合一式的软件组合。辉瑞制药有限公司（Pfizer Corporation）针对由于无法勃起而导致性无能的男士推出的伟哥（Viagra）让这些男士在性生活中"雄风再起"。

产品领袖们意识到消费者们除了实际好处之外对性能还有广泛得多的感知。这些消费者们期望产品所取得的重大突破能够在理性和感情上打动他们。比如，哈利一族（Harley Owners Games，HOG）目前拥有超过 20 万成员。哈利的消费者们买的不仅仅是摩托车，他们买的还是一种生活方式。这些消费者当中，有不少已经超过 40 岁了。他们怀念过去当嬉皮士那种什么都不管的日子。他们喜欢骑着哈利摩托车，用轰鸣的马达声吸引别人目光的生活方式。

即使是鞋子，人们购买它的目的也不再仅仅为了保护脚或让脚保持温暖干燥，而更多的是为了表达出自己的情绪——男子的阳刚气概、女子的柔情似水、性感、朴实粗犷、与众不同、世故、年轻、魅力以及引领潮流等等。随着购买鞋子变得越来越象是一种情感的体验，制鞋业者出售的更多的是一种激情,而不是鞋子本身。比如,耐克(Nike)的时髦用语是"只管去做"(Just Do It),吸引了无数想要表现出雄心壮志和男子气概的年轻人购买耐克的鞋子。耐克并没有把根据尖端技术设计的鞋底作为重点在市场上推销。对耐克而言,更重要的是赢得消费者的心。

在眼镜行业,同样令人吃惊的是人们不再为了能更清楚地看东西而购买一副眼镜。比如,在中国,一个人的眼镜可能代表着财富和威望。在有些地方,甚至有佩戴者为了表示富有而拒绝撕掉名牌镜框和镜片上面的商标。商标妨碍他们看东西没关系,重要的是他们在向别人炫耀自己买得起这种名牌眼镜。

对一些产品或服务而言,体验或情感上的冲击的确是最重要的衡量准绳:
- 耐克、锐步(Reebok)以及斯沃琪(Swatch)产品满足了人们渴望得到象对运动明星、有钱人、名人或贵族那样对自己的认同。同样的,露华浓(Revlon)卖的不是化妆品,而是希望。举例来说,耐克用迈克尔·乔丹(Michael Jordan)和老虎·伍兹(Tiger Woods)吸引雅痞(即都市中具专业技术,收入高,生活优适的年轻男女)。
- 麦当劳(McDonald's)、MTV、星巴克创造的产品已经超越了供应新鲜概念和刺激感受的范畴,他们实际上改变了我们的生活方式。
- 好莱坞导演斯蒂芬·斯皮尔伯格(Steven Spielberg)以及流行女皇麦当娜(Madonna)制作的电影和歌曲也分别改变了我们的文化。
- 新加坡航空公司(Singapore Airline)用新航空中小姐(Singapore Girl)作为图标,令乘客们想起他们在飞行中享受到的奢侈饮食和无微不至的关怀,从而将公司优异的服务和非凡的形象深深烙印在脑海中。

恰当的价格

为你的产品制定一个恰当的价格就象一次成功的嘴对嘴人工呼吸一样,不需要太多麻烦就可以执行(不象其它一些计划需要更多投资)。如果做得正确,就可以对利润产生立竿见影的效果。就象你在做嘴对嘴人工呼吸之前要先摘掉假牙一样,也要确保在制定一个好价格之前已经清楚地调查过你自己的强项和弱点。然而,在亚洲市场营销的公司经常碰到这样一个问题:他们高盈利的优质产品在美国和欧洲很受欢迎,但在亚洲这里却卖不出高价来。为什么?

开发出正确的产品并不能保证在世界的这个区域取得成功。因为这个地方的市场格外偏爱价格。这就是为什么我的妈妈总把"价廉物美"挂在嘴边。相信每一位妈妈都是这样。这在亚洲极为普遍。妈妈总知道什么是最好的。因此,为了成功打入亚洲市场,公司千万不能忽略他们产品价格的重要性。亚洲代表了拥有超过百分之五十世界人口的重要而庞大的市场。所以,许多跨国企业和生意决不能忍受忽视这个庞大而重要的市场。对亚洲策略的制定和实施对他们极为关键,能让他们处于领先地位。对于许多这类公司而言,在亚洲失去立足之地可能也意味着在其它地区的市场,如美国和欧洲的失败。

对许多行业而言,亚洲在未来会继续成为增长潜力最高的地区。根据世界银行的报告,按国民生产总值计算,在 1985 年到 1994 年这段时间里,世界上增长最快的国家是泰国(每年 8.6%),其次是南韩和中国(俱为每年 7.8%),然后是新加坡(每年 6.1%)。虽然亚洲发展的脚步有所减慢,其本地市场却在不断开放中。

其实,有很多方法可以在不损害质量的情况下降低成本。比如,可以通过在低成本亚洲国家中制造或得到产品的零配件来降低成本。跨国公司仍然能够以恰当的价格保持他们的品牌并生产合格的产品。许多跨国公司的电子和体育用品制造业早已采取这种策略。比如，全球运动鞋供应商的领导者耐克把生产制造业务全权委托给主要分布在亚洲的合同制造商。耐克仅仅专注于其品牌的市场营销。其他公司如麦当劳和肯德基在亚洲采取特许经营的方式。此外，如威士国际组织（VISA International）通过当地银行来发行信用卡。

亨利·福特很了解价格。他说："生意场上只有一个规则，那就是：以尽可能最低的价格做到质量最好。"今天，我们称早期的福特汽车公司为最低价格的典范。这是因为其创始人的生意模式调整成为唯一一个目的：以尽可能最低的价格达致合格的产品。随着福特成本下降，其 T 模型汽车的销售价也下调了。

大多数优秀营运公司对价格保持高度注意力。往往他们的价格低得连消费者都不禁要问："他们是如何做到的？"美国的沃尔玛连锁店（Wal-Mart）、新加坡的穆斯塔法（Mustafa）以及新加坡职总平价合作社（NTUC FairPrice）不断地以低廉的价格令他们的顾客感到吃惊。这样的价格是他们的竞争对手们做梦都不敢想象的。尽管新币汇率坚挺，仍然有不少消费者不远千里从印度和孟加拉前来新加坡的穆斯塔法购买电子消费产品。因为他们感觉穆斯塔法的东西确实称得上"价廉物美"。

美国通用电器公司在亚洲已成功运作了很多年。这是因为杰克·威尔齐了解亚洲的消费者。他虽然宣扬同时注重高品质和低价格，但最终还是更重视后者。假如你想把涡轮机卖到发展中国家，你可能就要在一个低成本的基础上运作。在《掌握你的命运，否则将受人摆布》（Control Your Destiny or Someone Else Will）[15] 一书中引用了杰克·威尔齐说的一段话："最后，你可能拥有成就，可能拥有质量，但你最好拥有价格。"

当有效运作的公司谈及低价或最低价时，他们的意思是价格要始终如一地保持低水平。他们也强调产品的可靠性和耐用性。这可以降低消费者们作为产品拥有者在未来的成本。这些公司的顾客信任和爱惜价廉物美的产品。产品每一年都能正常工作，而价格却似乎越来越低廉。

使用正确的分销网络在亚洲尤为重要。这是达到更高价格的另一条可行之路。亚洲的文化风俗习惯造就了具有本地特色的错综复杂而微妙的商业惯例。这甚至对亚洲本地商人来说都因为各地区的巨大差异而难以完全适应。比如，商业行为当中，南韩的"财团"（Chaebols，通常由一个家族控制一间主要控股公司，旗下枝散叶般聚集了许多公司）、日本的"财阀"（Keiretsu，是一个日本公司概念，指一个家族公司内因为相关利益，互相为促进彼此的成功而共同工作）以及在中国公司内使用的"关系"（一种在中国商人间的惯例做法，以私人熟悉程度、人际关系网和是否相处和睦等作为衡量利害关系的尺度）和在印度、巴基斯坦等国家的做法就可以使东南亚商家如"丈二和尚，摸不着头脑"。因为他们缺乏在这些地区经商的经验。最好是由当地公司处理相关事宜。因为跨国公司以及其他亚洲公司熟悉这些知识和习惯可能要花可观的时间和精力。一旦正确的分销渠道和适当的联系网都建立起来之后，外国公司就能够相对容易地进行运作。许多事情就可以在没有太多干扰的情况下得以快速完成。

家乐福（Carrefour）是一个经典，同一间公司可以为消费者以恰当的价格提供恰当的产品，通过恰当的销售渠道开发恰当的经济规模，把小型商店和服务合并成为更大的单位。家乐福，这个成立于 1963 年的法国霸级市场已经在短短三十年内发展成为一个国际连锁霸级市场。其成功很大程度上要归功于对消费者提供的非凡效率。家乐福通过让消费者和供应商在同一屋檐下买卖杂货和日用品对法国零售方式产生了翻天覆地的革命。过去，消费者可能要花好几小时在购物上面。他们要到很多不同的店铺才能买到他们所必需的全部物品。供应商也不得不跑很多地方送货。在将所有这些分散的商店集中为一个霸级市场之后，消费者只需到一个地方就可以一次性买到所有必需品了。供应商也同样享受到统一送货的好处。经济规模增加的优势反映在消费者身上就是以更低的价格得到更好的客户服务。在帮助消费者节省时间之外，霸级市场的优势还表现在为他们提供全新的购物空间和体验。这在十年前是不可思议的。

> 重要的设备是在实验室里发明出来的，
> 而重要的产品是在销售部门发明出来的。
> 威廉・H・达维多（William H. Davidow）

实施积极大胆的市场营销策略

在转亏为盈的时候，转机总裁为使公司重新焕发活力，必须实施积极大胆的市场营销策略。实施这种策略能够在扭转日益恶化的公司健康，使公司运作重新回到正轨。就象在病人生命迹象衰竭时实施电转换心肺复苏术（即使用极板电击器复苏）。积极大胆的营销策略可能包括进军新市场、发明创造并向市场投放新产品、出租导致财政紧张的建筑物，或仅仅是向消费者宣布一次重要的价格上调。然而，必须使用正确的复苏策略或药物，否则你可能会杀死你的病人。

> 一个无效的市场营销策略就象一只壮阳剂，
> 让你短期兴奋，但无法解决阳痿问题。

公司大规模削减成本运动中的第一个牺牲者通常是从事市场营销或公共关系的人员。因为在低迷时期，他们代表着不必要开支。然而，市场营销人员公司的左膀右臂，采取截肢的手段可能进一步伤害公司的销售潜力。因此，在困难时期，公司应该竭尽全力增加销售，而不是减少销售力量、营销预算和相关开支。不景气时期，你需要更多业务，而不是更少。事实上，在竞争对手裁退销售人员时，你趁机挖墙角，把他们都招聘进你的公司。这是一件令人愉快的事情。因为他们是无价之宝，为你提供竞争对手的客户基础、价格以及其它敏感很高的情报。反过来也一样，你的竞争对手非常乐意挖走你的优秀销售职员。就象《孙子兵法》所说："故惟明君贤将，能以上智为问者，必成大功。此兵之要，三军之所恃而动也。"意思是说，所以明智的国君、贤能的将帅能用极有智谋的人做间谍，一定能成就大的功业。这是用兵作战的重要一着，整个军队都要依靠间谍提供情报而采取行动。

哈佛大学的一项研究发现有些公司，象在南韩的现代公司中，规模缩小化的好处并没有如预期般实现。这些公司反而由于改组变得更加虚弱了。另一项研究发现，那些在 1981－82 年经济不景气时期保持甚至增加广告业务的公司却在接下来五年取得平均销售增长 275％的好成绩。另一方面，那些削减广告开支的公司仅仅实现微不足道的 19％的增长。在经济衰退时期，公司应继续投资。因为在经济反弹的时候，你的品牌将能吸引住对象市场上的目光。

> 在经济不景气时，我们需要更多业务，而不是更少。

有一间公司能有效运用积极大胆的市场营销策略，将自己与竞争对手区分开来。它就是新加坡航空公司（SIA）。自 1972 年默默无闻地成立至今，新航走过了一条漫长的道路。起初，新航只有一支十架飞机的中等飞行队伍和 6 千名职员。其航线网络也仅仅能到达 18 个国家的 22 个城市。时至今日，新航成为世界上闻名遐尔的航空业佼佼者，拥有行业内最现代化的飞行队伍，其航线覆盖了40多个国家的90个城市。

许多亚洲航空公司受到 1997－98 年亚洲金融危机重创，在财政困难中苦苦挣扎，被出现的亏损、规模缩小化、不顾一切地处理掉他们的飞机以及裁员等问题困扰。新航此时却宣布向市场投放前所未有的大型产品，在波音 747、空中客车 A340 以及波音 777 飞机的所有三种舱位等级中推出崭新的产品和服务 [16]。这次行动的成本大约是 5 亿新币（约 3 亿 3 千万美元）。这是继较早前于 1998 年五月和六月份宣传促销活动以来的第二次。当时，新航为每一位旅行者分发身着新航乘务员制服的凯蒂猫（Hello Kitty，广受欢迎的日本卡通人物）。那次的宣传促销活动证实是极为成功的。

对亚洲经济危机，新航也作出相应对策，专注于长途航线这一优势项目。新航以前还可以利用新加坡的战略地理位置。因为飞机必须在长距离飞行途中在新加坡停留和补充燃料。但自从更多航线开始提供直飞服务之后，这一优势就逐渐消失了。为继续吸引飞机使用这个航空枢纽，新航通过"绚丽新加坡" 计划（Singapore Splendour）向世界推荐新加坡作为旅途的中转站。在这个计划下，乘客只需花 1 美元就可以在酒店渡过第一个晚上，还可在进餐、购物以及游览旅游胜地时享有折扣。此外，新航还组成营销战略联盟。只要消费者遵循联盟成员的时间表，就可以享受联盟提供的目的地到目的地一体化票价优惠 [17]。

所有这些在困难时期由新航推出的积极大胆的营销策略都在后来得到了回报。在亚洲金融危机过后，新航的 1999－2000 年度营业利润达到 11 亿 4 千万新币（6 亿 6 千万美元），相比 1998－99 年度的 8 亿 5 千 4 百万新币大幅度增加了 33%。比起亚太地区许多其他航空公司，新航的年度销售收入在 1997 到 1999 年这一困难时期并没有出现滑落趋势。从危机过后的情况看来，在亚洲金融危机期间对新航采取积极大胆营销策略的指责不攻自破。

在上世纪九十年代，美国在线公司因为其他在线服务提供者而损失了巨大的市场份额。总裁史蒂夫•恺斯采用了一种积极大胆的市场营销策略。他废除了在线服务收费制度，取而代之的是征收少量的月租费。那就是诀窍所在。他的竞争对手仍然征收在线服务费用，没有尽快采取相应措施。美国在线抢尽风头，迅速赢回市场份额。其后，美国在线的财政健康状况变得极为强大，足以令其买下时代华纳集团（Time Warner）。

索尼是另一个积极大胆的市场商人。它是市场的领导者，而不是随从。索尼公司总是想方设法为消费者提供更多便利和好处。它总是第一个或最早的几个提供新产品的公司，如超小型晶体管收音机、单枪三束彩色显象管电视机、随身听收录机、便携式摄像机以及激光唱机等等。比如，索尼的第一款小型便携式摄像机成为上世纪九十年代最成功的家用电器。因为这个产品的成功，使索尼公司意识到最终可能会出现更方便、更轻巧、也许更易于使用者掌握的产品。由于不希望松下（Panasonic）或佳能（Canon）有荣幸得到这个产品的品牌名称，索尼决定在第一款小型便携式摄像机还没到期之前就让它下市，成为历史。索尼随后又接二连三推出了第一款可拍摄百万象素照片和动态录像的便携式数码摄像机，以及第一款能将录像数据刻录在微型光盘（MD）上的便携式微型光盘数码摄像机。这么一来，索尼就能够将其市场领导者的形象深深地烙印在消费者心中，而且有助于提高其作为积极大胆善于革新的市场商人的声望。对索尼而言，其高人一等的价值体现在对消费者们作出的绝对保证：不管他们从索尼购买什么样的产品，都绝对是一流的。

在困难时期，问题有时在感觉上比实际看起来更大。职员们也倾向于沉迷在自怜自哀、舔自己的伤口或进行互相指责和批评的游戏。他们会指责一切想象得到的东西——竞争太激烈，消费者要求太过分，前任老板工作没有做好，等等。局面演变成："我们碰到的最大敌人就是我们自己！"

> 在遇到极大压力和逆境时，最好总是保持忙碌，
> 将你的愤怒和精力转化为积极的东西。
> 李·艾柯卡

为驱散不良情绪，将士气低落的职员们向一些有价值的目标引导，我决定要为公司 A 赢取 ISO9000 质量认证。刚开始时，职员们都认为我疯了。因为公司当时仅仅能保持不亏本而已。我之所以这么做的原因不仅仅是要获得一个良好的文档体系，这还可以对市场营销产生助益。在当时的行业内，ISO9000 还是个新事物。在行业内第一个成功获得 ISO9000 认证还能产生许多附带好处，其中有很多无形的积极效果，包括为公司赢取急需的公众知名度，在消费者心中进一步树立出类拔萃的公司产品形象，以及鼓舞职员士气等等。在人们的脑海中，行业内第一间获得 ISO9000 认证的公司还是很有影响力的。这在市场营销中非常重要。其重要性将在第五章，护理疗程中的提倡以行动为导向的部分进一步探讨。

最后，在转机过程中经常忽略的另一个地方就是使用电脑科技获得更多销售额或新业务。这里要注意的特别有意思的是电子商务。尽管 2000 年高科技股票崩溃，电子商务仍然向许多亚洲公司展现了强大的潜力。由于超过 50% 的亚洲产品销往北美和欧洲，亚洲公司如果不能在网上做成生意，就会在向跨国公司供应的业务中被挤出局。另一方面，跨国公司继续大量投资于加强互联网的功能，并变得越来越倾向于只跟具有在线交易能力的供应商做生意。亚洲公司不能忍受在这个方面落伍。因为世界上其它地区的竞争者们正朝着电子商务蜂拥而来。因电子商务而失去销售额可能会破坏亚洲公司在更低成本上面的竞争优势。进军电子商务市场的巨大动机是在生意场上坚持下来并取得盈利。

> 我们都面对一系列千载难逢的好机会。
> 它们巧妙地伪装成不可能的局面。
> 恰克·斯温道尔（Chuck Swindoll）

以服务质量脱颖而出

没有所谓的服务行业。只是有些行业的服务成分比其他行业或多或少罢了。每个人都在服务。
西奥多·莱维特（Theodore Levitt）

我们作为一个公司的目标是不仅拥有最棒的客户服务，而且还要成为一个著名的传奇。
山姆·沃尔顿（Sam Walton）

我想我们每天醒来都要说：我们怎么才能够为我们的成员建立一个更好的服务？
史蒂夫·恺斯

时至今日，随着商业环境中竞争的日益激烈和消费者期望不断提高，公司只靠提供优质特色的产品就想在行业中生存下去是非常困难的。由于大多数产品的特色都或多或少有类似的地方，消费者们在仅仅基于产品特色就作出购买决定时经常感到困惑。有些消费者于是用价格作为衡量标准决定最

后要买哪一种产品。然而，这种决定方法可能并不准确。因为公司为获取市场份额而降低价格的空间毕竟有限。

制定和实施一个更有效的策略有赖于其它方面，象做到独一无二或与众不同，以便在非常拥挤的市场环境中脱颖而出。相反的，无效策略的制定和实施则仅仅依靠诸如拾人牙慧、过分小心以及掺入同类产品其它特色等因素。能够将自己的产品与竞争对手的区分开来的强大而有效的手段是服务质量。不管公司是经营汉堡包还是房地产，最重要的归根究底还是服务质量。本质上，公司如何对待消费者通常比产品本身重要得多。消费者们对产品质量的看法时常会受到他们对公司服务质量的评价的影响。问卷调查显示，一间公司的大多数客户会因为对公司服务不满意转而选择其它同类产品或服务。

因此，公司应该竭尽全力建立的竞争优势之一是培养一个优良的服务质量文化。对优良的服务质量文化认同的雇员越多，公司就越健康。这和在身体内培养有益细菌是一样的道理。我们的肠道里有数百万种细菌，有的有益，有的有害。有害细菌可能会导致疾病，而有益的则可帮我们保持健康。我们身体内有益细菌的数量达到一个合理水平是很重要的，有助于确保我们的健康，防止有害细菌的繁衍，维持健康的消化系统以及改善免疫系统。

包括新加坡在内的许多国家当中，消费者就象国王，永远是正确的。日本人把消费者当成上帝，他们称后者是 akayakasuma wa kamisam desu[18]。日本公司试图迎合消费者的特殊需要（anshin）。因为文化上的关系，日本消费者期望便捷的服务和全方位的支持，包括提供备用零件。这种对服务质量的重视源自深入日本文化的"义理"（giri）观点，为他们的消费者提供最好的东西。日本人相信，商家之所以在一开始存在，就是因为有消费者。因此，一名成功的商家必须尽心尽责地解决消费者的问题。服务质量上决不能有丝毫马虎。

> **要与众不同，否则就会灭亡。**
> **汤姆·彼得斯**

在竞争激烈的航空业，区别在于服务质量水平。新加坡资政李光耀承认："对这个丰富的世界上主要航空公司而言，我们拥有的最大的优势之一就是我们的服务。随着美国人和欧洲人变得越来越富有，那里的人们不论在商店里还是在飞机上对取悦消费者都不怎么热心。但我们的乘务员从来没有对礼貌和效率厌倦。这为他们赢得了所有体验过其他主要航空公司的旅行者们的认可。这将有助于建立我们自己的航空公司。"[19]如果你认真想想，行业内每一间公司其实都在为消费者提供一种服务。这就是为什么良好的服务质量是如此至关重要。

为保持在竞争的领先地位，新航仍然致力于改善其形象和服务质量。新航是提供飞行服务的先锋，比如，免费饮料和头戴式耳机，不断以创新方式赢得乘客们的掌声，象具革命性的银刃世界（KrisWorld）互动娱乐系统。新航总是在服务质量上提高竞争的门槛[20]。比如，当有研究显示膳食质量没有达到消费者的需求时，新航于是提供受美食家推荐的世界级美食和饮料，其种类和制作还根据不同文化口味和航线而有所不同。航空公司相信，对飞机美食的需求就象索尼的随身听一样，一经推出，消费者们即使还没感觉到有必要，也会希望有最新产品或服务可供选择。

从 2003 年中开始，新航也为其莱佛士商务舱（Raffles Class）乘客提供睡床式座椅（SpaceBed）。这种睡床式座椅在全部展开时长 198 厘米、宽 69 厘米，是目前世界上最长和最宽的商务舱睡床，可允许乘客更多空间休息。睡床的独特座垫原本是为美国国家航空航天局（NASA）设计研发的，符合乘客的身体轮廓。这些将花费 1 亿美元安装在指定的飞机上面 [21]。今天，新航制定了行业的标准，而新加坡航空公司的名字和完美无瑕的服务划上等号，成为世界上盈利最高的航空公司之一。

丰田汽车（Toyota）的一个分支——凌志（Lexus）在 1989 年带着提供比现有竞争者更高质量的策略进军美国豪华型汽车市场。据报告称，凌志汽车包含的主要和非主要革新技术有三百多个。有传闻说，凌志的工程师在追求满足女性消费者的需求时，甚至会戴上加长的假手指甲，以便更好地设计车门把手。这种一流的工程制造工艺不仅仅停留在满足消费者需要上面，而是将目标放在取悦消费者，并给他们一个惊喜 [22]。

为了在竞争中获得成功，凌志的管理层不遗余力地超越消费者的期望。在汽车出厂之前要经过 1 千 6 百道质量检查，比丰田的质检次数还多。此外，在进入美国关口时还要签下好几个质量保证书，在运送到零售商手中时还会签更多的保证书。在每一辆汽车能够出售之前，零售商要额外进行两小时试车。为了验证如此广泛的测试，在送货时会向每一名新消费者出示检查证书。

以上这些例子说明了公司如何以革新的方式赢得消费者的掌声，获取他们的忠诚，并将自己与行业内其他竞争者区分开来。提供持续不断地重新定义和彻底改造自己的业务，这些公司不会将自己局限于目前正推行的产品或服务。他们也不会因为任何任务的条规而蒙蔽了在商业上的视野。他们的事业是巧妙地运用他们的技巧和资源去解决他们消费者的问题，甚至做到超越这些。在竞争激烈的新经济中，事业成功的关键有赖于公司如何释放能量，确定消费者们独一无二的特质。这是一间公司能在竞争中脱颖而出取得领先地位的主要方法，也是增进与消费者关系的根本途径，从而赢得他们的忠诚并使产品和服务名副其实地得到增值。

强化你的品牌

任何一钱不值的傻子也能做成一笔交易，但需要天才、信念和百折不挠才能创造一个品牌。
大卫·奥格威（David Ogilvy）

品牌在未来依旧是品牌……但将会有两种成功的品牌——强大的品牌和特殊、专门的品牌。
阿尔·莱斯和杰克·特洛特

品牌将会很重要，而如果你的品牌不是数一数二的，你可能会被踢出市场。
菲利普·科特勒

长期来说，生病机构需要建立起一个强大的品牌名称，因为这将有助于其业务的复苏。一个品牌是公司的财产，协助公司或产品在视觉、感情、理智以及文化上树立形象。美国营销学会（American Marketing Association）将定义品牌为一个名称、术语、标记、符号或设计，或以上的综合产物，目的是要确定一个卖方或卖方集团的产品或服务，并将之从其他竞争者中区分出来。

市场营销是一场思想理念的战斗，要把你的品牌深深烙印在你的消费者的脑海中 [23]。消费者们只能记住有限几个品牌。杰克特洛特曾说："一个品牌，一种想法。"品牌有助于消费者记住产品。因此，当你想到奔驰车，就会想起豪华、成功、身份、快速、精湛的工艺、优异的客户服务以及良好的转手价值。当你想到沃尔沃（Volvo），可能就会想起安全，这多亏了"象坦克般坚固"的车体。当你想到耐克，可能就会想起迈克尔·乔丹或"只管去做"这句口号。当你想到汉堡包，可能就会想起麦当劳。

这就是为什么桂格麦片（Quaker Oats）的一名前任主席曾说："如果这生意可以分开的话，我很乐意要品牌、商标以及与顾客之间友好的关系，而你可以拥有所有有形的资产——最后我会比你经营得更好。"强生制药有限公司（Johnson & Johnson）的宣传册子也说："我们公司的名字和商标是目前我们最有价值的资产。"就连比尔·盖茨也承认，视窗系列产品的成功关键也不在于科技，而是品牌的营销。这样成功的例子数不胜数：麦当劳靠不起眼的汉堡包举世闻名，星巴克靠一杯普普通通的咖啡闯出名堂，可口可乐的配方来自止咳糖浆，等等。更不要说拜金女郎麦当娜，在许多更年轻的拜金女孩进入娱乐圈之后，仍然保持极高的受欢迎程度。如果你分析他们的成功，就会发现这与他们品牌名字的市场营销有极大的关系。

一个强大的品牌就意味着有很高的品牌价值。品牌价值是附加在产品或服务上的额外价值，是之前对品牌名字作市场营销的投资回报结果[24]。品牌价值越高，其附加价值也就越高，包括消费者们对该品牌的忠诚度、品牌名声、质量感觉、强烈的品牌效应以及其它资产，如专利、商标和渠道关系等等。作为一种资产，品牌名字要谨慎管理，其蕴含的价值才不会贬值。这不但需要长时期持续维持以及改进品牌知名度、品牌质量感觉和功能、积极的品牌效应，等等，而且还需要不断进行研发投资、巧妙的广告宣传以及深入开发创造。不幸的是，许多公司通常都因为品牌价值的难以估计的特性而没有把它列入他们的资产负债表中。

除日本之外，亚洲国家都是糟糕的品牌创造者。因为相对于西方而言较短的品牌历史，几乎没有亚洲品牌能在全球市场独占鳌头。在首100个世界级品牌当中，只有6个是属于亚洲公司的。在亚洲的生意当中，本地公司以及跨国公司在亚洲的办事处在2000年用于建立品牌的花费是2亿多美元，仅仅相当于同年全球品牌建设开支总数31.9亿美元的6.2%[25]。亚洲制造商必须尽力实现一个飞越性的突破，从原始设备制造商（OEM）制造普通产品转变成制造品牌产品或服务。许多中国制造的可以建立品牌的产品是以日用消费品的方式出售的。中国联营企业的名字以数字命名，比如某某第一玩具公司、某某第二玩具公司等等。这些名字并不能令人联想到他们的经营活动，凸显他们的品牌。虽然中国是世界上最大的玩具和纺织品制造基地，但这些市场领域却充斥着西方的品牌。不过，中国政府正逐渐认识到品牌的重要性。其官方媒体《人民日报》说："让我们打造更多品牌名字，高举品牌标语，开发优秀的品牌。"一些中国公司，如电信网络解决方案供应商"华为"，家用电器制造商"海尔"以及啤酒制造商"青岛"等都已经在全球市场中取得一席之地[26]。

南韩联营企业"财团"也是优秀的制造商。但是，他们的产品名称却不够响亮并令人感到混淆。因为这些联营企业生产太多使用同样品牌名称的产品。比如，南韩的"现代"公司，业务涵盖了制船业、电子业、建筑业、机械运输、贸易以及汽车等等。现代公司敌不过专注于品牌有强大财政作为后盾的专业公司[27]。更糟的是，一些南韩公司的名称在使用时并不严格。这就导致了市场上出现许多似是而非的衍生名字。用"现代"作为名字的还有发廊、卡拉OK酒吧、宠物店，等等。所有这些更进一步削弱了品牌在消费者脑海中的印象。

对于公司A，我提倡发展公司自己的品牌，而不要继续做一个原始设备制造商，为其它主要品牌作宣传。其它主要品牌没什么忠诚性可言，经常同时委任几个制造商为他们生产原始设备。特别是在公司设法获得ISO9001认证之后，这策略就显得更加成功，使公司的品牌和声望领先于其他一同竞争的原始设备制造商。公司不再象过去那样依赖于唯一一个委托人，其独一无二的品牌也让我们能与其他委托人合作。在作出这个决定之后，因为我们可以宣传自己的品牌，在其它同类产品中脱颖而出，公司的销售额取得了显著的增长。

对未来进行投资

一旦大多数基本复兴措施各就各位，转机总裁就可以专心对未来进行投资。由于资源的关系，这可以分为扩展生产设备、业务探险（以单独或联合形式）、甚至与本地和海外公司进行合并与收购（M&As）等形式。对于大多数这种扩展策略都需要注入资本。如果公司资源有限，就可以通过共享设备、共同开发产品或市场、特别是对大型项目进行合资或联营的方式来取得扩展。当公司在海外发展，局限于资金和资源但又不愿涉及太大风险时，后者的策略就显得特别有效。

为使公司在行业内保持一定竞争力，一些合并与收购是有必要的。随着商业全球化进程似乎越来越快，公司被迫通过合并与收购联合力量以便能跟上全球化的步伐。今天，一些似乎普通的公司名字，如通用汽车、通用电器等，都是通过多年来一系列合并与收购而形成的。要获得成功的合并与收购是非常困难的，但这在某些行业却又是必要的。比如，主要的大公司不喜欢和上百间小型电信供应商打交道，因为前者的触角需要延伸到世界上每一个角落。于是这些电信公司就需要合并以求建立起覆盖全球的能力。在银行业中，合并与收购是用来延伸市场触角的。一些后勤公司的例子说明合并与收购使增加运输能力、负担在电脑系统以及建立运作管理基地的巨额投资成为可能。许多公司为了增加股东的价值而合并。因为有些股票市场仅仅喜爱合并[28]。

虽然许多管理良好的公司能够通过杰出、小型以及谨慎的收购增加股东的价值，同时这些收购又可以与他们迎接未来市场环境挑战的策略蓝图相一致，但还是有许多合并与收购行动不能奏效，或不能达到收购公司预期的目标。沃伦·巴菲特（Warren Buffet）在1995年伯克希尔·哈撒韦公司（Berkshire Hathaway）的年度报告中写道："我们相信大多数交易的确对收购公司的股东们会产生损失。"《商业周刊》（Business Week）[29]有一篇题为"收购者的反面案例"（The Case Against Mergers）的专题报告作出这样的结论："汹涌澎湃的合并与整合正在发生。铁一般的证据显示，在过去至少大约35年当中的合并与收购行动对公司和股东的伤害大于它们所能给予的帮助。《协同效应的陷阱》（Synergy Trap）[30]一书的作者马克·L·西罗尔（Mark L. Sirower）写道："收购公司毁掉了股东的价值。这是一个令人痛苦的事实。"事实是，收购一出售子公司的恶性循环似乎很流行。今天的为"协同"而收购很快就变成是明天的为"回到核心业务"而出售子公司。然后又荒谬地为取得"运作效率"而合并，接下来是为"回归基础"而分手。于是这循环一直延续下去。在计划合并与收购时，转机总裁要特别小心一些陷阱。

陷阱一：没有作好准备工作

这是许多亚洲公司开始寻求扩展时（特别是在印度和中国这些国家中）所碰到的最常见的陷阱之一。在没有经过合理评估或得到充分市场调研和问卷调查的基础上就匆忙进行扩展行动。所作出的决定经常是为了完成业务扩展，好象这是公司目标的一部分，但风险因素却被忽略了。一个常犯的错误是使用"中国统计学"来统计总数。这个假设是，中国有13亿人口，如果我们能够获得市场份额的百分之一，就能够争取到一千三百万客户。不管站在哪个角度看，这都是一个庞大的市场！在这样一个简单统计学的催促下，许多外国投资者在中国大胆地投入了巨额资金。不幸的是，不久他们就沮丧地发现，原来中国还是一个第三世界国家。庞大的人口还很贫穷，不足以接纳他们的产品和服务。市场营销永恒的定律是："你不能从一清二白的人手中赚到钱。"这种扩展当中，有些也不能和公司长期计划保持一致。

许多生病的中小型企业受到蛊惑，以为在海外扩展可以帮助他们解决财政困难。因为别处的牧场看上去都更加绿一些。可是，对他们来说，最好先解决他们在本地的问题。因为在海外扩展将进一步分散他们本来就紧张的资源。而且，在海外运作可能会出现意想不到的危险。

可悲的是还有许多跨国公司在进行主要合并与收购的行动中惨遭滑铁卢。有时，适当的准备工作再加上理性的思考就可以发现最佳做法是雇用关键人才让业务成长起来，而不是购买整个公司。这可能是一条花钱更多而且更容易的途径。除了合并与收购所需要的策略协同之外，如何做到文化融合也是必须了解的事情。上世纪九十年代中，在中国和新加坡政府共同开发的中新苏州工业园区项目中双方发生的摩擦问题就是个典型例子。这个项目本来受到双方政府一致支持。虽然新中两国文化同源同种，都是继承了五千年悠久的中国历史文化，但两者之间仍然存在很多差异。就是因为这文化上的差异造成了很多场合中的误解和矛盾。新加坡政府最终于 1999 年九月放弃了工业园的管理权。

当在中国和印度等国家投资时，准备工作尤其重要。1996 年曾经有几名中国和印度的前客户要求我们到那里开设工厂。他们估计，在将工厂搬迁过去之后，我们就能够大幅度降低成本，以更低的价格向他们提供产品。然而，在我为这两个国家开设工厂的商业可行性所作的广泛调查中发现，这在商业上并不可行。我反过来向他们提议，如果他们渴望我们的产品，我可以优惠价从新加坡工厂向他们提供这些产品。我作好准备，为招揽这些客户亏本出售产品，以便从消费者的反馈中测试市场的真正特质。然而，我再也没有接到他们的消息。如果当初我完全依赖了这种反馈而在中国和印度开设工厂，其结果可能就是一场财政灾难。一些同行竞争者们义无反顾地前往这些国家开设制造工厂，结果连内裤都输掉了。

陷阱二：错误的时机

成功扩展的关键在很大程度上也要靠正确的时机。中国有句古话说的就是你需要把握正确的时机，才能使生意蒸蒸日上。

相对产品生命周期而言，如果一间公司过早进军这个市场（即产品刚刚被引进的阶段），也许就不能获得扩展的最大利益。因为这时候基础还没打牢，必须花费大量的资源去开发市场。在实际过程中，这种早期参与者可能最终付出高昂的"学费"，从自己的错误中吸取教训。早些时候，日本公司充当先锋进军中国就是这种情况。幸运的是，我的公司恰好没有在 1997 年亚洲经济崩溃前冒险进军中国和印度市场。而许多去淘金的竞争对手们却一路丢盔卸甲，损失了大笔金钱。我们因为没有"步日本人的后尘"而能够节省大量资金，避免了很多令人头痛的问题。

如果一间公司太迟进入市场（即产品已经趋于饱和或没落的阶段），就会冒着未来成长潜能受到限制的风险。因为竞争将会非常激烈。在高科技股票泡沫破裂之前衍生的许多网络和电信起步公司就很好地说明这个问题。近年来大多数最大的投资惨败都是发生在电信起步公司身上[31]。它们看上去很有道理：原来有真正的资产和商业计划的领导者。在 1997 年亚洲金融风暴之后流入的"聪明"资金加以以异想天开的价格购买了许多电信起步公司将原本就炙手可热的美国电信市场进一步哄抬到令人眼花缭乱的高度。所有这些促使许多聪明的投资者（还包括投机大鳄）跳进这个漩涡中，错以为可以在随后迅速将这些电信起步公司的股票卖给资金雄厚的电话公司从而赚取可观利润。但时机选错了。微软的共同创始人之一保罗·艾伦就是其中一员。他在 2000 年二月闯进电信世界，将 16 亿 5 千万美元的投资砸在默默无闻的 RCN 公司上。后者为住户提供宽带服务，竞争对象是许多成名的当地电话和有线电视公司。不幸的是，艾伦投资的时候恰恰在美国股票市场泡沫破裂的前一刻。他的投资一落千丈，迅速萎缩到仅仅 1 亿美元的市值。艾伦这次风险投资的时机选得太晚了。

进入市场的最佳时机是在产品成长阶段。有能力把握住这个良机是至关重要的。IBM 和数字器材公司本来比尔·盖茨和保罗·艾伦更有机会享用科技，但这两个公司里的巨人却将他们的科技使用范围局限在用现有的和不断改良的产品服务于现有的公司客户身上[32]。这两间公司随后都错过了充当个人电脑先驱的良机——专注于电子文字处理器使得王安电脑公司（Wang Computers）功成名就。后者却没有象微软那样看到个人电脑有可能以比文字处理器强大得多的功能取而代之。因此，不论在 IBM、数字器材公司，还是在王安电脑公司里，都没有人太注意微型仪器与自动测量系统公司（MITS）推出的牵牛星 8800（Altair 8800）："世界上第一台可与商用型号匹敌的微电脑"。这条刊登在 1974 年一月《大众电子》（Popular Electronics）杂志上的头版头条启发了盖茨和艾伦编写一套能在这台微电脑上运行的电脑程序，也就是众所周知的 BASIC 编译程序。其它的就都成为历史了。在《拥抱未来》（The Road Ahead）[33] 一书中，比尔·盖茨谈论道："一开始的阶段就加入个人电脑革命看上去是千载难逢的好机会。而我们把握住了这次机会。"

> **当准备工作满足机会的要求时，好运就来了。**
> **尼尔·皮尔特（Neil Peart）**

陷阱三：自负的圈套

我们一不小心，以前的成功就会带来自负的陷阱。长时期的繁荣和低通货膨胀带来亚洲奇迹时代，麻痹了生意和消费者，让他们误以为自己是安全的。因为当时很容易申请得到贷款，所以不论在做生意还是消费者自己都为满足疯狂的活动而不顾后果地借贷。因为投资、财产和股票市场都在节节上升。在 1997－98 年亚洲货币崩溃时，这些业务和消费者就陷入外债高筑的窘境。许多大型公司被成功冲昏了头脑。根据雨果波士（Hugo Boss）的总裁彼得·利特曼（Peter Littmann）所说，这些成功公司开始认为他们知道正确的答案。这从来就是不对的。因为根本没有所谓正确的答案。如果你与现代艺术打过交道，就会很快学到有很多答案同时既是正确的也是错误的。因此，在自我感觉特别良好的时候，总裁必须要更小心，不能掉进"自负"的陷阱中去。这能导致在实现公司扩展目标时过分热情，妨碍他作出正确的判断。这就是为什么有人说："自尊自大在本质上导致一个人自以为在最佳状态，其实他只是在发情。"

> **企业自负是麻醉剂，麻痹了商业感觉。**

一个人如果情不自禁地想吃东西，狼吞虎咽地吃下过多的食物，就会遭受消化不良和肠胃气胀的折磨。同样的，贴着异想天开的"协同"标签的交易可能退化成为一种控制不住饮食的易饥病症，"视野"可以用来弄虚作假，或掩饰总裁因自负而作出疯狂收购的行为。公司由于无知和粗心犯下的错误和失败可能要付出惨重的代价并造成可怕的后果，包括大量亏损、股票价格一落千丈等，更不用说在自尊上遭受的严重伤害。

在企业世界中，有太多这样的例子。李泽楷（Richard Li Tzar Kai）试图在竞标中击败新电信（SingTel）而付给香港电信（Hong Kong Telecom）高于市值的价格。他几乎成了挽救国家财产免遭外国侵略者掠夺的香港英雄。对李泽楷在这 11 个小时里就抢过新电信的风头，媒体给予高度的赞扬。在李泽楷以 285 亿美元的天价从新电信手中抢过香港电信，完成这亚洲有史以来最大的一宗接管交易之后仅仅 13 个月，他的旗舰公司电讯盈科有限公司（Pacific Century Cyberworks）就报告了在 2000 年出现 8 亿 8 千 6 百万美元的巨额年度亏损，其股东资产净值也滑入负指数[34]。在注销了在购买香港电信时由于"一时冲动"而多付的 220 亿美元之后，其负债超过资产 10 亿美元。雪上加霜的是电讯盈科有限公司的股票大幅滑落了超过 92%，从香港电信交易达成之前的高峰价位 26.42 港币（约 3.40 美元）滑落到仅仅 2.60 港币。

恩龙公司（Enron Corporation）的傲慢自大在其财政崩溃的过程中扮演的可不是什么无足轻重的角色。恩龙，美国最大的能源贸易公司之一，从华尔街宠儿变成一贫如洗的穷光蛋只用了六个星期。恩龙现金短缺，无法支付一笔 150 亿美元的债务。

有些分析家将恩龙公司的困境怪罪在其前主席肯尼斯·莱（Kenneth Lay）头上。参议员史蒂夫·皮斯（Steve Peace）说："肯·莱（肯尼斯的简称）是神秘主义者。不管他说什么都一定有道理。因为他是肯·莱。"斯坦福商业学校（Stanford Business School）从事有组织行为研究的杰弗里·普费弗教授（Jeffrey Pfeffer）说："恩龙的故事是一个彻头彻尾的傲慢与自大的故事。给我的印象是他们自以为懂得一切事情，这总是最大的缺点。没人懂得一切事情。由于坏运气、糟糕的投资决策、对政府疏忽不予重视以及傲慢自大这些原因造成许多公司相信他们是不可阻挡的。衰败最终强迫公司醒悟自己做过太多错误的投资，借贷太多的债务。"[35]

> 自负就意味着是时候该离开了。
> 杰克·特洛特

陷阱四：宁愿买成功而不是赚取成功

越来越多的人更喜欢走公司成功的捷径，采取收购行动而不是让公司有机地成长。哈佛大学的迈克尔·波特教授的一项研究显示，虽然一些收购行动是由谨慎的策略构成，但完全依靠文件材料的策略来增进市场份额并取得成长的管理方式却更多是降低了他们公司的盈利和股票价值。他发现，在过去三十年里，投机取巧快速取得盈利的想法导致许多公司为了收购而低估公司的价值。经历这种"购买成功"策略的大型联合公司其业绩表现都一致比标准普尔 500 股票指数（Standard & Poor's 500 stock index）低。研究显示只有 25% 到 50% 的收购行动创造了股东的价值。

当股东们没有耐心，他们的主要注意力在于盈利和股票价值上时，脚踏实地做生意的方式需要花费大量时间及付出艰辛劳动，还不如收购行动显得更具吸引力，《时代》杂志（Time Magazine）就为什么合并与收购好象是公司所采取的上策这一问题采访彼得·杜拉克时，他的回答是："……达成交易打败了辛勤工作。达成一项交易令人激动而且有意思。而工作却是辛苦的。经营任何事情主要是无数辛苦的细节方面的工作，没什么令人激动的事情。因此，达成一项交易是一种浪漫而性感的行动。那就是为什么你会去达成一些没有意义的交易。"然而，管理层必须时刻保持公司长期视野清晰以及目标连贯一致。否则，合并与收购可能就会被误解为解决问题的神奇的万灵药。

象新加坡的胜宝旺有限公司（Sembawang Corporation Industries）的业务主要集中在基础建设发展、海运业以及信息科技等领域，但在一种膨胀的心态下于 1997 年十月引入了烘烤馅饼连锁店德利法兰西。不幸的是，德利法兰西并不符合胜宝旺的核心业务。后者缺乏经营烘烤馅饼业务的专门技术。1998 年的经济不景气迫使胜宝旺重新专注于其核心业务领域，在 1999 年九月出售了几个非核心资产和业务，其中就包括了德利法兰西。胜宝旺花了相当高昂的代价，为收购德利法兰西这个良好的初衷而承受了近 2 亿新元（约 1 亿 1 千 1 百万美元）的损失。

陷阱五：快速扩张可致命

因为扩张过速而导致失败的一个例子是瑞士航空公司（Swissair）。2001 年十月 3 日，瑞士航空公司报告自己正处于破产的边缘，负债达到 105 亿美元，而且几乎没有剩下什么现金。瑞士航空公司集团恰好在试图缓解财政灾难时遭到紧随美国恐怖袭击而来的行业危机的重创。包括收购抱有微恙的比利时国营航空运输公司（Sabena）等近年来一系列极具野心的海外扩张策略的失败终于引发了其累积的债务危机。（译者按：1994 年，前瑞航开始了它的"猎人策略"，部分收购了一些抱有微恙的小型航空公司——比利时国营航空运输公司、葡萄牙航空公司、土耳其航空公司、法国 AOM 航空公司和法国 Littoral 航空公司。它也从此走上了决定性的失败之路。）瑞士航空公司曾经拥有相当响亮的品牌，常常被誉为瑞士最好的广告之一，象征着瑞士最棒的一流服务、稳固的财政状况和可信赖度。这说明了即使象瑞士航空公司这样拥有强大品牌的公司也可能在野心过度膨胀的扩展计划下倒地不起。

即便是成功公司也可能由于过速扩张而招致陷入困境的危险。新航在对澳洲航空（Qantas）、泰国航空（Thai Airways）、印度航空（Air India）、中华航空（China Airlines）以及南非航空（South African Airways）等航空公司竞标中没能如愿分得一杯羹。随着要求快速扩张的压力越来越大，新航终于完成了两宗大型收购。在 1999 年，新航付出 16 亿新元（约 8 亿 9 千万美元）的巨款购买了英国维珍航空公司（Virgin Atlantic Airways）的 49% 股份。当时分析家指出新航给的太多了。9·11 事件打击到维珍飞往美国的航线。新航已经注意这条航线很久了。在 2000 年初，花费 4 亿 6 千 5 百万新西兰币购下新西兰航空公司 25% 的股份，现在也出现了问题。新西兰航空公司宣布，在注销掉投资在重病的安捷航空身上的 13 亿新西兰币（约 5 亿 4 千 7 百万美元）之后，到 2001 年六月为止共亏损 14 亿 3 千万新西兰币（约 6 亿零 2 百万美元）[36]。新航如果没有急着达成这两项收购交易的话，就可能节省一大笔金钱。

虽然在经营业务时，快速发展是令人激动的事情，但这也是比想象中危险得多的时候。在准备工作不足、选择错误时机、由于傲慢自负以及对成功缺乏耐心等情况下匆忙进行快速扩张可能会带来一场灾难。然而，如果对扩张的投资能够进行正确的决定并得到贯彻执行的话，就能使公司重获新生。

为什么第三疗程不可或缺？

值得注意的是，尽管第一和第二疗程已经实施得很成功，但还是有许多公司随后又陷入了困境。一间进入美国财富 500 强的典型美国跨国公司只有大约 40 到 50 年的生命周期。人类的平均寿命大约是 75 岁，甚至更多。但老当益壮的公司却凤毛麟角，难得一见。可是，象 IBM 和通用电器这样的老牌公司也告诉我们公司的生命周期其实可以更长久。有人发现 1980 年《财富》500 强公司当中，几乎有一半的公司已烟消云散。而其他实力弱小的公司，生命就更短暂了。比如，基地设在阿姆斯特丹的史翠蒂咨询顾问集团（Stratix Consulting Group）[37]发现欧洲和日本公司的平均预期寿命还不到 13 年。对大多数其他公司而言，生命是艰难、短暂的而且充满了不确定性。这在很大程度上要归结于那些公司对大量无情的市场力量无法作出相应对策。这市场力量当中的一部分在本书中被称为外部病毒。

IBM、通用汽车和西尔斯·罗巴克（Sears）这三间公司在 1972 年《财富》500 强公司排行榜上分别列居第一、第四和第六位。在 1983 年，他们属于受到最多赞誉和羡慕眼光的美国公司。但到了 1992 年，这三间公司都在苦苦挣扎，没有一间进入《财富》排行榜前 20 名。IBM 没有预见到个人电脑的革命，在道琼斯指数的市值上升了四倍的时候，IBM 的股票价格却一次性大幅度滑落了 77%。西尔斯·罗巴克遭到沃尔玛的迎头痛击，而通用汽车把市场份额拱手让给了日本汽车品牌。在上世纪八十年代，诸如泛美航空（Pan Am）、苹果电脑以及人民捷运（People Express）这些公司的管理方法优势充斥着商业新闻。时至今日，泛美航空和人民捷运已不复存在。而苹果电脑也活在自己以前的阴影之下。上世纪九十年代，恩龙和瑞士航空公司还是股票市场的宠儿。而今天，他们却由于被同样一群投资者弃如蔽屐而陷入破产境地。

汤姆·彼得斯在1982年写的《追求卓越》（In Search of Excellence）[38]一书中共提名表扬了43间卓越的公司。但五年后只有14间继续保持卓越。有10间仍然实力强大，但已失去了领先地位；另外10间的力量遭受削弱；而剩下的9间则麻烦缠身[39]。这种继成功之后又遭受失败的格局在公司和行业内已经是屡见不鲜的事情。不管是胜家缝纫机公司（Singer Sewing Machines）、国际收割机公司（International Harvester）以及一度成为世界上首屈一指的最成功科技公司西联汇款（Western Union）这些已经消失了的美国著名公司，还是象菲利普（Philips）、日产汽车（Nissan）或日立（Hitachi）这些正在苦苦挣扎着的公司，他们的教训都是显而易见的——停留在成功的顶峰需要付出巨大的努力。象通用电器、微软、戴尔电脑和诺基亚（Nokia）这些公司现在受到行业和研究刊物的广泛好评。如果历史是一面镜子，可能十年之后的商业媒体就会热衷于报道这些公司是如何衰败的吧。

在每一个国家和行业里都可以找出两种完全不同的公司，一种是似乎具有神奇的能力，可以生存很长时间，而另一种则没有这种能力。为什么具有不断成功能力的公司知道如何做生意，而另一种不是不知道就是忘记了？

能在今天和明天都成功的秘诀是经理们必须同时进行两种不同的游戏。首先，他们必须在短期内不断提高竞争效率，保持成本竞争优势（疗程一：手术），并增加市场份额和收益性（疗程二：复兴）。这个效率的游戏需要掌握有关头脑的"硬"的要素。但单靠疗程一和二获取的效率并不能保证长期成功。讽刺的是，今天的成功其实可能加速明天的失败。为了维持成功，经理们还必须主导另一种游戏，即疗程三——如何建立起企业文化，应对市场环境中反复无常的变化以及处理好"软"的问题，赢取职员们的心和承诺。

因此，一间成功公司的特点不仅仅取决于高销售额、市场份额以及盈利这些暂时的因素，而要用是否能实现长期可持续性增长来衡量。除非文化这有关"心"的软的因素可以得到有效处理，否则必然会导致财政出现问题。这就要求实行第三疗程，即护理以便实现全面好转。

较早前描述的转亏为盈过程中的前两个步骤主要是处理有关"硬"的问题。内部能量"气"或称"软"问题的重要性将在第三疗程，护理中详细探讨。这类问题对生病和健康公司来说都是非常重要的。不管公司是否经历了大范围的手术及（或）复兴治疗还是其他什么，治疗和恢复健康的程度和速度最终还是要依靠这些软的要素。《经济学家》（The Economist）也持有相同的观点。其报告说："重组'软'的一面（赢得工人）甚至远比'硬'的一面（象安装新电脑）要重要得多。"

在某种意义上，美国克莱斯勒公司的前主席李·艾柯卡没能成功地执行这第三个疗程。1980年，艾柯卡在政府担保15亿美元的贷款帮助下受邀担任执行总裁，将陷入困境的美国克莱斯勒公司转亏为盈。克莱斯勒公司于1982年摆脱亏损境地，并在1984年赚取了24亿美元。艾柯卡于是受到媒体热烈赞扬，被称为是美国公司历史上最伟大的转机总裁。在由纳税人资助了一笔急需的现金之后，有人预测艾柯卡能使克莱斯勒摇摇欲坠的汽车生产立稳脚跟。在克莱斯勒这次"濒死"经历之后，大家都以为艾柯卡会继续专注于核心竞争力上面。可是，艾柯卡独裁式的管理风格虽然在疗程一和二里面很有效，但却没有在护理克莱斯勒（第三疗程）中继续带来好运气。因此，他无法留意职员们的反馈和市场的通知。在产权投资市场要求股票价格显著上扬的巨大压力之下，艾柯卡在随后五年里面忙于买卖资产，而不是发展克莱斯勒公司的核心汽车业务。这些包括受到误导花费高昂的代价进军国防工业以及与玛莎拉蒂汽车公司（Maserati）合资计划的流产[40]。所有这些令人眼花缭乱的项目抽走了克莱斯勒汽车生产所急需的现金资源，从而最终导致克莱斯勒作为控股公司进行重组。在 1990 年，克莱斯勒再一次走到了破产的边缘。在克莱斯勒多样化经营计划失控的时候，其汽车业务却被严重忽视并恶化。在 K 型汽车之后的每一个型号都遭到了失败。艾柯卡无法完成转机进程，因为他没有看到第三个疗程的重要性。而通用电器的杰克·威尔齐却认识到了这一点。

杰克·威尔齐认识到硬件和软件这两个因素的意义所在[41]。在威尔齐的哲学中，文件架构是有关于商业管理的"硬件"部分，他将之与"软件"区分开来。硬件指的是你制造和销售的东西，以及你安置这些生产运作的地方。从 1981 年到 1988 年间，威尔齐接管了分布在 13 个主要行业的 350 个生产线和业务单位。而其中许多运作因为这样或那样的原因遭到终止。通用电器内原有的九个等级绝大部分都被撤销，其中原有的 29 个薪金等级被减少到只剩 5 个主要层次。整体劳动力队伍被裁减了大约十万人。以上这些行动的结果是公司盈利和市场价值得到激增。然而，在所有这些重组过程中，威尔齐意识到，仅仅靠这些裁减措施并不能增加股东价值，而只能减少浪费。裁减措施执行起来相对容易，而且能取得短期回报，但无助于，甚至可能妨碍到长期业务成长。

根据威尔齐的观点，为了让业务成长，软件因素非常重要，它们与企业文化密切相关。威尔齐相信，这些软件因素可以真正形成机构的第二生命，深入到公司内每个人的意识中去。他谈论到软件因素，象改变公司最根本的 DNA 就相当于一次对文化和生意模式的彻底改变[42]。

威尔齐对自己的成就有这样的评价："我们所作的最大改变，毫无疑问是迈向一间无边界的公司，根除了官僚主义、'禁止创新'综合症（Not-Invited-here syndrome）。取而代之的是我们在游戏中得到所有的意见——从我们的人中间得到了最棒的。"他是怎么做到的？"我主要的工作是发展人才，"他说道，"我是一名园丁，为我们最好的 750 人提供水分和养料。当然，我也需要拔掉一些野草。"[43]这一切都得到了回报。从 1992 年到 2000 年这段时间，通用电器平均每年给股东们的总回报额是25％。相比之下，标准普尔 500 股票指数的只有 17％。

然而，威尔齐最大的缺点在于"为盈利不计任何代价"的手段和"不留活口"的方式，尤其在他转亏为盈的早期阶段更是如此（相当于本书所探讨的第一和第二疗程）。这造成通用电器的雇员们在展望公司远景和前途时目光短浅。在努力实现通用电器既定目标时，雇员们会在安全、质量以及社会责任等方面作出让步[44]。一个案例可以体现出这点。美国行政部门曾作出决定，勒令通用电器以5 亿美元的代价清理哈德逊河（Hudson River），作为对后者污染这条河流的惩罚。另一个例子是通用电器为收购基德皮博迪证券公司（Kidder Peabody brokerage firm）及后者在 1994 年发生的虚假利润丑闻而花费了超过十亿美元的代价，不仅毁了基德皮博迪证券公司，也差点儿伤害到通用电器的商业名誉。欧盟否决通用电器和霍尼韦尔（Honeywell）合并的提议也说明了威尔齐在与通用电器以外的当事人打交道时需要作出更大的让步。

诸如低成本竞争者的数量不断增加、财政市场不稳定、科技日新月异等外部病毒和诸如雇员们忠诚度下降等内部病毒所引发的挑战，对于一名总裁而言可能过于庞大而无法应付。威尔齐本人也坦言："公司的领导权将变得越来越不受总裁支配。其他经理们将获得更多的委任权和参与权。"在第一和第二疗程里采用的独裁式的管理风格在第三疗程中必须向更民主和有更多人参与的管理方式让步。

在实施第三疗程中失败的例子解释了为什么有如此多转机总裁尽管一开始可以成功地重组公司，但最终还是无法让他们的公司维持成长。这也解释了为什么许多公司无法应付外部病毒的蹂躏，实现长寿和全面公司转机。同样的，许多曾经有过象心脏和癌症手术这种垂死经历的病人后来再次接受对这些疾病的治疗。烟瘾或酒瘾很重等不良习惯以及生活压力很大，等等这些造成疾病的根本原因通常并没有得到根治。因此，有必要实施第三个疗程清除病根，以便护理生病的公司，使之全面康复。

尾注

01 Baghai, Mehrdad; White, David and Coley, Stephen (2000), *The Alchemy of Growth: Practical Insights for Building the Enduring Enterprise*, Cambridge, MA: Perseus Books.

02 Kan, Francis (2001), "Resurrection of POSB – Back with a Vengeance after Near-Death Experience", *Today*, 7 December.

03 Slater, Robert (1999), *Saving Big Blue: Leadership Lessons and Turnaround Tactics of IBM's Lou Gerstner*, New York: McGraw-Hill.

04 Foo, Check Teck and Grinyer, Peter Hugh (2000), *Organising Strategy: Sun Tzu Business Warcraft*, Singapore: Butterworth-Heinemann Asia.

05 Slywotzky, Adrian J., Morrison, David J., Moser, Ted, Mundt, Kavin A. and Quella, James A. (1999), *Profit Patterns: 30 Ways to Anticipate and Profit from Strategic Forces Reshaping Your Business*, New York: Random House.

06 Harari, Oren (1997), *Leapfrogging the Competition – 5 Giant Steps to Market Leadership*, Washington DC: American Century Press.

07 Hammer, Michael and Champy, James (1993), *Reengineering the Corporation: A Manifesto for Business Revolution*, New York: Harper Business.

08 Heller, Robert (2001), *Roads to Success*, London: Dorling Kindersley.

09 Gates, Bill (1995), *Business @ The Speed of Thought*, New York: Warner Books.

10 Wee Chow Hou and Lan Luh Luh (1998), *The 36 Strategies of the Chinese*, Singapore: Addison-Wesley.

11 Brandenburger, Adam M. and Nalebuff, Barry J. (1996), *Co-opetition*, New York: Currency Doubleday.

12 James, Kenneth (2001), "Lessons from the Chief", *The Business Times*, 23 July.

13 Pelline, Jeff (1998), "Co-opetition Gaining Acceptance", *CNET News.com*, http://news.com.com/2100-1001-209388.html?/epacg=cnet.

14 Treacy, Michael and Wiersema, Fred (1995), *The Discipline of Market Leaders: Choose Your Customers, Narrow Your Focus, Dominate Your Market*, Reading, MA: Addison-Wesley.

15 Tichy, Noel M. and Sherman, Stratford (1995), *Control Your Destiny or Someone Else Will*, New York: Harper Collins.

16 Singh, Kulwant; Pangarkar, Nitin and Gaik, Eng Lim (2001), *Business Strategy in Asia*, Singapore: Thomson Learning.

17 A.T. Kearney, Inc. (2000), *Sustaining Corporate Growth: Harnessing Your Strategic Strengths*, Boca Raton: St. Lucie Press.

18 Kolter, Philip; Tan, Chin Tiong; Leong, Siew Meng and Ang, Siew Hoon (1996), *Marketing Management – An Asian Perspective*, Singapore: Prentice Hall.

19 Han, Fook Kwang; Ferrandez, Warren and Tan, Sumiko (1998), *Lee Kuan Yew and His Ideas*, Singapore: Time Editions.

20 A.T. Kearney, Inc. (2000), *Sustaining Corporate Growth: Harnessing Your Strategic Strengths*, Boca Raton: St. Lucie Press.

21 Lee U-Wen (2001), "Comfort and Privacy with SIA's SpaceBed", *Today*, 18 August.

22 Tucker, Robert B. (1995), *Win the Value Revolution – How to Give Your Customers a Quality Product and Excellent

Service ... and Still Make Money, Hawthorne, NJ: Career Press.

23 Ries, Al and Trout, Jack (2000), *Positioning: The Battle for Your Mind*, New York: McGraw-Hill Professional.

24 Aaker, David A. (1991), *Managing Brand Equity*, New York: Free Press.

25 Chowdhury, Neel (2002), "Brand-Building in Asia is Poised for Takeoff, Says Image Creator", *The Asian Wall Street Journal*, 10 January.

26 Teh Hooi Ling (2002), "Wall Street Returns are Good, but Watch China", *The Business Times*, 2 January.

27 Ries, Al (1996), *Focus: The Future of Your Company Depends on It*, New York: Harper Business.

28 Deal, Terrence E. and Kennedy, Allan A. (1999), *The New Corporate Cultures: Revitalising the Workplace after Downsizing, Mergers and Reengineering*, Reading, MA: Perseus Books.

29 *BusinessWeek* (1955), "The Case Against Mergers", 20 October.

30 Sirower, Mark L. (1997), *The Synergy Trap: How Companies Lose the Acquisition Game*, New York: Free Press.

31 Sloan, Allan (2001), "Dumb Deals 101", *Newsweek*, 10 September.

32 Heller, Robert (2001), *Roads to Success*, London: Dorling Kindersley.

33 Gates, Bill (1996), *The Road Ahead*, New York: Viking Books.

34 *Asiaweek.com* (2001), "The Future is Now: PCCW's Poor Results Raise Fresh Doubts About Its New Economy Plans", 13 April, http://www.asiaweek.com/asiaweek/magazine/enterprise/0,8782,105413,00.html.

35 *Today* (2001), "Humbling of a Proud Giant: How Energy Trader Enron Came Tumbling Down", 3 December.

36 *Far Eastern Economic Review* (2001), "A Great Way to Fly", 27 September.

37 Stratix Consulting Group (1996), *A Brief Desk Research Study into the Average Life Expectancy of Companies in a Number of Countries by Ellen de Rooij*, Amsterdam.

38 Peters, Tom (1982), *In Search of Excellence*, New York: Harper & Row.

39 Peters, Tom (1994b), *The Tom Peters Seminar*, New York: Random House.

40 Zimmerman, Federick M. (1991), *The Turnaround Experience: Real-World Lessons in Revitalising Corporations*, New York: McGraw-Hill.

413 Slater, Robert (2000), *The GE Way Fieldbook*, New York: McGraw-Hill.

42 Byrne, John A. (1998), "How Jack Welch Runs GE", *BusinessWeek*, 8 June.

43 Gorten, Jeffrey E. (2001), "Jack Welch: A Role Model for Today's CEO?", *BusinessWeek*, September 10.

44 O'Boyle, Thomas F. (1999), "*At Any Cost: Jack Welch, General Electric and the Pursuit of Profit*", New York: Vintage Books.

第五章 疗程三。护理

病例：免疫系统脆弱的机构

公司 C 是一间市场营销机构，提供很多方面的服务。尽管它拥有经验丰富的职员，但是仍然被同行业者抛在后头。其问题根源是职员当中存在一种不愿承担义务的态度，缺乏紧迫感以及消极心理。所有这些都起源于以前传承下来的一种功能紊乱的公司文化。这个公司文化倾向于"bo chap"（福建方言）即"坐视不理"的态度，造成了高度缺乏工作动力的职员。公司 C 的情况总结在表格 五.一中。

表格 五.一 公司 C——免疫系统脆弱的机构

背景	：	市场营销服务
问题	：	功能紊乱的公司文化。落后于同行业
导向	：	忙于救火，"坐视不理"的态度。没有先发制人
管理发展	：	没有接班人计划
培训	：	空口说白话
奖励	：	偏袒
业绩管理	：	宽容

除了远远落后于同行业之外，公司的服务质量也在恶化，职员们的士气非常低落。诊断的结果是这间机构的免疫系统极其脆弱，正遭受免疫缺陷所带来的痛苦（因免疫系统的问题危及机构的安全），人们的精神委靡不振，急需重振士气。这个问题因为管理层对自己职员漫不经心和短视的态度而进一步恶化。交流沟通、培训和发展计划只是停留在嘴上，基本上没有得到执行。整个机构环境容忍职员们胡作非为，奖励系统主要基于偏袒心理而不是实际业绩表现。这就是为什么美国演讲家协会（National Speakers' Association）的创办人凯维·罗伯茨（Kevit Roberts）曾说："人们并不关心你知道多少东西，除非他们知道你关心。"

由于不完善的免疫系统和虚弱的公司文化，公司 C 极易遭到外部变化和病毒的袭击。公司 C 既迟缓又僵硬。在试图改变根深蒂固的不健康思想理念和公司文化的过程中遭到了巨大的困难。这就是为什么公司需要经历护理疗程的治疗。顺便说一句，公司 A 和 B 同样经历了这第三疗程。第三疗程的转机概念也经过如戴尔电脑、诺基亚、微软、通用电器以及索尼等许多世界一流公司的实践证明。

什么是护理疗程？

护理疗程本质上在于建立起一个强健的公司文化，具体表现在一个新的公司哲学并加强内部能量的自由流通。这相当于有一个由行动为导向的强壮的"公司免疫系统"（阿里·德·赫斯在 1997 年提出的一个新术语）[1]，即具有灵活、快捷和专注的特性。这样就能使公司打败善变且具侵略性的病毒）。通过图表 五.一可以更好地说明这点。

本疗程的中心是由相互影响的两个概念组成，即动态的新公司哲学和"气"或内部能量。二者象征着太极的"阴"、"阳"两极（如图表 五.一中的内圆所示）。阴和阳分别用暗和亮的部分表示。"阴"代表着宇宙中具有阴柔特性事物，而"阳"代表着具有阳刚特性的事物。"气"带有更浓郁的东方哲学色彩（更间接），在身体内部起着"阴性"作用。另一方面，公司哲学带有更强烈的西方观点（更直接），起着"阳性"作用。它们是公司原则基础中不同的两个方面，但都是产生强健的公司文化和培养加强机构内部适应力的根本因素。所有这些形成了核心信仰——奠定公司成功复原或东山再起根基的不可或缺的公司文化。这些核心信仰告诉人们什么是神圣的，什么是允许的，什么是禁止的。

一间公司应该努力创造一个动态的新公司哲学，纳入包括产生新想法、接受变化以及愿意接受失败等在内的基本信仰和价值观。在公司内部与公司哲学并存的是"气"或称内部能量。这是激情和动力的来源。内部能量的自由流通以及与同时存在的公司哲学之间的交互作用就可以在机构内产生强大的催化和促进作用。

支持公司哲学和"气"这些核心信仰的是其它具有治疗作用的前提和本质，培养出一个强大而健康的公司文化。这与那些无药物治疗方法很类似，能够强化身体免疫系统，使人拥有积极的精神态度，可以积极沟通，以及进行良好的饮食和锻炼。

在所有这些功能的共同作用下，就象轮子上的辐条一样，将内部核心信仰与外部机构管理所宣扬的连接起来，糅合了公司以行动为导向所要求的特性，即，快捷、灵活和专注。

内圈和外圈的平稳运作使得公司象钟表一样精确，确保在经营过程中不出差错，并有助于增强防御力对抗病毒袭击以及其它有可能威胁公司生存的危险。因此，护理疗程是一种持久的强化剂，可以延长公司生命周期的上限。

在前面说过，如果职员们没有全心全意支持转机总裁或信任即将实施的策略，即使最好的手术和复兴策略也有可能在执行时遭到失败或碰到困难。无法获得全部承诺通常与公司文化，即有关"心"的因素密切相关。因此，一间没有正确公司文化和"心"的因素的公司始终会遭到失败，即使其手术和复兴策略（第一和第二疗程）的实施情况良好。多少世纪以来，无数事实告诉我们心的重要性。谚语说："听取你的心声"、"他心如何思量，他为人就如何"、"将心放在正确的位置，头在哪里没有关系。"一个人可能已经脑死，但心脏还能正常工作。然而，一旦心脏停止跳动，大脑就会很快死亡。同样的，头脑可以进行分析及制定策略，但是心在培养促进对公司成功至关重要的理解和承诺。因此，为实现全面康复，护理疗程对处理有关"心"的问题是不可或缺的。

用你的头脑管理你自己。
用你的心管理其他人。

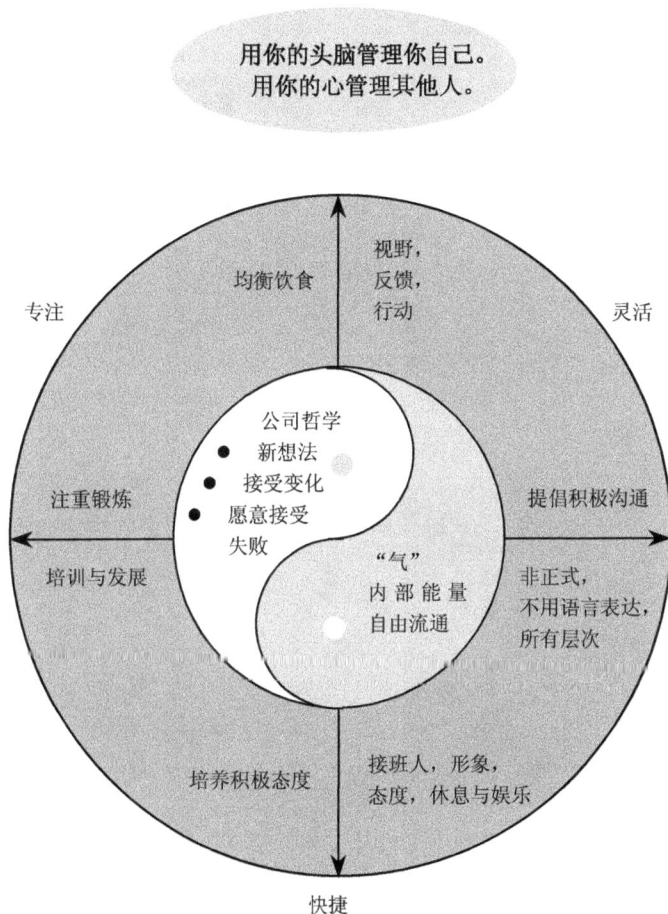

视野，
反馈，
行动

专注

均衡饮食

灵活

公司哲学
● 新想法
● 接受变化
● 愿意接受
失败

注重锻炼

培训与发展

提倡积极沟通

"气"
内部能量
自由流通

非正式，
不用语言表达，
所有层次

培养积极态度

接班人，形象，
态度，休息与娱乐

快捷

建立一个强健的公司免疫系统不象一次性的接种，
而是在你生命中的每一天服用维他命药丸。

图表 五.一 疗程三——护理：恢复一个强健的公司免疫系统

形成一个新公司哲学

公司哲学是机构内一个独一无二的思想和价值观的集合。它通过建立一个价值体系并以行动传达这个价值体系来告诉机构内人们应该怎么做。错误的哲学会造成使公司运转的思想出现错误，导致错误的公司文化，基本表现在错误的行为模式和价值观。转机总裁此时的主要任务是按照下列基本原则重新调整公司的整体公司哲学或思想理念：

- 做事的新想法和途径
- 相信变化是持续不断的
- 愿意容忍失败的结果

这个新公司哲学听上去就象放之四海皆准的大道理一样。它通常是组成公司最初所宣扬的价值和思想体系的根基和支柱。然而，公司哲学的价值或基本原则却可能随着时间流逝逐渐被人们淡忘或被认为是理所当然的事情，因而失去了功效。就象药物放在货架上太久会失去功效一样，一些永恒的哲学观念遭到遗忘。因此，重要的是让公司定时地提醒自己这些作为基础的公司哲学，确保不会严重偏离正确的公司轨道或走弯路。

这并不意味着包括社会和环境责任、道德操行以及尊重个人等在内的其他可贵方面和公司哲学价值就不重要。但这里特别强调核心或基本原则是因为如果得到正确应用，它们就会在努力使公司成功恢复的进程中起决定性的作用。

> **历久弥新的公司哲学就象药物一样，**
> **如果放在货架上太久，就会失去功效。**

做事的新想法和途径

> 早晨要撒你的种，晚上也不歇你的手，因为你不知那一样发旺，或是早撒的，或是晚撒的，或是两样都好。
>
> 《圣经·传道书》11：6

> 法者，所以爱民也；礼者，所以便事也。是以圣人苟可以强国，不法其故；苟可以利民，不循其礼。
>
> 《商君书》

> 如果你要去做的事情仅仅基于你已经知道的，你别期望能有创新。
>
> 井深大（Masaru Ibuku）

> 我们在巨大的分界线边缘徘徊，一条是生命垂危的老路……另一条则是仍然有待探索的崭新之路。这将要求经理们去除限制这个世界旧景观和运行方式的框框，并铺上一块新画布，开始描绘一个新景观。
>
> 迈格瑟瑟（Magsaysay）

新公司哲学的中心思想相信，在新知识经济中，想法是公司可以利用和开发的原材料，使公司超越竞争并为成长创造良机或途径。基本上没有所谓的"傻"主意。下面这个故事就是一个很好的例子。如果这个故事在二十年前拿去给本地报纸刊登，很可能会受到奚落，逃脱不了被扔进垃圾筒的命运。"话说有一群喜欢吃比萨饼的乌龟住在下水道里。他们的师父是一只老鼠。他们都身怀绝技。"虽然这个故事让人不能相信，但"忍者神龟"却在美国动画和漫画、玩具、故事书以及其它纪念品市场开创了价值 30 亿美元的新天地。这印证了维克多·雨果（Victor Hugo，1802－85）的发现："当一种想法的时机成熟时，即使最强大的军队也无法阻止。"雨果是法国杰出的诗人、小说家和政治家。胜利者必须象移民一样——能够看到通向成功的新想法和决心。

耶稣与《圣经》

《圣经》中一个扭转乾坤最好的例子就是耶稣授予信徒们力量，将后者从渔夫变为传教士。当耶稣要他们离开他们生活的地方跟随他做传教士时，他们根本不明白耶稣的意思。然而，这群从未受过教育的普通人后来却成为伟大的雄辩家、狂热的福音布道者，完成了许多奇迹，治愈了无数生病的人，挫败了同时代的人，包括权威人士，甚至国王和统治者。通过他们的英勇行为，他们推翻了罗马帝国，建立了基督教，并一直发展至今。

耶稣四处教学、讲道、给人们施治 [2]。教学是教育人们的思想而讲道和施治则是教育人们的心。耶稣将他服务的三分之二投入到教育中去。通过这个，他能够启发每一个信徒，使他们胜任传教士的任务。通过他的讲道和施治，信徒们能够以不同角度看事情，而且也总愿意从新的角度看问题。他们不再认可做事情的旧方法。那种方法限制和压迫他们。他们能够打破阶级的限制。每个人都积极转变，响应他的号召，实现他的目标。耶稣在寻找做事情的新方法时，宁愿被人看成傻子。这也是他成功的关键。乘着一头驴子进城，教育他的跟随者们，如果有人打他们的耳光，就要伸出另一边脸让对方再打一次。他还给信徒们洗脚。所有这些听上去都不象是国王做的事情。你当然需要一个新酒袋来装新的葡萄酒。

沃尔特·迪斯尼（Walt Disney）与迪斯尼乐园

荣恩·格罗弗（Ron Grover）在他的著作《画梦巨人－迪斯尼》（The Disney Touch）[3] 中讲了沃尔特·迪斯尼（1901－66）的故事。作为沃尔特财政意义上的大哥，罗伊·迪斯尼（Roy Disney）总是试图阻止沃尔特的"愚蠢"行为。在迪斯尼乐园建好之后，荣恩亲切地告诉沃尔特，他们不再需要任何新想法了。事实上，荣恩不许沃尔特在创造新事物上花更多钱。

沃尔特用自己的钱组成了一支工程师队伍。他们晚上秘密地在迪斯尼的一间仓库里碰头。这支队伍开发出"未来社区实验原型"（即，艾波卡特中心，Experimental Prototype Community of Tomorrow, Epcot Centre）的概念。沃尔特不断"象傻瓜一样"思考，做事与众不同。他能够通过卡通、动画当然还有闻名遐尔的迪斯尼乐园让人们重新实现幻想，体验欢乐和喜悦，馈赠给人类丰富多彩的世界。沃尔特虽然在倾注了全部心血的第一次生意上破产，但去世时却是美国最富有的人之一。

罗伊·瓦格洛斯（Roy Vagelos）与默克制药公司（Merck）

默克制药公司的总裁罗伊·瓦格洛斯功不可没，通过新方法做事情，带领公司成为制药行业市场的领头羊。默克公司采取制药行业中前所未有的激进行动，收购了其最大的客户之一医疗保健方法公司（Medco）。后者是一间服务对象是雇员和机构买主的药品福利管理公司。这个重要的决策偏离了默克公司作为药品开发商和生产商的传统角色，对于整个行业不亚于一场大地震。虽然默克公司在其传统业务中仍然赚取利润，但瓦格洛斯在对新弱点和新机会进行评估之后，认识到保健行业的动向正趋于合并——由大型生产商市场逐渐转移成为大型买方市场 [4]。越来越多的保健代理商正利用药品福利管理来为客户们外部办处方药品。因此，收购医疗保健方法公司就成为默克公司向消费者靠拢的更重要策略的补充办法。通过医疗保健方法公司，默克向市场推出默克－医疗保健方法公司线上药品处方订购网站。在网站推出短短两年内，默克－医疗保健方法公司网就成为世界上最大的互联网药房。默克公司摇身一变，成为一颗耀眼的明星，通过采取网络公司的形式，节省了分配药品所需的巨额仓库基础设施开支 [5]。

阿曼西奥·欧特嘉（Amancio Ortega Gaona）与飒拉（Zara）

一间在 1975 年成立的名为"飒拉"的西班牙小店，却当成从哈佛到宾夕法尼亚大学沃顿学院（Wharton）以及西班牙纳瓦拉大学商业管理学院（IESE）这些著名商业学院的必修案例分析[6]。作为西班牙印迪泰克斯集团（Inditex）旗舰零售连锁店的飒拉现在已经是世界上第三大服装零售业者。其创始人阿曼西奥·欧特嘉是时尚界第二富有的人，而飒拉的成功也成为一股令人重视的强大力量，以至西班牙媒体称之为"毁灭者"。

飒拉明星般的表现主要由于欧特嘉打破传统的经营哲学，与大多数时尚零售业者所采取的在拥有廉价劳动力的第三世界设立工厂，艰难地挤入第一世界时尚界这种旧模式完全不同。大多数飒拉的时尚服装在西班牙和葡萄牙生产。飒拉通过将生产和销售进一步靠拢，遥遥领先于其竞争者们。虽然其布料选购自世界各地，但这些布料的加工、染色和裁剪却在位于临近拉科鲁尼亚（La Coruna）的印迪泰克斯专用的具有一流工艺的工厂里进行，以便能够更好地控制质量[7]。尽管比起竞争对手从低成本的中国外包生产而言，飒拉在这些国家生产服装要多花 15％的费用，但其它方面的节省却足够补偿这些开支。比如，飒拉依靠现有客户一传十、十传百的口耳相传的推荐方式将其产品推向市场。其运作极为敏捷，能够大大减少库存成本，并对时尚潮流的动向迅速作出反应。飒拉在 2001 年一月 31 日结束的财政年度取得 14.9％的利润率（年销售额为 26 亿美元），优于美国盖普服装公司（Gap）10.6％的利润率（年销售额为 137 亿美元）和瑞典 H&M 服装连锁公司 12.4％的利润率（年销售额为 30 亿美元）。法国路易·威登轩尼斯集团（LVMH）执行委员会成员丹尼尔·帕特（Daniel Piette）称飒拉："可能是世界上最有创新力和最棒的零售商。"[8]

其他

世界上伟大的管理创始人都致力于做事情的新想法和新途径。彼得·杜拉克曾提到过，每一间机构都要作好准备，丢弃每一种曾经使用过的方法。查尔斯·汉迪（Charles Handy）相信，为了能在未来生存下去，反向思维是很有必要的。加里·哈梅尔（Gary Hamel）说："我们已经到达渐进主义和持续改善的尽头……它们也许可以暂时避免盈利受到侵蚀，但它们无法在新业务、新收入来源以及新财富中保持领先地位。中止合并关系、进行重组或规模缩小化也不行。"

作家、讲师和管理顾问汤姆·彼得斯揭露，最新以及最具创造性的发明当中有 75％来自业外人士。举例来说，苹果电脑诞生在毛头小子的车库里——史蒂夫·乔布斯还是小伙子的时候离开了那些巨头公司，因为他们不肯听他的。另一个毛头小子比尔·盖茨连大学也没毕业，却创办了微软。创新的公司开始了解到处理事情必须与众不同。比如，3M 公司的研究员获准利用 15％的工作时间"悄悄干私事"。这产生了无数对公司有利的产品，其中就包括报事贴®。

让机构从墨守陈规和传统的桎梏中解脱出来，有助于促进公司进军未知的新领域。这不但可以产生新挑战，也会创造出大量契机。这就是为什么理查德·傅士德（Richard Foster）和莎拉·凯普兰（Sarah Kaplan）在《创造性破坏》（Creative Destruction）[9]一书说："再见逻辑，你好创新"以及"连贯性是史前生物恐龙。"

相信变化是持续不断的

我们必须为明天确保领先地位而愿意拆毁今天做的一切。这与人性相反，但你别无选择，只能在业务还在运转时就毁掉它。

卢·普拉特（Lou Platt）

我们生活在一个非常令人困惑的时代……一个到处是断层的世界，不断发生着空前的主要结构性变化。

查尔斯·汉迪

……越来越变化无常的环境，在这里经验迅速失去价值，相同的里程碑不再具有指示标的作用……行业的地貌从未有过如此迅速的变化，行业间的边界也从未变得过如此犬牙交错。

加梅尔和普拉哈拉德（Prahalad）

如果有什么是一定的，那就是变化是一定的。我们今天计划的世界将不会以此形式在明天存在。

菲利普·科罗西普（Philip Croship）

能够智取竞争对手而生存得更长久的机构是那些生活在变化中，呼吸着变化的空气的公司。他们一直保持着敏捷、有弹性以及向前看。竭尽全力振兴公司的转机总裁们必须投入可观的精力，重新教育职员们，告诉他们变化是公司生命永恒的一部分。沉浸在以往的荣耀中并满足于现状只会产生沾沾自喜的情绪。因此，每一名职员都必须不断集中注意力对自己的目标和任务进行重新评估。这将确保他们在面对新公司前景时能够应付得了接踵而来的挑战。只有当这部分的公司哲学充满了上自管理最高层下至最底层职员的思想理念中，公司才能够有足够的适应力，迅速彻底改造自身。

这个世界越来越动荡不安，大多数产品和服务很快就变得过时。因此，管理未来的正确方法不在于口头上说说没有实际作用的宽心话、一个个的救火措施或是被动策略，而是在市场契机出现时，早已准备好相应的产品。这也意味着大幅度减少时间延迟，时刻准备好应付任何紧急事件。所有这些都要求管理层的态度和反应作出根本变化。他们应该感觉到变化不是威胁，而是无穷无尽的良机，得以改变市场或将市场设计得适合变化——这是创造和获取成功不可或缺的条件。要繁荣兴旺，你就要先摧毁，然后创造和重建。如果有必要，这个过程可能要重复好几遍。

李光耀与新加坡

在 1971 年英国军队撤出之后，新加坡在许多评论员眼中沦为另一个因战争灾难而变得毫无希望的第三世界国家。今天，新加坡经济起飞，一跃成为第一世界国家，其生活水准甚至超过英国殖民统治者。上世纪九十年代，新加坡在经济竞争力方面保持了一个很高的水准。从 1994 年到 2000 年，新加坡连续七年被国际管理发展学院（International Institute for Management Development，IMD）评为世界上第二个最具经济竞争力的国家。新加坡新闻通讯及艺术部（Ministry of Information，Communications and the Arts）2001 年八月的一份报告 [10] 指出新加坡在过去十年间享受到经济强劲增长带来的好处。其国内生产总值年平均实际增长幅度为 7.7%，名列世界各国前茅。

在过去十年间，新加坡个人年收入从 1 万 9 千 9 百新币（约 11，700 美元）跃升至 3 万 2 千 9 百新币（约 18，000 美元）。新加坡外汇储备也在同时期从 490 亿新币（约 290 亿美元）上升至 1390 亿新币（约 770 亿美元）。由于税率下调及税务豁免额增加，新公司成立的数目几乎翻了一番，从 1990 年的 6 千 5 百间激增至 2000 年的 1 万 1 千间。家庭平均月收入从 3 千 1 百新币（约 1，800 美元）增加到 4 千 9 百新币（约 2，700 美元）。

《海峡时报》总编韩福光（Han Fook Kwang）等人在报告中说："李资政如何改变新加坡的过程是

引人入胜的故事。因为当今世界上没有其他领导人能够象他那样影响和指挥一个国家的进程，一手将国家从独立建设成为一个发达国家的地步。没有人能够如此成功地跨越两个世界：前半世纪从帝国主义的压迫下取得独立的革命性世界以及后半世纪为财富和经济进程而发展的世界。伟大的亚洲革命家们——毛泽东、潘迪特·尼赫鲁（Pandit Nehru）、苏卡诺（Sukarno）以及胡志明（Ho Chi Minh）——在历史中赢得了他们应有的位置，但却无法建立起他们的革命热忱。李资政的地位当然要低一些，但他能实现他们都无法做到的事情，即不仅毁灭旧体系，而且创建一个更成功的新体系。今天的新加坡是成功的，而这成功主要有赖于李资政。这是毫无疑问的，即使是对他批评得最厉害的批评家也不能否认。"

事实上，年逾古稀的李资政并没有因为年龄而却步于学习电子邮件、互联网以及其它最新科技。这使得他可以与年轻的部长们更好地沟通。他仍然坚持学习华语，这是一门他当初在学校里没有学到的语言。他相信变化是持续不断的，并作好准备，调整好他的生活和思考方式，与这些变化一起携手共进。在 2001 年十月 15 日，由新加坡国立大学学生会组织的论坛上，李资政说："我们是前进中的民族，而不是一个静止的社会。但比起任何其他社会而言，我们的优势在于我们作出了改变，而我们必须继续改变。"

比尔·盖茨与微软

《拥抱未来》[12]第二版的前言说出了盖茨对变化的看法："我工作于软件行业。在这里变化是家常便饭。一个受欢迎的软件名称，不管它是电子百科全书、文字处理系统还是在线银行系统，都会在一两年中得以更新换代，增加新的主要功能以及不断优化。我们听取消费者们的反馈并研究新科技带来的契机，以便决定要作出哪些改进。"

促使盖茨在互联网问题上作出重大改变的是在日本称之为"突破性改善"的因素，或是根本性改变，或"沧海巨变"。这些词在微软都是众所周知的。盖茨告诉《巨人杀手》（Giant Killers）[13]的作者杰弗雷·詹姆士（Geoffrey James）："我作为总裁最重要和激动人心的工作部分是识别（意义深远的改变）并向公司内每一个人明确表达所呈现出的契机。然后我们提供给雇员们尽可能多的信息和具生产力的工具，于是他们就可以在那个视野的框架下获取成果。"盖茨认识到只有抢在别人前面淘汰自己产品的大公司才能成功。

施振荣（Stan Shih）与宏碁（Acer）

另一个在亚洲积极提倡变化是永恒的例子是宏碁集团。宏碁是极少数几个建立起一个强大品牌的非日本公司之一，而且肯定是唯一的一间台湾公司[14]。宏碁自 1999 年到 2001 年连续三年被《读者文摘》（Reader's Digest）评选为亚洲"电脑超级品牌"金奖，自 1996 年到 1998 年连续三年被《远东经济评论》（Far Eastern Economic Review）评选为总体领导力第一，而且在《亚洲公司》（Asia Inc）所做的亚洲 50 间最具竞争力公司的调查中名列第二。这在很大程度上要归功于宏碁主席和总裁施振荣不断要求重新对公司进行彻底改造，帮助公司适应持续变化的环境。自公司诞生以来至少经历了两到三次大规模转型。"宏碁一直非常愿意改变，"忻榕（Katherine Xin）说道。她是香港科技大学（Hong Kong University of Science and Technology）经营管理学教授，作为管理顾问与宏碁资深经理进行合作。

其他

中国人都是变化的伟大信徒。因为中国自有史以来 5000 年文明历程中经历了无数动荡不安的混乱局面——各朝各代的兴衰、外国侵略者的入侵以及共产主义。然而，这并没有将中华民族从历史中抹去，其人口反而在今天发展为世界之最。中国流传的逸事和谚语充满了认同变化为永恒的例子。有人说："不怕走得慢，就怕站着不动。"事实上，中国人这种适应变化的神奇能力极大地帮助了海外华人企业家兴旺发达。比如，在菲律宾的海外华人只占国家人口的百分之一，但他们控制了大半的股票市场。在印尼，相应的数字则分别是 4％和 75％；而在马来西亚则分别是 32％和 60％。台湾、香港和新加坡则汇集了大量的华人企业家。截至 1996 年，5 千 1 百万海外华人控制了价值约 7 万亿美元的经济，其经济规模大体相当于当时拥有 12 亿人口的大陆[15]。

孙子在《孙子兵法》中提到根据环境而改变的能力："发火有时，起火有日。时者，天之燥也；日者，月在箕、壁、翼、轸也。凡此四宿者，风起之日也。凡火攻，必因五火之变而应之。"意思是说，发火要选择有利的时候，起火要选准有利的日期。所谓有利的时候，指的是天气干燥；所谓有利的日期，指月亮运行到"箕"、"壁"、"翼"、"轸"四个星宿的位置。凡是月亮运行到这四个星宿位置上时，就是起风的日子。凡用火攻，必须根据上述五种火攻所造成的情况变化，适时地运用兵力加以策应。在中文里，"危机"其实由两个意思组成。第一个字"危"代表了危险，第二个字"机"代表着机会。所以，"危机"既有危险，但也隐含着机会。阿尔伯特·爱因斯坦（Albert Einstein）也说："困难当中藏着机会。"

在《乱中求胜》（Thriving on Chaos）[16]一书中，汤姆·彼得斯说："为满足快速改变的竞争局面所带来的需求，我们只需要象过去讨厌改变那样去喜欢它就行了。"《领导于混沌的边缘》（Leading at the Edge of Chaos）[17]一书的作者达尔·康纳（Daryl Conner）也说："革新与新冒险活动表现以渐进和连续形式的日子一去不复返了。取而代之的是'永远动荡不安'，是为止境的根本上的改变。"杰克·威尔齐在通用电器公司中对机构未来的要求发表评论时说："九十年代的英雄和赢家将会是发展出一种公司文化，不再惧怕快速改变反而享受它的整体公司。"只有死亡的机构才没有问题，因为不再有什么会改变了。变化来自一个叫生活的地方。

全球市场中大量的市场力量使公司成功，也同样导致他们衰败。成功公司需要把接受不确定性和改变作为唯一的解决方案，归入公司策略和发展动机中去。

愿意容忍失败的结果

由实验、革新、失策以及成功所产生的显著能量仍然是使美国在线继续运作的因素。

史蒂夫·恺斯

我们都是失败者——至少我们当中最好的都是。

詹姆士·M·巴里（James M. Barrie）

从来没有一个实现过重大成功的人，在其它时候，没有发现自己至少有一只脚踏上了失败的边缘。

拿破仑·希尔（Napoleon Hill）

成功是无畏之子。

本杰明·狄瑞里（Benjamin Disraeli）

今天的商业环境中竞争非常激烈，充满了许多各种各样的外部病毒。公司成功的关键在于更快地学习我们所犯的错误，避免重蹈覆辙。失败可当成养料，孕育着以后更大的成功。

发明家托马斯·爱迪生

著名发明家托马斯·爱迪生是一个经典的例子，说明接受改变及愿意接受失败的必要性。他在最终找到用于灯泡内灯丝的合适材料之前进行了数千次实验。他受到一名大学教授的奚落："托马斯，别傻了，光不是由电线发出的，而是火。"当时火是照明的标准手段。然而，爱迪生并没有因为这些话而灰心丧气，坚持不懈地用电线继续他的实验。他终于在几个月后找到了作为灯丝的合适材料。生活中许多失败是由于人们放弃时没有意识到他们离成功的距离有多近。当接受一名记者对他成功的采访时，被问道："先生，您是如何在数千次失败之后坚持下来的呢？"爱迪生的回答是，那不是几千次的失败，而是找到正确答案之前的几千个步骤。

爱迪生知道，天才是百分之一的灵感加上百分之九十九的汗水。要得到答案，就要经过辛勤的工作。此外，爱迪生还说，他知道有 5 万种物品不合适——这是他在发明一种储存电力装置的过程中，尝试过无数次实验失败之后说的话。这就是为什么他说："给我一个十全十美的人，我就会给你演示其失败。"他后来成为今天美国通用电器的创始人。

比尔·盖茨与微软

比尔·盖茨对自己犯过的错误很坦白。他说："相信我，我们知道很多微软的失败。微软的第一个电子制表软件遭到了彻底失败。OS/2 操作系统也一样。其它失败还包括一种办公室机器产品和电视型互联网展览。"但盖茨声称从这些失败中吸取的教训在后来的岁月中得到了回报，使他成为产品的赢家。

愿意容忍失败还不够。还必须愿意从过去的失败或错误中学习。微软对自己的失败从来不会忘记，将它们储存起来作为知识资本。之所以这么做，是因为公司已作好准备，向过去的错误学习。盖茨习惯以"微软的十大错误"为题写备忘录，每年修改并公布它。其目的是避免沉迷于自怜，激励职员们从他们所犯的错误中学习。根据盖茨所说，许多错误来自进入市场的时机太迟或根本没有进入。

美国雷诺兹金属公司（Reynolds Metals Co.）

在《赢得价值革命》（Win The Value Revolution）[18] 一书中，罗伯特·图克（Robert B. Tucker）强调，就象许多其他钢铁工业中的公司一样，美国雷诺兹金属公司也在上世纪八十年代遭到重创。然而，同时生产铝材的雷诺兹从未满足于只为现有客户提供服务，它不断评估新市场契机，将业务发展到钢铁以外的领域。其创办人的四个儿子每天都开会进行集体讨论，最终提出解决问题的新途径，认为铝材可能会取代现有金属。多年来，这种集体讨论的会议产生出不少古里古怪的想法，从铝制棺材到铝制鸡尾酒服装都有。"人们认为我们是一群疯狂的傻子，"一名曾参加雷诺兹集体讨论的退休职员这么告诉《华尔街日报》（The Wall Street Journal）。有关棺材的主意失败了。哀悼者觉得那太轻，没有尊荣。而铝制服装其实也没有真正付诸实现。虽然这些以及其它勇敢尝试都失败了，但正是由于它们，雷诺兹最终在坚持不懈的探索中碰到了象铝制饮料罐等成功的点子。起初，这个点子被其他瓶罐制造公司回绝，并遭到钢铁竞争公司的嘲笑。时至今日，铝制饮料罐已经占有 96％的市场，而雷诺兹仍然忙于瞄准其它一直以来被钢铁独霸的市场。雷诺兹的例子证明了一间公司能够通过坚定不移地从失败中创造轰动一时的事物来使自己重新开始，开发以前并不存在的市场。

其他

还有数不清的当代成功公司在失败和忧患中发展的例子。比如，亨利·福特（1863－1947）经历了五次破产才取得 T 模型汽车的成功。他是福特汽车公司（Ford Motor Company）的创始人。福特曾说："害怕失败的人限制了自己的价值。失败是一个契机，在下一次开始时更加聪明。"即使是出类拔萃的新加坡本地企业家沈望傅也在建立起创新科技之前经历了一系列失败。他的商业理念，声霸卡在新加坡遭到排斥而失败，但之后在美国却获得成功。以前的电脑国王，IBM 的托马斯·沃森评论说："那就是成功所在——位于失败的另一头。"汤姆·彼得斯也曾说："公司其实应该奖励人们的失败。因为失败意味着风险，而没有风险就不会有成功。如果你的雇员们害怕犯错误，他们就会害怕做任何事情。"这也是为什么孔子说："知过则改，善莫大焉。"意思是说，知道自己犯错误了就改正，是最大的好事。

因此，为成功需要比竞争对手更快地从失败中学习。失败不是世界上最糟糕的事情。最糟糕的是根本不去尝试。可悲的是，许多当代公司的公司文化却不允许失败，更别提去包容甚至鼓励它了。

公司必须鼓励职员们，在成本控制、客户增值以及信业务开发等领域先下手为强，敢于明智地承担风险。一个鼓励为复兴公司增进公司竞争优势而冒风险的公司文化也必须容忍失败和错误。当然，这不包括轻率马虎的错误，而是在追求优秀产品和服务质量时所犯下的"聪明错误"。这个哲学同样为台湾宏碁集团的总裁施振荣所认同。如果宏碁的一名经理冒着明智的风险犯下代价高昂的错误，施振荣已经作好准备，将损失当成这名经理的学费一笔勾销。经过深思熟虑的错误表明人们正朝正确的方向前进——对新想法进行试验并从中学习。

加强内部能量的自由流通

一流的表现不是干巴巴而死气沉沉的，而是生机勃勃的，充满了感情。
汤姆·彼得斯和南茜·奥斯汀（Nancy Austin）

成功靠的是获得机构内每一个人的最大能量，并将这能量汇集起来去实现积极的成果。
诺尔·蒂奇（Noel M. Tichy）

你可以拥有世界上全部的知识，但如果你没有真正确实想要把它做到最好的愿望或激情，你就永远不会成为最好的。
罗伊·科尔曼（Roy Coleman）

成功不是自燃的产物。你必须把自己放在火上面。
雷杰·李奇（Reggie Leach）

什么是内部能量"气"？

作为中医里一个最主要的概念，但西方科学世界仍然激烈地争辩着是否接受它。那就是在中文里称之为"气"（内部能量）的一种内部物质。在西方，有时它被描述成由生物化学和电磁两种能量组成。你既不能在显微镜下面检查到它，也不能用任何科学仪器发现它。这并不是说我们就不能感觉或看到它，而是要凭着人类的直觉，这是中医积累了多年实践经验的结晶。每个人生来就拥有"气"。

你可以用更敏锐的方式感觉到这个"气"的能量。武术修习者在修炼功夫时，有时会感到手掌因为"气"而发热，他们可以不用触碰到蜡烛而熄灭蜡烛的火焰。"气"是身体内的一股热量，使身具功夫的人可以承受硬物大力打击而不会受伤。气功或太极修习者通常将之描述成空气，存在于生命或基本生机的呼吸之间。一个人的健康与其"气"的好坏密切相关。美国动机培训师安东尼·罗宾斯（Anthony Robbins）说："你的能量级别越高，身体就越有效率。你的身体越有效率，你就感觉越好，就越能使用你的才能产生更多优异的成果。"

中医里的"气"

"气"在治疗慢性问题和巩固免疫系统方面是至关重要的，有助于促进康复和预防效果。不健康状况通常和一个人的"气"被阻塞有关。如果一个人生病了，只要疏通被阻塞住的"气"，就可以重建及恢复身体内的最佳机能，于是大多数疾病就消失了。在人没有生病的时候，自由流通的"气"也可以进一步加强现有的健康状况。

根据中医理论，许多疾病源自不利的自然环境，如热、冷、风、干燥以及潮湿，等等。此外，还有不正确的饮食习惯、腐败变质的食物、蠕虫和微生物、有毒物品和污染、外伤和意外事故，等。这些类比对公司而言就是影响公司的外部病毒。内部状况可能引发自对喜怒哀乐、同情等感情无节制或缺乏以及不恰当的精神态度和信仰（比如焦虑和压力）。这些也是精神疾病，会造成严重问题。我们在前面定义这些为产生自内部袭击公司的病毒。

上面提到的所有因素都可能造成一个人的"气"出现过剩、缺乏、纠结、阻塞、混乱或流动缓慢的状况，导致各种各样的问题。在免疫系统强壮时，人的感情处于适当的位置，气血得以自由流通，于是大多数疾病都会不药而治。古代东方保健方法的目的主要是确保"气"能够在身体内良好循环，不会出现阻塞，免疫系统也得以巩固。这些保健方法包括推拿（一种用按摩治疗受伤、疼痛等不适的中国治疗方法，有时也结合中草药和包扎）、针灸以及修习气功、太极等功夫。这有助于人们抵御或克服由"气"的失衡和阻塞所带来的不适。一旦人体能够重新获得一种动态平衡，就可以恢复以往的健康状态。

> 一间生病公司的"气"通常遭到阻塞。

西方观点中的"气"

在西方的公司观点中，"气"指的是人的精神状态、动力、热情以及能量。是同样的"气"令你在晚上爬起来观看世界杯足球赛或喜爱的电视节目。即使杰克·威尔齐也认识到这种人类能量的威力。他指出他愿意聘用具有两个"E"的人，那些具有能量（Energy）和能激发他人（Energise）的人。他也相信，为了实现一个拥有苗条身材的机构，唯一的办法是增进生产率。这要通过建立一支充满活力、完全投入、积极参与以及马力全开的劳动队伍。在这支队伍里的每一个人都扮演着自己的角色，每一个想法都发挥着作用。

"气"是前进连续不断的动力，一种来自人类的内心，对探索、创造以及进步的渴望。正是这种动力驱使杰克·威尔齐将通用电器转变为一架业绩表现的机器，经常创造高达25%的回报。这可是别的总裁都没有的本事。正是这种动力和热情引导沃尔玛的创始人山姆·沃尔顿在他生命最后的宝贵时间里与路过医院的店铺经理讨论该星期的销售额问题。正是这种动力推动戴尔电脑公司的迈克尔·戴尔在德州大学（University of Texas）就开始了他的电脑生意。据传闻，在父母前来探望时，他经常把他的 IBM 个人电脑藏到室友的浴缸里。也正是这种动力促使沃尔特·迪斯尼在毫无有关市场可行性数据时甘愿冒着名誉上的风险创办迪斯尼乐园和艾波卡特中心。正是同样的动力使福特经历好几次破产之后仍然努力寻求大规模生产汽车的方法。是同样的热情使比尔·盖茨放弃了哈佛大学的学位，转而追求建立微软王国的梦想。与公司哲学一样，前进的动力（气）是一种内部力量，它不会坐等外部世界来告诉它现在是改变的时候、是变得更好的时候，或者是发明什么新东西的时候。就象一名伟大的艺术家、发明家或多产的投资者所具有的动力一样，它就是在那里激励推动人们前进。

你不会在外界环境的要求下创建迪斯尼乐园、发明个人电脑或随身听。这些事物的出现来自于体内对进步的渴求。那是在没有任何外界要求或借口的情况下，对走得更远、做得更好、创造新的可能的一种动力。通过为前进而产生的动力，或者"气"，公司展现出结合了自信和自我批评的强大威力。

自信的元素允许公司制定大胆创新的目标、采取果敢的行动，有时甚至敢于冒风险挑战传统智慧或保守的政策。另一方面，自我批评推动自发的改变，使自己做得更好，即使外界条件并没有这种迫切的需要。在第三疗程中，公司应该成为对自己最严厉的批评家。值得注意的是，在回应对努德斯特伦公司（Nordstrom's Company）达到客户服务标准的奉承时，布鲁斯·努德斯特伦（Bruce Nordstrom）所表现出的强加在自己身上近乎无情的纪律性。他说："我们不想谈论服务。比起我们的名声，我们做得还不够好。这是非常脆弱的。你必须要时时刻刻去做。"美国在线的史蒂夫·恺斯评论说："没人给自己庆祝。我们全心全意专注于未来。"

"气"和新公司哲学

我们在前面看到，公司哲学和"气"，或称内部能量之间的相互影响是非常关键的。这两者就象中国二位一体哲学中的"阴"和"阳"一样同时存在着。这阴阳二者的每一个元素都依靠对方，互相补充，互相加强，互相促进。公司不应只寻求公司哲学和"气"之间的平衡，而应该尽量在提高公司哲学意识形态水平的同时也在"气"的运用方面取得尽可能大的进步。

孙子在《孙子兵法》中也提到在军队哲学里使用"气"这种能量："故善战者，求之于势，不责于人，故能择人而任势。任势者，其战人也，如转木石。木石之性，安则静，危则动，方则止，圆则行。故善战人之势，如转圆石于千仞之山者，势也。"意思是说，善于指挥打仗的将帅，要善于利用造成有利的态势以取胜，而不苛求部属的责任，因而他就能选到适当的人才，利用有利态势。善于有利态势的人，他指挥将士作战，就象转动木头和石头一般。木头、石头的本性，放在安稳平坦的地方就静止，放在陡峭倾斜的地方就容易滚动，方形的木石比较稳定，圆形的就容易滚动。所以善于指挥作战的人所造成的有利态势，就好象把圆石从几千米高的山上往下滚落那样不可阻挡：这就是军事上所谓的"势"!

建立一个强壮的公司免疫系统最好的办法是允许人们的能量自由流通。这是一种预防性的药物，因为一个强壮的免疫系统可以延长寿命，增强一个人的生命力和健康状况。同样的，一个包含着允许人们能量与思想自由流通的哲学的公司文化有助于清除内部和外部病毒。一间成功的机构是在利用变化，甚至在危机当中或面对困难时，能够激励机构内的人们释放出能量的公司。

因此，对总裁及其管理队伍中每一名成员的关键策略问题就是：

- 你们现在"气"的水平是什么？
- 你们将来"气"的水平将应是什么？
- 你们"气"的水平在将来会对你们的产品、市场以及消费者的前景展望产生怎样的影响？

了解"气"的概念是企业成功的基础。对任何生意而言，"气"都是具有决定性的因素。除评定职员们的智商和情商之外，公司也应该评定职员们的"气商"（即内部能量份额）。这能让公司制定适当策略，建立与众不同的持续性优势，因而使公司取得领先地位，竞争也不再具有威胁性。

新项目管理哲学

最大的失败是一个人从来都不尝试。

赖利·金瑟博士（Dr. Larry Kimsey）

一个不犯错误的人通常什么事情都不做。

毕夏普·麦基（Bishop Magee）

唯一你不能承受失败的时候是最后一次尝试。

查尔斯·凯特林（Charles Kettering）

看看海龟。只有当他把脖子伸出来的时候才会取得进步。

詹姆斯·布赖恩·科南（James Bryant Conant）

世界上最重要的事情都在看上去根本毫无希望的时候被那些不断尝试的人完成了。

戴尔·卡内基（Dale Carnagie）

在了解公司哲学和"气"的重要意义之后，你要如何将这些概念应用到需要护理的公司身上？应用方法之一是公司 A、B 和 C 的项目管理。

就象人们会患上心身失调症一样（即，不是身体机能紊乱，而多半由于思想上恐惧或焦虑所引起疾病），这三间前面提到的生病公司在项目管理哲学上常常表现出共同的症状。这些通常是令他们陷入恶性循环的病根。表格 五.二描述了公司 A、B 和 C 中所确认的旧项目管理哲学。

表格 五.二 项目管理哲学（旧与新）

步骤	旧	步骤	新
1	开始时充满热情	1	计划
2	幻想破灭	2	执行
3	敲响警钟		
4	寻找替罪羊		重复过程
5	惩罚革新者		
6	奖励寄生虫		

旧项目管理哲学一般在刚刚接下一个项目时充满了热情，大家可能喜气洋洋地开香槟庆祝，宣布放职员们一天假。然而，随着所谓的"D"日，即最后期限日益迫近，热情逐渐冷却下来，幻想逐一

破灭，而且开始出现对未来的恐惧情绪。在最后期限到来的那天，出现全面恐慌，所有警报都被拉响。在这种极度混乱中，必然要找一个替罪羊——有人必须为这种情况负责，承担造成这种局面的责任！跟着发起对替罪羊的政治迫害通常以惩罚无辜的具有革新精神的雇员作为结局。这些人可能天真而具有积极性，他们真正努力工作，不顾一切地想办法解决问题，不让整个项目延迟。他们唯一的错误就是无法看穿"寄生虫"们（即通常坐在扶椅中不事生产的批评家们）的恶毒伎俩。讽刺的是，旧的项目管理哲学最终奖励寄生虫，主要是那些一开始就对项目（不管任何理由）缺乏热情的旁观者，他们不遗余力泼冷水，大声说："我早就告诉过你！这不可能完成的！"这种寄生虫靠其他人的努力过活，从来不给任何回报。

这个旧项目管理哲学体质主要由于"bochap"的思想态度（福建方言，意思是"漠不关心"，相当于西方"该怎样就怎样"的一种无动于衷的思想状况）。这与经营成功的公司背道而驰，它允许不健康的相互"羞辱与指责"活动在机构内泛滥，也怂恿职员们推脱责任，而真正承担正当责任人却被清除出门了。它把公司里整体"气"的水平降低了，并阻止它们的自由流通。总裁面临的艰巨任务是弥补这种实践缺陷，重新摆正公司的思想理念，强调尝试和参与优秀品质，而不是惩罚在真心实意和用心良苦的努力下所作的过失行为或不当判断。

在我先后接管公司 A、B 和 C 时，不正确的旧项目管理哲学很快遭到抛弃，取而代之的是简单直接的思维方式，只包括两个步骤：计划和执行。如果在第一次不奏效，就重复这两个步骤。但这不是轻率盲目的乱尝试。制定计划是关键，否则就会注定失败。然而，仅仅依靠计划并不能让未来变得更好，还必须通过执行将计划付诸行动。所有生意都需要为执行而制定计划，并执行所制定的计划。职员们被明确告知，坐在扶手座椅里的批评家或者"未参与者"或者寄生虫不会得到原谅。每一名职员都要为自己的工作负责，而那些没有尝试的人会受到惩罚。他们被告知，失败不是最后的结局，除非他们停止尝试。一旦过时的项目管理哲学被新的取代，所有三间公司受到鼓舞，能够更有效率地运行，就象一剂打虫药一样，根除并排出消化系统中的寄生虫。这些机构中"气"的水平得到快速提升，因为人们能够看到他们的辛勤工作取得回报，受到正当待遇，而寄生虫也被排出机构之外。

> 为实现伟大的事情，
> 我们不仅要行动，还必须去梦想；
> 不仅要计划，还必须去相信。
> 亚历山大·格雷厄姆·贝尔
> （Alexander Graham Bell）

灌输强健的公司文化

为什么公司文化很重要？

总体而言，公司文化是产生自内部深层的包含信仰、期望和设想的一套意识形态，影响及指导机构成员的思想和行为方式。其至关重要性在于普遍深入的影响力既可以毁灭也可以增进公司竞争和成功的能力。它以截然不同的形式存在于每一间机构里面。由约翰·科特（John Kotter）等[19]以及詹姆斯·科林斯（James Collins）等[20]著作的一些著名书籍中提供了大量确实的证据，说明公司文化的重要性。回到医学比喻中，一个强健的公司文化就象一个强壮的免疫系统，有助于公司抵抗病毒的侵袭。它包含了前面提到过的新公司哲学和"气"的概念，通过灵活、快捷以及专注使公司以行动为导向。一个人生病时，他通常会吃药来恢复健康。然而，这些药物中有些可能会产生副作用。

有时，最好的药根本不是药品。别把药品当成是治疗的手段，而要把它们当成毒药。同样的，对公司而言，抵抗病毒侵袭的最佳形式是建立并强化其公司文化或免疫系统。一个脆弱的免疫系统可能会害死人。比如，爱之病（Acquired Immune Deficiency Syndrome，AIDS）患者因为身体无法抵御疾病和感染而死亡。同样的，一个脆弱的公司免疫系统也可能因为无法应付市场环境中的变化而导致公司的衰亡。

> 我们体内的自然力量是真正治愈疾病的力量。
> 希波克拉底

杰克·威尔齐与通用电器

象他那一代大多数经理一样，威尔齐强烈倾向于传统层面上的策略、结构和体系来推动变化。虽然它们威力强大，但他发现它们作为手术器械却过于强硬。他的感观逐渐开始变得柔和，具有更宽广的视野。"一间公司可以通过改组、根除官僚主义以及规模缩小来刺激提升生产力，"他说，"但没有文化上的改变，它就不能维持高水平的生产效率。"[21]

在上世纪八十年代中，威尔齐讲的是成为市场上的数一数二，给热情让路"结合强项、资源，并以小公司的敏感度、苗条程度以及灵活度来实现一间大公司"。这是一个要求大规模改变文化的目标，但就象威尔齐发现的那样，比起在疗程一和二里改变公司结构和策略，在疗程三中改变"一个地方的气息"是一个非常缓慢而微妙的任务。象多数转型的领导者一样，威尔齐很快就发现他无法一次改变包含在机构里面的所有文化。这是一个漫长的过程，需要精湛的技巧来制定计划并付诸实施。

英国航空公司 （British Airways）

英国航空公司是一个很好的例子，说明了公司文化的改变是如何提供竞争优势的。1981 年，英国航空公司亏损了几乎 10 亿美元。其客户在提及公司缩写 BA 时，经常开玩笑地说这应该是指"非常糟糕"（Bloody Awful）。但就在英国政府宣布英国航空公司私营化五年之后，其盈利却位于同行业中最高水平。服务质量的改进确实可圈可点。这次公司转亏为盈靠的是什么？这在由公司管理顶层的金勋爵（Lord King）和科林·马歇尔爵士（Sir Colin Marshall）发起的一场文化革命中可以找到答案。

工作文化上的重大改变得以努力推行。事实上，英国航空公司全部 3 万 7 千名劳工都经历了一个由丹麦顾问公司设计的名为"人在第一位"（Putting People First）的为期两天的文化改变计划。几乎所有 1 千 4 百名管理人员经历了为期五天的名为"管理人第一位"（Managing People First）的计划。英国航空公司的文化改变计划着重于优质客户服务、公开、赋予动力以及参与政策决定。

于是，英国航空公司通过利用动员职员、内部凝聚力和思想理念改变等计划改变公司文化，从而得以在护理下恢复健康。这是自上世纪七十年代以来一次令人难忘的转型。这次转型很明显的既不是策略也不是科技，而是为机构整体所共有的文化。这次公司转型是通过改变文化而对自身的一次转变[22]。不是所有文化上的改变都会象英国航空公司一样没有痛苦。事实上，许多公司经历了痛苦的文化变更，象荷兰电子公司飞利浦就是其中之一。

飞利浦电子

1990 年，科尔·范戴克（Cor van der Klugt）在飞利浦总裁的位置上遭到解雇 [23]。他四年来试图阻止飞利浦业绩不断下滑的努力付之东流，而很快由扬·蒂默尔（Jan Timmer）取代了他的位置。后者重新设计了一次转亏为盈，执行了"百夫长行动"（类似于施乐公司的"质量领导力"和通用电器公司的"群策群力"）。蒂默尔声称早先为变化而作出的努力失败是因为来自资深经理巨大的抵触情绪，而尝试却零散而无力，结果只能由于巨大的阻力使得所有努力半途而废。当时的重点放在系统和程序上，而不是雇员们的参与。这种变化尝试主要是自上而下的，底层阶级基本上没有参与进来。虽然很有用，但这种决心却是建立在一个不稳固的基础上，也没有从劳动队伍中获取足够的能量、想法和热情。蒂默尔的计划很直接——让人们面对数据，提出真的问题，然后决定如何解决它们。因此，在"百夫长行动"名义下展开的改变程序一开始是以自上而下的形式一级级在机构内推行的，但是，一旦开始产生它自己的运动势头，就随着清楚的目的由下而上发展起来 [24]。由于"百夫长行动"，飞利浦 150 名顶层经理被迫面对公司严峻的财政健康状况这一棘手的现实（1990 年十月，扬·蒂默尔预测公司在两年内破产）。他们也要接受挑战，老老实实地检查公司运作、对问题根源达成一致意见以及制定策略和远景，避免世界末日的到来，并将公司转亏为盈。

为使机构内每一组成部分重获生命力，飞利浦以极大的进取心开始努力在各方面改变自身。为了获得所需要的竞争力，再培训计划迅速落实，只在有必要时才聘用新职员（用我们的比喻就是输血）。许多年长的飞利浦雇员离开了，因为他们既不认同蒂默尔的新看法，也缺乏获得新技巧的能力（相当于本书所说的第一和第二疗程）。从此之后，蒂默尔的主要精力用来贯彻执行机构重组和彻底改造，在废除可能阻碍机构运作的旧文化标准的同时，清楚确认并补充对未来的成功标准。

飞利浦也立即行动，减少其资产基数，包括大幅度削减存货并裁减大约 20% 的劳动力，以便适应由同行业领头羊设定的基准。在详细说明了业绩表现问题之后，超过 25 万雇员们参与了重新改造飞利浦的规模宏大的运动。通过专注于策略和改进做生意的方法，10 万名职员遭到解雇，350 间制造工厂被关闭，最高层管理队伍中的 14 名执行人员，有 12 名遭到撤换。于是，蒂默尔在同一时间内改变了策略、结构、人以及文化。相比 1990 年亏损 23 亿美元，飞利浦在 1994 年就取得了几乎 10 亿美元的盈利。它也在进军新业务领域、缩短新产品周期以及重新调整自己，超越渐进式革新和改变等方面取得成功。

一间有问题的公司同样拥有公司文化，但那是机能紊乱的。许多研究发现，优秀公司拥有强壮的公司文化，那是基于正确的哲学，其标志是以文化为导向作为最优先考虑的因素，因而可以赢得人们的动力、热情以及内部能量。所有这些赋予了职员们前进的方向、归属感和使命感。前面提到过的所需要的新公司哲学和内部能量一旦就位，它们就会自然而然地向建立一个强健的公司文化的方向发展。决定公司中这个强健的公司文化是否能得以实现的一个关键因素就是其中的雇员们。

需要什么样的雇员和领导？

下一个问题是：这个新公司文化需要什么样的雇员和领导？

"好与坏胆固醇"的雇员

人体需要一些胆固醇才能正常运作。这些胆固醇——包括"好"的（高密度脂蛋白，HDL）和"坏"的（低密度脂蛋白，LDL）——在所有细胞中都能找到，有助于身体内脂肪的运输。同样的，在每一间机构内，也有两种类别的雇员，即"自外而内"的"坏"胆固醇雇员以及"自内而外"的"好"胆固醇雇员。那些第一类中的"坏"胆固醇本质上不是做事主动的人，他们需要在外部环境力量的刺激下才被迫前去实现一些预定的目标。"坏"胆固醇太多，会增加罹患心脏病和中风的危险。因为"坏"胆固醇会慢慢地累积在动脉血管壁上，阻碍心脏和大脑的供应。以公司 B 为例，公司转亏为盈之后，职员们得到二个半月的花红。这在当时是高于行业标准的。许多职员由于金钱的奖励，工作积极性高涨。然而，当政府宣布对公务员颁发三个月的花红时，许多"自外而内"的雇员就感到泄气，生产力也随之下降。"自内而外"类别的职员或"好"胆固醇本质上是由自身获得动力。他们充满智慧，不达到目的誓不罢休，并愿意采取主动，自然而然地承担起责任去完成既定的目标。即使在不利的外部环境下或缺乏对这种行动的有力支援，他们也能够达到目的。"好"胆固醇可以把"坏"胆固醇清除出动脉血管，并运回肝脏进行新陈代谢，进而大幅度减少动脉血管壁上的阻塞情况。伟大的"自内而外"的人包括托马斯·爱迪生、李光耀以及亨利·福特。他们具有高而强的内部能量或"气"的级别，尽管外部条件恶劣，也能勇往直前。没有建立起所必需的公司文化的危险在于，这不但无法激励"自外而内"的职员去实现公司目标，甚至可能阻止"自内而外"的人员，使他们失去动力。

这就是为什么比尔·盖茨雇用前来微软的最优秀最聪明热情激扬的新大学毕业生。他们主要是"自内而外"的人员。他相信知识型公司的原材料就是脑力[25]。他雇用第一流受过最好教育的大脑，创造一个能让他们产生最优秀工作的环境，并建立一个体系，可以使创造出来的知识与生意的组成和运作完美地结合在一起——这是知识得以共享和传播的归宿。盖茨也相信，一间公司需要高等公司智商，可以依靠设备广泛分享信息，让内部成员的工作建立在分享彼此想法的基础上。在一定数量的高智商人群一致努力下，一起分享重要的经验，就可以大大提高能量级别，促进提升"气"的水平。盖茨相信，相互激励能够产生新想法，提高较少经验的雇员的贡献度，并使整个公司更"聪明"地运转起来。他创造的公司文化可以不断为这些"自内而外"的雇员们提供动力。

精神领袖

前面提到过，与前面两个疗程不同，第三疗程的领导能力需要采取更柔和的方式。哈雷戴维森（Harley-Davidson）的退休主席和总裁李查·提尔林克（Rich Teerlink）[26]说："自上而下的管理方式可能在一场危机时还有必要。但当危机过去之后，需要的则是这样一名领导人，他可以创造一个环境，让每一名雇员都为成功贡献自己的力量。"在这个阶段，转机总裁需要授予更多权力。比尔·盖茨说："在我们展望下个世纪时，领导将会是那些能够把权力授予其他人的人。"甚至财政专家拉尔夫·纳德（Ralph Nader）也同意领导的作用是产生更多领导者，而不是更多追随者。杰克·威尔齐非常了解在第三疗程中管理风格的转变。他也是少数几名带领公司完成全部转机疗程的总裁之一。在第一疗程中，威尔齐不得不采取不受欢迎的步骤，对通用电器各种各样的运作单位进行重组，解雇了许多职员。他因此赢得"中子杰克"的绰号。在后来进行疗程三的岁月中，威尔齐却作为一名教练经理而为人称道。他花费大量时间对职员进行培训和发展。是同一名威尔齐先生让世人知道，通用电器公司里没有独裁者的位置。据詹姆斯·卢卡斯（James R. Lucas）[27]说，就象威尔齐提醒我们的那样，未来将属于"充满热情具有紧迫感的领导者——他们不仅拥有庞大的能量，而且能赋予他们所领导的人们活力。"包维珍的理查德·布兰森（Richard Branson）、西南航空公司（Southwest Airlines）的赫伯·凯勒赫（Herb Kelleher）以及美体小铺（The Body Shop）的安妮塔·罗迪克（Anita Roddick）这些当今公司的英雄都具有点燃他们职员热情的特别天赋。机构需要激发出他们的雇员的承诺及热情。精神领袖具有点燃那内能量的方法。

只有精神领袖——能够启动并释放雇员内部能量的人——才能带领机构取得未来的成功。精神领袖能纾缓并净化机构内雇员们闭塞的负面思想情绪（相当于毒素）。精神领袖通过启发其他人来做到这点。不管我们是否拥有这样的头衔，那些我们所领导的人们都要把我们看成精神领袖。救世主耶稣代表了精神领袖的典范,即使到现在仍然有数以百万计的追随者。他只是一名谦逊的木匠,并没有任何军队控制他的追随者。

人们不会长期追随一个没有伟大梦想追求的人。实现财政目标的动力并不能长期鼓舞人们。即便用金钱奖励去推动人们也只能产生有限作用。精神领袖提供释放能量的方法,将他们周围所有的能量都激发出来,这是一股让别人燃烧的能量。这股能量于是得以自由流动,让所有人都更容易看到通往成功的道路。

不管他们的宗教信仰和原则是什么,世界上伟大的精神领袖,如救世主耶稣、佛以及穆罕默德先知等——他们以完美及受尊敬的实践方法领导人们——有着一些显著的共同特点。精神领袖们先天下之忧而忧,后天下之乐而乐,首先关心的是其他人而将自己放在最后,强调集体成功而不是个人野心。他们能够拥护事业、清晰明白地说出人们的梦想,以及满足他们的需要。精神领袖们在他们生命的任何阶段都能做到言行一致。他们愿意恰到好处地为人们指点迷津,但避免控制人们,谦逊而又具有自信[28]。

不管如何引人注目,人们都不会仅仅对事实本事产生动力。高度负荷的机构受到故事的驱策,他们很不幸地被理性的公司世界抛在后面。精神领袖制造"故事"——不管是由他们所说的、其他人所说的还是参加全公司会议的人们嘴中流传出来的——这是改变和成长主要的驱动力。比如,耶稣在世时,用寓言和故事向人们布道。数以百万计的人至今还在《圣经》中阅读到这些故事,他们的生命受到感动而产生改变。领导者们事实上就以自身的生命历程公开而诚实地演绎着故事。

老子(原名李耳,约公元前 1301)是中国古代著名的哲学家。他将一个人在这个疗程中应采取的精神领导风格很好地作出如下总结:

最好的领导者,人们几乎不知道他的存在。

人们服从并称赞他,情况就不妙;
人们轻视他,是最糟糕的情况。

你对人们不尊敬,人们也会对你不尊敬。

一名好的领导者,说得少,
当他完成工作时,他的目的也达到了,
而人们会说:"这是我们大家一起做的。"

> **精神领袖是必需的,
> 可以释放自由流动的内部能量。**

为什么强大的公司文化还不够?

公司文化的两个方面——强大而健康——必须手把手地进行,以便取得预期的协同作用,因为仅仅靠其中之一无法提供足够的推动力,彻底增强公司整个免疫系统。有人以为获得了强大的公司文化就能保护公司免遭外部病毒的袭击,并为长期持续成长提供了足够的保证。这种想法是荒谬的。只有强大的公司文化并不能在反复无常的公司环境将公司完全隔离出来,也不能使其免遭前面章节中所提到的外部病毒的袭击。还必须建立一个健康的公司文化，包括基于"阴"的以行动为导向，以及与"阳"互相作用的既定公司哲学和内部能量的自由流动（详见图 5.1 所示）。这将在本章稍后部分进一步详细阐述。事实上，过分倚赖于强大的公司文化可能阻止公司实现其既定的公司目标，抑止长期持续成长。这会导致满足于现状、形成一个安全和所向无敌的假相。

IBM

比如，IBM（在葛斯纳之前的日子）拥有非常强大的公司文化，但却因为忽略了个人电脑的袭击而在上世纪九十年代初栽了一个大跟头。不幸的是，IBM 当时的公司文化之一是公司傲慢自大，没有及早使公司敏捷地与这个外部病毒相抗争。IBM 始终被自己的实力蒙蔽了双眼，低估了在遭遇这个电脑市场挑战时，公司有多么脆弱。当时公司的态度是 IBM 不必说服人们购买它的产品，只需告诉他们公司卖的是什么就够了。在早些年，那可能的确够了，但在上世纪九十年代趋于饱和的市场环境下，消费者们有数不清的竞争产品可以选择，必须尽力争取他们。随后，即使其转机总裁卢·葛斯纳也承认："建立在傲慢自大基础上的公司文化很快就会失去雇员和消费者的宠爱。要保持你的文化与时俱进，并迎合消费者的需要。"

其他

另一名强健公司文化的积极参与者是阿里·德·赫斯，荷兰皇家壳牌集团（Royal Dutch/Shell）的前任战略家。他也是"学习的机构"的创始人之一。在其著作《长寿公司》（The Living Company）[29]中，他试图去理解区分垂死和不朽的是什么。他辩论道，有两种公司。在"经济型公司"中，对人的投资保持在尽可能低的水平，以便在最短时间内取得最大回报。然而，这种公司不可能学习并适应环境。相反的，"长寿型"公司主要是所谓的"活体公司"。公司之所以长寿，既与为股东取得最大回报的能力无关，不管如何，也和公司经营所在的行业和国家没什么太大关系。他发现，"活体公司"有一个很强烈的身份感。这在詹姆斯·科林斯和杰里·包瑞斯（Jerry Porres）所写的《基业长青》（Built to Last）[30]也有相同发现。为防止变化和外部病毒将公司解体，长寿公司擅长于用强健的公司文化对每一代雇员们进行潜移默化。

为达到这个目的，有些公司甚至建立起自己的内部教育基地。比如，麦当劳和摩托罗拉（Motorola）就拥有他们自己的"大学"。美国通用电器有一个由自己经理开办的非常全面的培训课程。在克罗顿维尔（Crotonville）公司自己的培训学院里，杰克·威尔奇花费大量时间与年轻的同事们一起分享他为通用电器设计的公司文化。

但德赫斯警告说，一个强大的公司文化可能会导致策略僵化，就象苹果电脑发现的那样。苹果电脑在上世纪八十年代中作出决定，不发放苹果微机系列麦金托什机（Macintosh）的操作系统特许证。这个决策致使公司损失了介于 200 亿到 400 亿美元的市场资本。这就是为什么本书前面一直强调需要包含一个健康的公司文化，而且这文化要建立在公司哲学和"气"这一强大基础上。

前面介绍的公司 C 虽然有一个强大的公司文化，但其文化却是机能紊乱的。公司 C 中一些掌舵的经理遭到撤换，因为他们显然不愿意接受新公司文化。大多数这类经理在意识到他们不能适应机构的新局面之后，就一致选择了自动离开。

如何改变公司文化？

二十一世纪威力强大的竞争工具是发展基础架构建立起一个强健的公司文化。在曾经的竞争市场环境中，许多公司努力在产品或科技上与竞争对手划清界限，希望增加他们的市场份额。为达到这个目的，大量的精力和资源被耗费在获取更先进科技或更优越的市场营销手法上面。然而，很难防止竞争对手快速跟上科技前进的步伐并复制你精妙的市场营销策略，因为这些贸易的小技巧可以很快地得以仿效。但竞争对手将无法快速地复制由一个强健的公司文化所带来的成功。这也是因为建立起一个强健的公司文化需要花相当长的一段时间。事实上，这是公司转亏为盈过程中最为艰辛耗时最久的阶段。

要成功地发展这个阶段，总裁必须在相当长的时期内采取多管齐下的方法。有人说："文化变更必须自下而上，总裁必须指引它。"这种说法千真万确。但你如何在顶层改变一个文化的同时，又能完全确定所有权问题？事实上关键在于文化的变更必须在组织架构的基层公布，而总裁只能在观念、发展以及传播上起引导作用。因此，管理顶层必须启动并领导这个过程，而所有权必须被基层完全吸收并渗透到每个角落，直到新公司文化完全与机构结合成为一个整体。建立一个强健的免疫系统不象一次性的接种或偶然注射强化剂，而更象是在你生命中每一天服用维他命药丸。

那么你如何能改变公司的文化？改变公司文化的七个关键步骤如下：
1. 形成一个健康的公司哲学以及"气"
2. 完成差距或需要评估
3. 招收变化的执行者
4. 设定方向和目标
5. 改变程序和系统
6. 增加沟通和培训
7. 评价或测量进展

首要的是对你的机构注入一个健康的公司哲学以及内部能量"气"，从而形成一个你的公司文化可以建立其上的价值和信仰基础。在机构内传播健康的公司哲学是必不可少的，这在本章较早部分已经作出详细探讨。

其次，必须作出差距或需要评估。公司A、B和C或者无法形容现有的文化，或者无法说出一个他们立志追求的文化。因此，基本要点是确定现有和希望实现的文化之间有什么样的差距。确实有必要向雇员们收集反馈意见，他们对文化改变的感觉是怎样的。这将为抓住本质提供无价的帮助，洞悉任何可能阻碍新文化产生的系统或方法，以及需要保留的现有文化的积极一面。收集到的信息于是得以分析并在管理队伍设定新方向和目标时付诸实施。

应该在公司内筛选正式和非正式领导人组成一支变化执行小组。他们充当先锋，同时指引着文化的变更。他们扮演着文化变更大使的重要角色，同时也通过改进需要变化的程序和系统来帮助实现文化的变更。在手术疗程中，这些变化的执行者可能就是所委任的转机队伍。然而，要小心谨慎地在小组成员中选择更民主的组长。

第四个关键是设定方向和目标。一个好办法是为全体关键雇员安排一次二到三天的集体反思。反思的目的是在公司改变的方向上设法取得一致意见并对此投入全部精力。关键雇员也要逐步拿出可以衡量的成果，作为一种气压计或基准来监控和评价文化改变是否成功。

第五个关键因素是调整现有程序和系统包括职员招募、业绩表现管理和奖励以及职员赏识系统等。为了支持新公司文化，所有这些程序和系统的重新排列和变化都是有必要的。

沟通与培训对于改变人们的思想理念，接受新公司文化是至关重要的。这将在本章稍后部分进行详细说明。

最后，对改变文化来说，评价和测量是举足轻重的。它们提供反馈意见，是完成文化改变所取得的进展程度的一个衡量尺度。为达到预定的目标，可能有必要沿途不断进行调整和修正方向。明确表达方向和目标的可测量的成果需要定期象所有当事人汇报。这七个步骤的根本原则是由戴尔电脑的创始人迈克尔·戴尔所提出的。他说："简单地说，建立并维持一个健康、有竞争力文化的最佳途径是与你的人一起分享一个共同的目标和策略。"

随着时间的流逝，一间机构的文化也在进化着。就象一个民族的文化，可能会变得越来越强大而健康，也可能变得越来越衰弱。文化的优点在于，一间公司特意花时间培养并维持其强大而健康的文化将决定这文化将以何种方式延续下去。公司文化一个重要的优点是，要想以行动为导向，就需要变化。

> 你可以在不得到改善的情况下发生变化，
> 但你不能在没有变化的情况下得到改善。
> 无名氏

形成以行动为导向

> 要么你创造历史，要么你成为历史。
>
> 大卫·约翰逊（David Johnson）
>
> 公司必须成为象涡轮发动机那样的市场商人——在产品开发、制造、销售和服务上做到更快。
>
> 菲利普·科特勒

强健的公司文化一个重要因素包含着以行动为导向。然而，公司 A、B 和 C 的管理方式却被下意识影响，有时甚至带着更多严重的文化和社会特性的色彩。在新加坡文化和公司中流行着"三怕综合症"。如果没有特别注意在机构内通过灌输一个强健的公司文化来清除或扭转其不利影响，就可能对公司业绩表现产生深刻的负面冲击。这"三怕综合症"源自福建方言，是指"怕输"（Kiasu），害怕输或处于不利地位；"怕死"（Kiasee），害怕死或失败以及"怕衰"（Kiasway），害怕坏运气。

"三怕综合症"可对公司产生连锁反应，削弱及阻止公司实现目标及获得增长潜力的能力。为避免"三怕"思想在公司内蔓延，转机总裁表现尽力说服职员们抛弃"三怕"思想，为实现以行动为导向，更乐意相信三个"F"。这三个"F"是：

- 灵活（Flexibility）的公司文化，促进平稳适应变化
- 快速（Fast），第一个实施正确的经营策略
- 专注（Focus）于核心竞争能力

灵活而快捷地取得胜利

詹宁斯（Jennings）等人[31]说："不是大鱼吃小鱼，而是快鱼吃慢鱼。胜利者也不是最强的，而是最

灵活的。"今天，机会快速来来往往。经济一体化吹开了受保护的市场。解除管制拆散了垄断。互联网粉碎了原有的架构，进行重新洗牌。产品、策略、生意优势等等的生命周期变得越来越短。做生意需要具有快速而灵敏的脚步，才能跟得上变化的市场条件。陶朱公第五条商训在广义上被翻译为灵活敏捷的能力。在效果上，它包括变得快捷以及尽可能成为第一。灵活的概念也曾被孙子提及："夫兵形象水，水之形，避高而趋下，兵之形，避实而击虚。"意思是说，用兵的规律象水，水的流动规律是避开高处而向低处奔流，用兵的规律是避开敌人坚实之处而攻击其虚弱的地方。水是非常"灵活"而多变的。它随地形的变化而变化，而且能转变成多种形态，如液体、固体和气体。孙子也提倡"兵贵神速"的策略："凡先处战地而待敌者佚，后处战地而趋战者劳，……出其所不趋，趋其所不意。……进而不可御者，冲其虚也；退而不可追者，速而不可及也。……兵之情主速，乘人之不及。由不虞之道，攻其所不戒也。……敌人开阖，必亟入之，……是故始如处女，敌人开户，后如脱兔，敌不及拒。"意思是说，凡先到战地而等待敌人的就从容主动，后到战地而仓卒应战的就疲劳被动。……出兵要指向敌人无法救援的地方，行动要在敌人意料不到的方向。……前进时，敌人无法抵御，是因为冲击敌人空虚的地方；退却时，敌人无法追及，是因为退得迅速使敌人追赶不上。……用兵之理，贵在神速，趁敌人措手不及的时机，走敌人意料不到的道路，攻击敌人不加戒备的地方。……一旦发现敌人有隙可乘，就要迅速乘机而入。……所以，战争开始要象处女一样沉静，不露声色，使敌人放松戒备，战争展开后，要象脱兔一样迅速行动，使敌人来不及抵抗。

在1993年IBM的年度报告中，主席兼总裁卢•葛斯纳承认IBM体系过于官僚主义，在市场上获取新事物的步伐显得缓慢。IBM早就在实验室里研制出所有这些科技，但别人总是一次又一次地在市场环境中打败IBM。比如，在为更大型电脑推出磁盘储存系统方面，美国易信公司击溃了IBM。而在工作站（Workstation）和服务器（Server）上使用高速芯片方面，IBM的领导层又被惠普和升阳微系统远远抛在后头。葛斯纳补充说："一旦我们进入市场，通常会拥有更棒的捕鼠器。但这个行业中不寻常的事情之一是在产品生命早期总会出现不成比例的经济价值。那是利润最显著的时候。因此真正的价值就在于迅速、成为第一个——也许比在其它行业有价值得多。"所以，快速和灵活是成功的基本成分，必须成为公司导向的一个重要组成部分。

俗话说："早起的鸟儿有虫吃。"因为消费者们最容易记住的是第一个供应商。举个简单的例子，许多人知道谁是第一个踏上月球的人。你说对了，他就是尼尔•阿姆斯特朗（Neil Armstrong）。但你知道谁是第二个踏上月球的吗？哦，很多人都不知道吧。他就是埃德温•奥尔德林（Edwin Aldrin）。大多数消费者只记得行业中第一个成功者[32]。施乐公司是第一个复印机制造商。于是"施乐"这个名字就和复印同义。舒洁（Kleenex）生产出世界上第一张面纸。在许多消费者购买面巾纸时，心中想的仍然是这个牌子。索尼公司第一个推出随身听。时至今日，虽然市场上出现数不清的竞争品牌，索尼随身听仍然是最受喜爱的随身听品牌。第一个在恰当时机进入市场，就可以确立其市场领导者的地位，而迟到的人则很难有机会一展身手。比如，马克•麦克尼尔利（Mark R. McNeilly）[33]叙述道，日本汽车制造商抢在美国同行之前作出决定，小型汽车市场有利可图。部分原因出于无法做到第一，通用汽车在美国客车市场的份额从1980年百分之四十多滑落到1990年刚过百分之三十，大多数损失来自小型汽车市场部分。在上世纪八十年代末及九十年代初，有人发现通用汽车在北美的运作一直在亏损。通用汽车知道如何制造小型汽车。但第一辆"土星"汽车（Saturn）直到九十年代后期才从田纳西州（Tennessee）的斯普林希尔（Spring Hill）工厂里被制造出来。至于为什么通用汽车花了这么长时间则仍是一个迷。这就是为什么杰克•特洛特说："第一好过更好。"

但是，成为第一不足以保证成功。你要调查周全，正确的时机也是至关重要的。如果市场还没有成熟，第一个冒险进入可能就显得操之过急。在这种情况下，更好的做法是晚一点再进入市场，让其他先驱者培养市场。他们所犯的错误可以作为前车之鉴。原则是在市场成熟时，你才作为第一个进军的人。

专注仍然重要

灵活和专注好象是两种截然不同的力量。灵活的力量带领公司迈向多样化，与专注刚好相反。因此，需要同时考虑灵活和专注，并在二者之间取得平衡。比如，长期而言，最有利可图的生意主要是销售恰当产品的单一产品生意，象可口可乐、微软以及丰田汽车等。利润最少的生意是在错误的地方或错误的时机销售错误的产品，特别是在新加坡或德国销售传统玩具或纺织品行业，或者在阿富汗或西藏推出电子商务服务。在这些例子中，为避免出现财政困难，就要使业务多样化。因为太专注就会变得目光短浅。

也有一些公司就象以正确的产品经营单一产品业务一样，围绕核心相关产品进行多样化，特别是围绕着利润高而成功的相关市场。比如，美国的强生公司是一间多样化经营范围非常广泛的公司，其业务范围从婴儿护理、急救品以及医院产品到处方药、诊断学、皮肤医学以及妇科卫生等卫生保健领域。这些产品大多数都经由相同市场、相同销售渠道来到相同卫生保健商店或药房中。另一个成功多样化经营的公司是致力于为人类和动物开发新药的美国辉瑞制药有限公司。然而，公司专注于建立在研究基础上的医药品。发明用于治疗勃起障碍的伟哥、降低胆固醇药物"立普妥"（Lipitor）、抗抑郁剂"百忧解"（Zoloft）等都是辉瑞的成功例子。其他非美国的多样化经营成功的公司包括日本索尼，许多相关生活电子消费品市场的领导者，其品牌在许多国家都是数一数二的。

在这个竞争时代，由一个管理层领导的联合企业，如果其多样化经营的业务范围广泛而之间又缺乏联系的话，就可能在长期遭到失败，尤其在动荡不安的时期。能够深刻了解业务是至关重要的。这不仅仅是通过财政分析获取，而且还需要广泛的一手经验，在一个相当长时期内对比较集中的领域进行不断发掘了解。通过这种精细的审查步骤而获得的有关一个行业、一种科技或一个市场具备什么样的质量特性已经远远胜过仅仅了解业务。诸如现代和三星等许多南韩大型联合企业因为在太多无关领域进行多样化经营而遭受着命运的折磨。

许多"正确"的产品在病毒的袭击下迟早会变成"错误"的产品。许多产品由于竞争迟早会成为"日用消费品"。许多产品因为有限的生命周期而老化，最终变得过时。只有极少数产品能够存在超过二三十年后依然被认可是"正确"的产品。大约 20 年前领军文字处理系统的美国王安电脑公司已经在几年前宣布破产。这是由于个人电脑大张旗鼓地出现，使得文字处理成为过去式。大型机因为微机的出现而黯然失色，而后者却由于个人电脑也日益衰败。今天，电脑行业的产品生命周期经常缩短到只有几个月时间。不象在疗程一中生病公司必须将全神贯注放在第一位，在疗程三中，公司必须在灵活多样化经营和专注之间找到一个平衡点。

在疗程三中要作出的关键决策之一是什么时候要灵活，以及怎样做到灵活。如果太早决定多样化经营，而单一产品或生产线仍然是最正确的选择时，就可能危及领导能力。但如果等得太久又可能危及生存。因此，强调灵活和快捷需要在打好专注的基础上，并与专注相互调节。反之亦然。

比如，索尼是一间灵活快捷的机构，但也曾因为缺乏注意力而陷入困境。它认为它需要添补硬件的空缺，于是在 1989 年收购了哥伦比亚影片公司（Columbia Pictures）。连续五年经历了一系列票房滑落之后，索尼被迫承受共 27 亿美元帐面贬值的沉重打击。当时索尼处于疗程三情况，既没有盈利性问题，也没有现金流问题。

另一个亚洲例子是德加拉有限公司（Thakral Corporation）。这是一间新加坡跨国公司，其多样化经营的业务包括电视机、录像机、电脑、电子元件以及其它产品的贸易和制造，其范围遍布超过 30 个国家。灵活和快捷帮助德加拉在景气时期得以快速扩展。然而，在 1997 年亚洲金融危机的打击下，德加拉的好运气走到了头，在 1999 和 2000 年出现财政亏损。

在核心竞争力上缺乏注意力使许多优秀公司在不景气时期陷入困境。因此，在强调实施灵活和快捷时，一定不能失去注意力。灵活和快捷不是放纵热情，象没头苍蝇一样到处乱撞，而是有组织、有目的、有重点的努力，以求改进机构体系、产品、消费者以及市场。

不擅长以行动为导向的公司文化有可能在明天象恐龙一样成为化石。下面这些全球公司的案例分析显示了因为以行动为导向的公司文化，使公司取得平衡。

戴尔电脑公司

有一间公司能有效使用灵活、快捷以及专注的力量制定策略，那就是戴尔电脑公司。令同行竞争者既羡且妒的戴尔在上世纪九十年代持续以行业增幅五倍的速度成长。戴尔电脑可以比对手保持更低的售价。随着上世纪九十年代个人电脑的市场价格一跌再跌，象派克贝尔（Packard Bell）、虹志（电脑）有限公司（AST Research, Inc.）以及捷威公司（Gateway, Inc.）等美国玩家都成为市场中的失败者。苹果看到自己的市场份额减半，而惠普和康柏这两大巨头提议合并，以便能更有效地与戴尔竞争。在欧洲，包括德国 E 时空（Escom）在内的几个个人电脑制造商宣布破产。其他的则集体从个人电脑市场退出，象英国的国际电脑有限公司（ICL）以及意大利的好利获得（Olivetti）。即使台湾的宏碁也在个人电脑行业碰到困难。但就在同一时候，戴尔电脑在营业额、盈利、市场份额以及国际知名度上却取得长足增长。尽管 2001 年个人电脑市场举步维艰，戴尔电脑第三财政季度的总利润和营业收入仍然比前面季度出现明显升幅。

戴尔电脑卓越的表现是基于简单的直接销售以及大规模用户化模式，在保持对这一行专注的同时，做到灵活快捷。通过排除转售商、零售商以及其他中间人，再加上行业内最有效的采购、制造以及不断改进的销售方法，戴尔电脑比其他个人电脑制造商能为消费者们以更低的价格提供更强大的电脑系统。戴尔电脑的灵活模式的重要性在于对消费者采取直接输入的方式。在一开始，个人电脑就根据订单来生产，也就是说，消费者的订单引发了电脑的生产。这种做生意的方式使得消费者的规格决定了生产（以现有的零配件而言），而公司则不必为预期中消费者的需要而在仓库里保存数量庞大的电脑。然而，戴尔电脑也利用其快捷的速度将从接到订单到递送给用户要求制造的电脑缩短到仅仅几天时间，而不是其他传统供应商所需的三周时间。存货流动的速度是戴尔电脑制胜的法宝。

在这种模式下减少库存而导致经营优势的自然增长是显著的，因为行业内物资每年贬值 50%，而且快速的产品更新可能使组成原件在一夜之间过时。戴尔电脑运作所采取的直接销售模式可以是持有存货时间缩短到 7 到 10 天，相比之下，传统体系的时间是 2 到 3 个月。戴尔电脑将存货供应天数从 1995 年的大约 32 天缩短到 1998 年的约 7 天时间 [34]。

这种灵活模式使戴尔电脑在互联网利用上近乎完美，成为个人电脑电子商务供应商的领头羊。戴尔是第一个通过电话进行个人电脑营销的公司。戴尔每天在互联网上的销售额大约是 140 亿美元，或占总销售额的 30%。对于大客户，戴尔开辟了重要网页——对特定客户提供专门服务，由帐户经理安排象订单、价格以及递送等细节。戴尔在实施其 IT 策略的运作几乎就象是一个消费者 IT 部门。

在一开始，戴尔就否决采用 IBM、康柏及惠普的生意模式，即试图自己生产所有零配件。戴尔没有投资于开发和生产电脑芯片及主板这些无论如何也赚不到什么钱的领域，其战略投资方向却放在消费者增值服务上面，比如快速装配根据订单生产的电脑并利用其他供应商生产的零配件和软件。戴尔认识到与供应商结成战略联盟的价值，确保尽快奉送最新最好的科技。这巩固了其生产的强势地位，并使其快速成长。戴尔得以迅速成长是有自由选择更优秀的零配件供应商以及不用工厂生产零配件而显得灵活的小规模劳动队伍作为基础。比如，戴尔拥有大约一万服务技术人员对产品进行现场服务，但当中大多数都是由承包商雇用的，而不是戴尔。

戴尔生意模式的中心思想是将管理焦点从要持有多少存货变为存货的周转要有多快——存货速度。对于戴尔来说，应收款项不是问题。事实上，因为其经营方式，他们在支付供应商之前就收到消费者的付款了。戴尔与消费者以及供应商两方面都进行信息共享，从而将存货需求减少到只有竞争对手的 10%的水平。戴尔电脑的创始人迈克尔·戴尔解释说：如果他有 11 天的库存量，而竞争对手有 80 天的量，当英特尔推出一个新的 450 兆赫的芯片时，他可以提早 69 天在市场上拿出新产品。

在快捷和灵活的生意模式支持下，戴尔电脑不断强调专注。迈克尔·戴尔说："我们变得擅长于开发我们所谓的'可升级'的生意，即，那些我们可以比开支更快的速度增加收入的生意。我们确实认真审视财政方法，如消费者所带来的总利润。我们也专注于可以最大程度地提供有利服务的地方。"迈克尔·戴尔和凯瑟琳·弗里德曼（Catherine Fredman）[35] 也在 1993 年报告说，戴尔电脑承受急速增长所带来的痛苦，并公布由于暂时撤出笔记本电脑市场、退出零售店以及改组在欧洲的经营等因素而导致仅有的季度亏损。戴尔说："没有什么事情能象 1993 年我们经历的那样教导我们全神贯注的重要性。当你的公司以一年 127%的速度增长，这就迅速超出你的能力，无法作出有效管理……问题是我们过度热衷于追求每一个显露出来的机会。我们需要从我们的经历中学习的是，我们不仅不必包揽每一个机会，而且为了我们整体健康着想，我们不能也不应该这么做。"

诺基亚

有效运用专注（Focused）、灵活（Flexible）和快捷（Fast）的以行动为导向的公司文化是在竞争日益激烈的新经济环境下确保长期生存和成功的关键。诺基亚作为众多优秀公司的代表，很好地演示了这三个 F 可以促进一间弱小的公司成为强者。在上世纪八十年代末和九十年代初，无线通讯行业被摩托罗拉以及爱立信（Ericsson）等玩家所主导[36]。然而，到了 1997 年，一间芬兰的小公司，诺基亚超过了这些大玩家，成为无线通讯行业的革新领导者。在一个很短的时间内，诺基亚从一个多样化经营但行动迟缓、在二十世纪末期濒临破产的联合企业（经营纸张、化学品、能源以及电子产品），转变为电讯业最具革新和先进科技的玩家。根据《亚洲华尔街日报》[37] 报道，诺基亚在 2001年第三季度的全球市场份额大约是 33%，并预期将会在第四季度向全世界销售 1 亿零 5 百万到 1 亿1 千万部移动电话。这一增长趋势的前景是在爱立信、阿尔卡特（Alcatel）、西门子（Siemens）以及摩托罗拉等公司遭受移动电话行业衰退的打击之时。这一翻天覆地的变化怎么能如此迅速地发生？诺基亚如何从一个第三等级的欧洲联合企业转型为受全球认可的一流电讯业巨头？答案就在于诺基亚能够在快速移动的电讯业市场上做到尽早"获得"、快速行动以及灵活，走在潮流的前面。当许多业内行家无法预见到电讯业战略前景的主要变化时，诺基亚能够积极大胆地利用新出现的科技潮流从这些业内行家领袖手中赢得消费者、利润以及战略控制权。

诺基亚制定及时的战略决策，摆脱了其平庸而笨重的文化以及非核心业务，以便将全部注意力集中在电讯业上面。通过专注，它后来居上，成为欧洲移动电话基础设施和手机供应商的领导者[38]。诺基亚能够抓住上世纪八十年代末出现的机会，即为欧洲移动电话制定的标准——全球移动通讯系统

（Global System for Mobile communications，GSM）。诺基亚以比非欧洲竞争对手快得多的速度，为消费者们创造并实施了具有经济吸引力的一揽子方案，包括有效项目管理、对正在进行的网络安装提供支援，以及通过科技联接提供终端对终端增值服务，等等。

除了通过这些一揽子方案来将自己与其他竞争者区分开来之外，诺基亚还能够利用其强大的产品设计能力开发出通用平台，可以根据消费者的需要迅速修改成各种各样的方案。通过提供兼容了所有主要数码科技功能的电话，诺基亚能够比爱立信和摩托罗拉更快速地将手机和移动基站连接起来。除了对建设网络完全控制之外（包括站点设计、天线基站分区、网络安装及管理以及提供客户服务等），诺基亚还能够因为熟知消费者要求而增进与客户的关系。因此，诺基亚能够以世界主要网络经营者的身份牢牢掌握与消费者的亲密关系以及战略控制权。

同时，诺基亚也意识到手机作为日用消费品越来越普遍的新趋势，以及它们最终会变成代表个人形象和地位象征的物品，而不仅仅是技术爱好者为满足他们科技能力而购买的漂亮玩意。面对这样一个趋势，诺基亚将其手机策略从以产品为中心的方法（即，销售尖端专家电子产品）改变成专注于品牌的方法（即，销售为消费者设计为导向的产品）。诺基亚也能够满足低端消费者对手机关于舒适、可靠的设计以及卓越的人体工程学等方面的需求。因此，它重新调整策略，重点将手机制造成时髦的消费产品。诺基亚最早提供"酷"、时髦而极具吸引力的手机，而且免费赠送斯堪的纳维亚（Scandinavian）设计以及符合人体工程学的多种色彩和款式[39]。

在摩托罗拉之前就预见到行业会从模拟系统向数码系统转移，诺基亚（与爱立信同时）第一时间向市场推出数码手机以及基础设施。随后，诺基亚能够渗透到整个手机市场，而其手机现在是全世界许多数码网络的首选品牌。诺基亚也了解到，为了能保持其领先地位并增加市场份额，它就必须把注意力从硬件工程转移到软件工程上去。为了更好地迎接未来的挑战，诺基亚采取果断措施，改变其职员所需的工作技能。在几年之内，其软件工程师数量与竞争对手的比例将达到五比一。今天，诺基亚的手机被认为是市场上最先进和功能最全面的。有人认为它拥有"最广泛、最具吸引力的移动电话生产线"，这确保它能从竞争对手那里夺取显著的市场份额。在1997年美国市场进入数码时代之际，诺基亚早已在数码基础设施和手机两方面遥遥领先于竞争。

微软

1975年，微软为一台早期个人电脑编写了一个粗糙的操作系统，这电脑就是微型仪器与自动测量系统公司的牵牛星8800。时至今日，它已成为领导世界的软件公司，其产品视窗系列占据了个人电脑操作系统90%的市场份额。它也是家用光盘驱动器发行者的领袖，以及互联网的主要竞争者之一。它将竞争者送入数码坟墓。蓝道尔·史卓思（Randall E. Stross）[40]发现微软的成功不在于掠夺式的销售，而在于对有智慧的雇员、高明的想法以及市场反馈的渴望。

比尔·盖茨将其称之为："电子智慧的新高度"，它将能保证公司的灵活性和快捷性。他用"数字神经系统"（Digital Nervous System）作为比喻，触发你的反射神经，于是你能够对竞争威胁和市场变化迅速作出反应[41]。数字神经系统由一系列数码程序组成，将公司的想法和行动紧密连接起来，这包括对生意的反应、基本运作、策略思考以及与客户互动等方面。它确保一间公司能感受所处的环境并作出相应的行动，就象人类的生物神经系统一样，能够正确提醒身体所感受到的疼痛、需要、危险和恐惧等感觉。数字神经系统在信息系统中起连接作用，类似于连接大脑的神经，协调人体行动。每个人都可用到数字神经系统，它一天24小时运作，让职员们随时随地得知最新消息。数字神经系统产生、接收、储存、查阅并散播文件和信息，同时在全球范围内进行交流沟通以及分享信息资源。它也接收有关业务实时运作和最新结果的信息以及与消费者和供应商等微软外部伙伴的交易业务。

起初，互联网的潜力遭到忽略。数字神经系统帮助微软将之放在最优先考虑的位置。恢复互联网开始于 1994 年一月份一名微软经理阿拉德（J. Allard）的一份备忘录。一周之后，另一名雇员斯蒂芬·斯诺斯基（Steven Sinousky）在数字神经系统中对康耐尔大学（Cornell University）兴起使用互联网一事作出报告。这两份备忘录导致在数字神经系统中用电子邮件交流意见的热潮。开发计划和行动条款分发到每个人手中。于是成立了一支小组来开发以电子邮件为驱动力的交流和分析。在 1995 年初期，小组的每一个任务都确定下来。盖茨评论道，数字神经系统知会、推动并帮助微软作出重大策略调整，从站在旁观者的角度看待互联网转变成把它当作微软最重要的事情优先考虑。不可否认的，这种灵活性和快捷性就是你在以后的岁月中所必须具备的。

盖茨创立了数字神经系统，并通过以下业务转型保持机构灵活、快捷和专注 [42, 43]：

- 通过将非核心功能外包给外部供应商而专注于核心竞争力上。
- 在数字神经系统的帮助下，监控激烈的市场变化并迅速作出反应。
- 保持精炼的核心人员和苗条的机构规模，以便能迅速作出决策。
- 以数码和电子文件取代文书工作，以便加速信息流动。
- 将所有流程重点集中在消费者身上，并不断修正以便跟上市场动向。
- 提供销售和消费者的实时信息，以便提高反应速度。
- 缩短制造、业务处理周期时间，以便确保能快捷递送到消费者手中。
- 通过数字神经系统让商业伙伴及时了解信息和保持联系，从而建立起和谐友善的关系。
- 改进管理情报系统以便为快速行动及时获取信息。
- 以小规模单位进行快速扩展甚至全球化，从而避免总部滋生官僚主义。

飒拉

前面曾提到过的西班牙时装零售商飒拉演示了快速和灵活是确保生存并在激烈竞争的大风大浪中保持领先地位的关键因素。美国俄勒冈州一间顾问公司，供应链（SupplyChain）的总裁约翰·托贝克（John Thorbeck）评论道："飒拉已经证明快速和灵活比单纯的价格更加重要。他们已经将做生意的老办法抛于脑后。"从飒拉在西班牙拉科鲁尼亚的设计小组开始设计一条裙子到这条裙子出现在卡塔尔、巴黎或东京飒拉的商店里只需二到五周时间——比同行竞争对手快了 12 倍（美国盖普服装公司要花六个月而瑞典的 H&M 服装连锁公司则需要六到八个月时间）。由于订货到交货需要更短时间，它能够做到运输更频繁，每一种设计款式生产更少，而拥有更多式样和风格的时装。这为公司提供更大的灵活度，使其能迅速撤换不适于销售的生产线，从而避免昂贵的存货积压以及在时尚界经常看到的定期清仓大甩卖对盈利带来的损失。飒拉在季末还未售出的存货显著降价 15－20%，相比之下，盖普的降价是 20－30%，H&M 的是 25%。

飒拉供应链的秘诀在于全世界每一间飒拉商店里的卡西欧（Casio）手提电脑。这些装置巧妙结合了现代高科技通讯和古老但可靠的目击者来发现什么是热门需求，而什么不是。它们也提供了诸如达成交易是在什么时间、什么方式以及什么原因等重要细节。相关信息马上下载到公司总部以便付诸行动。补充这些商店存货的是一群忙碌于全球的时尚顾问的智慧结晶。他们的工作是侦察消费对象（年轻妇女）的时尚趋势，甚至在他们还未察觉之前就抢先一步，引领这种趋势。文字和数字在总部进行细细咀嚼、慢慢消化以及仔细分析，然后公司的时装设计和生产经理们就开始认真工作，迅速向市场推出新设计[45]。

索尼

索尼公司是第一间向市场推出随身听、摄像机和软盘的公司。索尼的领袖盛田昭夫注意到年轻人不管到哪里都喜欢听音乐。他和公司于是在 1980 年制造出第一个后来众所周知的随身听。在索尼，公司招聘人员在工程学校和大学里寻找技术人才。但不是简单地选择班级里的前几名，公司只认可那些 Neyaka，即表现出乐观向上、思维敏捷、兴趣广泛的学生。索尼认为，出类拔萃的工程师应该能够轻易从一个项目转移到另一个中去，解决在学校里没碰到过的问题。

索尼[46]是产品领导者，因为它集中商业注意力，而不是分散它。它采取突出某种特别强项的价值观。在这种策略下，它开发了匹配操作模式来实现这种价值。而且，它约束自己遵循并不断改进价值观与操作模式的结合，同时抵制住诱惑，不让目标过于分散。比如，在索尼，开发者们遵循一个简单的指示："把想法转化为清晰的目标。"换句话说，索尼没有告诉开发者们要生产出方便携带的产品，而是告诉他们，就象索尼的总裁在进行随身听项目所做的那样，在一开始就把产品的大小和重量规定得和平装书一样。这就是索尼如何实现创造新便利、方法和好处的总目标。

通用电器（GE）

在当今乘坐喷气机旅行的世界中，做到快速绝对是一个重要的竞争优势。杰克·威尔齐说："我不知道世界将变成什么样子；我所知道的是它将会变得更快。随着事实上能够做到实时信息交换，今天的全球环境需要一种包含速度在内的体制。更快几乎在每一种情况下都代表更好。从制定决策到达成交易，到交流沟通，到引进新产品，速度在更多时候变成了竞争上的区分工具。威尔齐被指责走得太快、太远。然而，他经常反驳这点，声明他的错误不是行动得太快，而是太慢。他对发展中的变化和改革作出区分。局外人士和局内人士都普遍觉得威尔齐深具创新精神。但他自己却感叹说："我们没有把这些事情完成得足够快。我们花了整整十年去做我们不得不做的事情。"

这个不断加速的过程中一个关键原因是"信息到处都是"。在互联网刚出现时，威尔齐将之建立在公司里的反应速度比大多数其他领导人都来得特别快。通用电器领导潮流，率先为全公司配置网页，可进行集中购买产品和服务，因而可能节省的金额数以亿计。

嘉信

嘉信充当先锋，在 1974 年投资贴现股票市场。它能够通过向消费者提供低成本以及快速服务而获得大量市场份额。其成功在很大程度上要归功于利用科技的能力，而且做到"第一个"提供许多创新的增值的证券交易服务，如一天 24 小时、一周 7 天交易，在互联网上进行股票交易服务以及向市场推出一揽子销售（OneSource）和客户经理（Customer Broker）等服务项目。

比如，在一揽子销售计划下，嘉信就象一台交换机一样，充当数百名资产管理公司和上百万投资者的接线员。只要一个电话号码和一个帐号，投资者就可以操作成百上千个基金。它能够以简化的程序和低廉的成本提供增值服务。有了客户经理，客户们就能够在这一服务下通过传真、电脑或传呼机迅速重新找回想要的数据[47]。因为更早使用新科技，嘉信能够在美林（Merrill Lynch）这样的传统竞争对手以及顶级在线竞争对手 E*Trade 的激烈竞争中取得更多市场份额[48]。

接下来几节将对治疗方法进行检查，从而建立起一个以行动为导向的强健的公司文化。这些治疗方法就和在人体内建立免疫系统一样，它包括：

- 健康饮食
- 提倡主动沟通
- 培养积极精神态度
- 注重锻炼

> 一间健康公司是由健康的管理思想和身体组成。

健康饮食：视野、反馈和行动

《一分钟经理》（The One Minute Manager）[49] 的作者肯·布兰查（Ken Blanchard）曾说反馈是冠军的早餐。那几乎已经是 20 年前的事了。现在，只有早餐不够了，还需要增加饮食，把午餐和晚餐也包括进来。一个能将公司医生拒之门外的均衡饮食就是：视野作为早餐，反馈作为午餐以及行动作为晚餐（详见图表 五.二）。

> 视野、反馈和行动——一日三餐吃得好，将公司医生拒之门外。

图表 五.二 均衡的饮食

打破或扰乱这均衡的饮食可能严重损害公司运作，导致公司在迈向持续长期成长的道路上栽跟头。

只有视野和反馈而没有行动——白日做梦

许多跨国公司都具有卓越的视野。也有些跨国公司行动过于缓慢或不灵活，导致错失良机或等作出正确决策的时候已经太晚了。如果不能将决策付诸于实际行动，再好的决策也会失去价值。确保每一个业务和支援单位都有一个计划，能与公司整体策略同步是势在必行的。

拿施乐公司为例来说。罗伯特·海勒（Robert Heller）在其著作《超级领导》（The Superchiefs）[50] 中强调说，早在 1963 年，其两名主要设计者之一，彼得·麦格拉（Peter C. McColough）就感觉到，作为一间成熟的机构，它可能被各种成文和不成文的规定以及"沉重的风俗习惯"所困扰着，导致公司"缺乏冒险精神"。他指出："机构老化到最后阶段就会变成每一件事情都会有规则和先例。"可悲的是，所有这些都与机构所应该具有的特征背道而驰。那些特征已经确定是在激烈竞争时代，公司能应付复杂多变的市场环境的唯一途径，包括愿意进行试验、灵活果断地采取行动等等。

麦格拉的启发奠定了建立帕洛阿尔托研究中心（Palo Alto Research Centre，PARC）的基础，促使施乐公司迈进一个未知的领域。这个领域后来被称为"信息科技"。PARC 里的杰出小组发明了第一台个人电脑。当时在 PARC 里的科学家们不知道如何应付麦格拉早先曾表示害怕出现的拒绝改变和蓄意阻挠的情况。虽然早在 1977 年就于佛罗里达州的博卡拉顿（Boca Raton）成功地进行了展示，但可惜的是那台名为"阿尔托"的电脑从未由施乐公司投放市场。这次错失良机导致道格拉斯·史密斯（Douglas K. Smith）和罗伯特·亚历山大（Robert C. Alexander）[51] 两人悔恨交加的心情在《探索未来》（Fumbling The Future: How Xerox Invested, Then Ignored, the First Personal Computer）一书中表露无遗。后来，在 1979 年，一名叫史蒂夫·乔布斯的年轻人访问了 PARC，对施乐的发明留下深刻的印象。剩下的就是历史了——施乐发明了个人电脑，但却把它丢在一旁，拱手让给了竞争对手，事实上把公司所知道的每一件事都教给了充满热情的史蒂夫·乔布斯。1983 年，苹果第一个向市场推出"莉萨"（Lisa），接着是麦金托什机，取代了原来由施乐发明的个人电脑的许多功能。

具讽刺意味的是，麦格拉仍然是当时的主管。就是他的观点"他可能驱散所有人"，但他驱散的却是创造领导另一次潮流的机会，一个事业上的第二春，其成就可能超过施乐的静电复印技术所取得的第一次突破。这是因为在它一开始取得个人电脑上的突破之后，没有进一步的行动。

另一个因为行动缓慢而错失良机的例子是瑞士手表制造者。虽然瑞士第一个发明利用石英运转驱动，但手表制造者们却没有对这一想象中的时钟装置采取行动，从而错失了用这个新发明主导钟表市场的绝佳时机。另一方面，当时还只是全球手表市场一个不起眼的小玩家的日本精工株式会社（Seiko）愿意对另一种摆动科技进行试验，特别是用石英和音叉来运转驱动[52]。出于对成为全球领导者的渴望，精工的管理层在上世纪六十年代末作出果敢的决定，用石英运转装置取代当时的机械运转装置。这种低成本优质手表在精工内部以及全世界手表行业引发了一场翻天覆地的改变。几乎在一夜之间，手表行业的游戏规则全部变了，不仅导致手表价格显著下跌，而且还将它们从珠宝饰物的范畴转移到时尚装饰品的范畴。在精工以及其它日本钟表制造商繁荣兴旺之时，瑞士钟表行业则经历着痛苦的煎熬，导致瑞士钟表总公司（SSIH）和瑞士钟表工业公司（ASUAG）双双破产。

第三个例子是在葛斯纳之前的 IBM。那时的 IBM 有非常良好的视野——通过其鼓舞人心的任务宣言、醒目的着装（从与商业正式场合的着装不可思议一致上可轻易确认）、一流的表现形式，等方面显示出与众不同。它也拥有数量惊人的报告作为卓越的反馈体系。确实，IBM 拥有一个非常良好的反馈体系，因为大多数主要公司都安装了 IBM 的系统。那么，在上世纪九十年代初期 IBM 碰到阻碍，到底是哪里做错了？最弱的一环在于健康饮食的行动阶段。策略仅仅是蓝图。行动才是钉子和锤子。不幸的是，在视野和反馈阶段付出值得称赞的努力并没有完全转换并落实到可对未来业务成长带来额外好处的行动上去。在 1997 年三月第十期的《福布斯》中，彼得·杜拉克辩论说，经理们花费如此多时间在追求电脑产生出来的产品，以至于他们实际上变得对外面世界了解等更少了，"因为他们相信电脑打印出数据这一举动本身就是信息。"

尽管许多公司意识到革新和试验是在动荡不安的时期生存下去的基本因素，但大多数这方面的努力不是无法付诸实施，就是最多停留在口头说说而已。一些总裁害怕带有新想法的试验可能会招致关于无法把握过去的黄金机会的批评，这等于承认在过去犯下疏忽的过失。

> **领导能力就是关于困难地决定对错。**
> **无名氏**

只有行动而没有视野和反馈——浪费时间

另一方面，过分专注于行动经常是许多亚洲公司的通病，比如南韩的财团、日本的财阀以及海外中国公司的关系等等。在 1997 年亚洲经济危机之前，许多这种公司过度分散经营，以非常危险的速度进行无数冒险和收购行动，而且既没有明智评估这些行动是否符合公司目标，也没有取得市场反馈。因此有谚语说："失败的计划会让你计划迎接失败。"紧接着，许多这种公司因为他们错误的决策而遭受巨额亏损，现在只好"舔他们的伤口"。这也是日本经济复苏缓慢的主要原因之一，因为日本公司的经营过度分散，缺乏专注。

采取正确行动也非常关键。在多次拒绝微软的提议之后，IBM 于 1981 年决定授权比尔·盖茨在 IBM 系统里安装磁盘操作系统（MS/DOS）。然而，IBM 放弃了对所有非 IBM 个人电脑的授权控制。这一错误的决定为微软日后取得巨大成功奠定了基础，而 IBM 却从高高在上的位置上摔了下来。因此，仅仅采取行动还远远不够，还必须在正确的时机作出正确的决策（请参考第四章，陷阱二）。在一个以行动为导向的文化中，果真要建立在小心评估和计划的基础上（请参考第四章，陷阱一）。在尽力做到第一名的时候，千万不要掉进急躁草率和粗心大意的陷阱中去。

> **计划什么都不是，计划又是一切。**
> **德怀特·艾森豪威尔（Dwight D. Eisenhower）**

视野、反馈、行动——将公司医生拒之门外

我们需要所有三餐——视野、反馈和行动。杰克·威尔齐在通用电器引进了"群策群力"计划，因为他认识到在拥有视野和反馈的基础上，行动就显得特别必要。在"群策群力"计划下，他要求管理人员要在问题出现之后 24 小时之内提出解决的行动方案。此外，IBM 转机总裁葛斯纳也强调："宏伟的视野和任务宣言只不过是纸上谈兵。它们不能激励雇员们。雇员们只因为事业上的成功而受到激励，那会转化为工作保证和更高的薪酬。"我们较早前探讨了"气"或内部能量的威力。如果没有采取行动或作出决定，这些内部能量也不会产生效果或得以利用。这就是为什么孙子说："势如扩弩，节如发机。"即，这种态势就象张满的弓弩；这种节奏犹如扣动弓弩的扳机。

有种说法是信息就是力量。有人声称应该是"知识就是力量"，因为知识基本上是通过反馈得到的对公司视野和目标有用的相关信息。然而，如果没人使用这些信息和知识，它们就会失去用武之地。这与治疗一名病人一样。医生可以得到如何治愈病人的所有正确知识和信息，但如果他没有采取相应的治疗行动，这一切都毫无用处。相反的，行动也要有正确知识和信息作为补充。在错误知识和信息基础上的行动很可能会要了病人的命。这就是为什么视野、反馈和行动这三者都是必需的。正确的说法应该是"应用正确的知识和信息"才是力量。

在管理理论中，将东西方管理方式正确结合运用是非常有效的。发展中的亚洲毫无疑问地可以向具有雄厚基础和智慧的西方管理理论学习很多知识，特别是在具有优势的专业管理领域，包含了清晰的视野、正确的研究技巧、反馈以及分析等优点。然而，西方同样可以学习亚洲的根据现有信息迅

速付诸行动的本能和企业家能力。比如，当日本汽车和电子产品第一次登陆美国时，美国经理们想当然以为日本拥有廉价的劳工。然而，事实是他们的优势在于制定决策的过程中能够做到更优化自动管理，就象前面在通用汽车对制造小型汽车反应迟缓的例子中发现的一样。今天，美国经理们对来自中国、印度、泰国以及南韩等国家的廉价进口货品满腹牢骚。西方又一次落在企业家动力后面了吗？以正确的观点来看，只有视野和反馈而没有行动是白日做梦，而只有行动而没有反馈是在浪费时间。所有这三者必须相辅相成，才能达到互相促进的效果，培养一个强大而健康的公司文化，推动公司不断取得长期成长。

> 只有视野而没有行动是做白日梦。
> 只有行动而没有视野是做恶梦。
> 日本谚语

提倡主动沟通

双方关系恶化很多时候是由于缺乏沟通。婚姻问题顾问可以证实，缺少沟通经常是导致夫妻矛盾和婚姻失败的主要原因。一旦沟通停顿，就会出现误解、谣言四起、负面意见（或口头机能紊乱）并最终导致不健康状况。在公司里也一样，沟通渠道阻断时，人们之间的和谐、新陈代谢以及融洽关系就会受到波及。医生通过检查病人的舌头来确定其整体健康状况。舌头是机体用来沟通的器官，可以通过检查沟通的方式来决定公司的士气水平和精神健康状况。在生病公司内，充满了负面意见和谣言。

> 言为心声。
> 罗马尼亚谚语

沟通是在护理疗程中支持新公司文化的基石之一。要强化并培养它，转机总裁就要创造一种具有公正坦白言论的文化。在现今时间中，市场信息及想法是宝贵而容易过期的日常用品，为了能充分体现他们的价值，需要马上加以利用并采取相应行动。因此，需要一种非正式、不分等级的组织架构，其非口头沟通要与口头上的相一致，而经常进行所有层面上的沟通是有必要的。不象在第一疗程中那样，沟通方式倾向于以封闭的说教形式为主，第三疗程需要的是采取更加开发的互动形式。

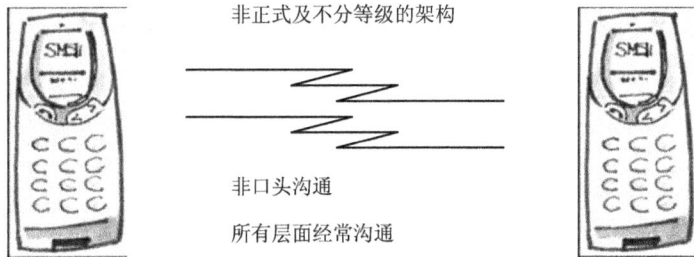

图表 五.三 提倡主动沟通

第三疗程的沟通形式（见图表 五.三）需采取下列要点：
- 非正式及不分等级的架构
- 非口头沟通
- 所有层面经常沟通

非正式及不分等级的架构

因为适时是最主要的因素，所以沟通渠道必须简短直接。总是通过鼓励非正式来消除形式主义，允许迅速获得市场信息。这于是能够敏捷灵活地采取行动。杰克·威尔齐[53]说："通用电器没有说出来的故事就是非正式场合的价值。"让公司变得"非正式"意味着打破命令链、在各级之间沟通、让人们感觉好象他们不是为大公司工作而是为苛求的企业家工作一样，几乎每个人都知道老板。此外，高盛集团常务董事理查德·弗雷德曼（Richard Friedman）说："成功有赖于，用一种非常不分等级的方法，让信息在机构内流通并交汇在一个恰当的位置。这不是通过法令，而是文化的一个功能。文化是驱动一间机构的软件。"

另一则故事是丹麦玩具制造商乐高（Lego），其生产的塑料积木和微型模型随处可见，年销售额大约为 12 亿美元。公司主席克侬尔德（Kjeld Kirk Kristiansen）于 1993－94 年将公司从重病之中抢救回来，在公司展望中总结道："在八十年代以及九十年代初，我们曾经太成功了。我们被过去的成就冲昏了头脑，对未来没有足够关心。我意识到我们必须在做法上减少等级结构，对外界事件作出更快的反应。"因此，即使是传统保守的欧洲公司也赞成不分等级的架构。

非口头沟通

非口头沟通形式通常比口头上的更重要。

鲍勃·曼斯菲尔德（Bob Mansfield）是澳洲防火专家沃莫尔德国际公司（Wormald International）的转机总裁，后来在 1990 年加入澳洲电讯公司澳普图斯（Optus）担任总裁。他在这两间公司担任总裁时，一开始就推崇通过沟通而形成一个与众不同的公司形象和强大的文化。他通过非口头沟通形式有效落实了这一点。

他自认是个科技盲，对防火和电讯科技一窍不通。然而，他成功将这两间陷入困境的公司转亏为盈，接着以优厚的回报将它们卖给了别人。这主要是基于曼斯菲尔德对一个强大的组织文化和服务的承诺。就这点而言，他对成功的视野和愿望完全弥补甚至超出了他对科技知识的不足之处[54]。

这种方式的一个例子可以在沃莫尔德国际公司和澳普图斯的资深管理队伍中看到。在公司办公室规模缩小之后，整个办公室以同样设备共享一个开放的办公区以及秘书服务。这样一层"平坦"而非正式的管理方式和项目小组的一样，都能有效完成工作。这也是最大程度地允许互动及取得反馈的方式。这种方式也向职员们展示出每个人对机构都同样重要。这一原则要求总裁、资深经理以及下级职员们之间没有可以阻碍视线的分界线。可以轻易接触到管理层，这点对实施沟通至关重要，有助于释放出职员们的内部能量，"气"。

> 你的所作所为说得如此大声，
> 以至于其他人都听不见你嘴里说的是什么。

无名氏

所有层面经常沟通

在不分等级和非正式沟通之外，转机总裁还需要抓住每个机会频繁进行沟通。杰克·威尔齐在担任首席执行官生涯的早期发现作为一名转机总裁，你不能简单地期望仅仅通过挥动"魔棒"许愿，行动就会自然而然地落实，也不能简单地与公司顶层的几百人讲讲话，就期望改变会发生。所以，你可能要坚持不懈地抓住每个机会向人们重复表达关键信息，以便加深在他们脑海中的印象。应该主动利用所有可能的渠道与职员们沟通——正式聚会、培训课程、会议、小组简报，甚至非正式聚会上。这些是培养起一个强大文化的绝好时机，因为职员们从善如流，他们也需要感觉到为一间优秀公司工作是美好的事情。他们在既定公司形象、市场定位以及雇员态度等方面得到清楚的信息并被赋予厚望。领导者们激励其他人，在他们亲自与大家相处互动时，热情于是得以传播开来，最终充满机构内每一个角落。

因此，在这个护理的疗程中，沟通体系的基本目的有两部分。一是将管理层的意见清楚地散播到机构内所有层面上去。二是培养信任和开放。这样一来，内部能量、想法、意见以及反馈的自由流通就可以促进快速和灵活的行动。在第三个疗程中，沟通的本质可以归纳成一句话："领导者们传达公司文化，并帮助其他人去实现它。"

> **多谈话，少命令。**
> 理查德·傅士德和莎拉·凯普兰

培养积极精神态度

除了正确饮食和顺畅沟通之外，转机总裁还需要反复灌输一种积极的精神态度，以便巩固机构的免疫系统。象著名歌手和作曲家威利·尼尔森（Willie Nelson）所说："一旦你用积极的想法取代消极的，你就会开始取得积极成果。"美国哲学家和心理学家威廉·詹姆斯（William James，1842－1910）也说："我这个时代最伟大的发现就是人类可以通过改变他们的思想态度来改变他们的生活。"

智人（现代人类）与其他生物之间最大的不同在于精神态度。医生们早就认识到安慰剂的作用，病人们服用糖丸后的反应和服用真正药剂的反应一样强烈。催眠师展示了思想控制身体上疼痛和伤害的力量。通过改变精神态度，有些患上心脏病甚至癌症的病人实际上能够将这些疾病从身体中驱除出去。积极的精神态度产生自大脑中非语言的区域，而且和控制血压以及免疫反应的身体系统发生互动。当你的精神态度是消极的，你就会慢慢地感到绝望而沮丧，驱使免疫系统进入一个"自我毁灭模式"，而病毒可以轻易在体内立稳脚跟。

一个积极的精神态度包括以下这些（见图表 五.四）：
- 准备接班人计划
- 提高专业形象
- 改进雇员态度
- 鼓励休息和娱乐

准备接班人计划

历史证明，许多国家的衰亡是因为领导阶层缺乏好的接班人计划。南斯拉夫在 1980 年手握大权的铁托（Tito）总统去世后立即陷入内战。铁托总统原来无意将权力移交给任何人。印尼前任总统苏哈多（Suharto）也想要永远掌握权力而将懦弱的下属提拔成为自己周围的幕僚。在 1997 年亚洲危机袭击印尼时，导致他自己下台以及印尼经济灾难。

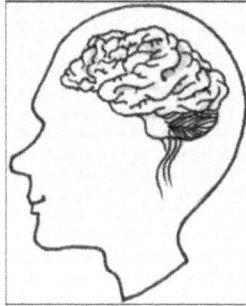

准备接班人计划

提高专业形象

改进雇员态度

鼓励休息和娱乐

公司精神态度变得积极时，
生病公司也能治愈自己。

图表 五.四 培养积极的精神态度

糟糕的接班人计划也是导致许多公司失败的主因之一。这是因为许多公司，特别是家族企业，在心理上很难接受将公司的控制大权移交给外来者和专业经理。业主们希望能把事业交到自己后代手中，但后者却可能没有兴趣或能力接管。这是一种消极负面的精神态度，因为这些业主们不希望在外来者面前失去公司的控制权。然而，长期而言，由最恰当的人选来经营公司不仅对公司有利，而且业主及他们的后代也可从中获益。许多时候，这最佳人选或接班人可能并不是他们的后代。这就是为什么中国有句俗话说："富不过三代。"第一代人创立事业；第二代人享受繁荣和成长；第三代人挥霍，使事业衰败。

在公司 A、B 和 C 内，经理们似乎天生有一种不安全感和恐惧感，如果他们的下属比他们强，这些下属们就可能对他们形成威胁，而最终取代他们的位置。结果，这些经理们压制优秀下属，却引进对他们没有威胁的不胜任者。优秀的职员失去活力，无法加入好的接班人计划中去。

我扭转这种消极负面的精神态度，推出这样一种政策，一个人如果不能找到胜任他现在职位的接班人，就无法获得晋升。经理们受到鼓励，引进比他们更有能力的雇员们。接班人计划也成为衡量经理们业绩表现的标准之一。

我也需要以身作则，为自己推荐了一名接班人。严格说来，这种做法让我失去了工作。但我知道如果我能确保平稳地交接，更好的事情在等着我。事实上，当我的接班人准备坐进我原来的位置时，我被晋升到更高的职位。在市场得知我成功转亏为盈和平稳的接班人计划之后，好几间经理猎头公司主动给我提供工作。

制定接班人计划，延续你的成功。

提高专业形象

专业形象包括两部分，即公司形象和消费者导向。

公司形象侧重于明显而容易实现的符号和图标，比如，公司风格、宣传册、制服、衣着要求、名片以及传呼卡等。相比之下，消费者导向则显得更难以捉摸，需要付出很大耐心。前者很关键，因为消费者通过自己的眼睛很快就会对机构形成一个印象。你通常没有第二次机会改变他们的印象。而后者一般则要求职员们在思想理念上朝向更好的客户服务发生根本改变。

比如，我在对公司 C 实施转机计划时发现任何问题或投诉都不可避免地被转往客户服务部门。这只不过是因为其他部门拒绝对问题负责，而完全将责任推诿给客户服务部门。这是一种消极的精神态度。我最困难的任务之一是反复灌输这样一种观念，即客户服务是机构内从上到下每一个人的责任。在这种观念的驱动下，客户服务部门最终被关闭了。

凸现出专业形象将确保给你的客户留下深刻印象，并吸引优秀人才加入你的公司。它使得雇员们以为公司工作而自豪。这和医生身穿白大褂一样。白大褂本身并没有什么特别的功能，但穿上它却显得很有专业气质。病人们不会咨询一名看上去不专业的医师。

> 第一印象至关重要。
> 因为你可能没有第二次机会。

改进雇员态度

另一个对巩固免疫系统非常重要的因素是改进雇员态度。经常有人说："天堂和地狱的差别不在于高度而是态度。"在贯穿整个转亏为盈的过程中，职员们思想理念的细微改变可以在促进机构内文化健康发展的方向上取得长足进步。每一个哪怕微不足道的成功都会获得认可、表扬以及祝贺。这产生心理上的作用。一旦人们开始取得成功，就会激励他们作出更大努力。职员们付出努力，就能得到相应的荣誉，比如，得到公众认可、获颁奖状和奖章等。这些友善的鼓励姿态起到粘合剂的作用，将组成公司文化的一丝一线牢牢结合在一起，并巩固为公司复原所作出的努力。一个有弹性而精力充沛的公司文化最终将在公司内确立并发展起来。

我作为一名转机总裁最大的满足感和成就感不是金钱奖励，而是在公司历史上留下足以改变其命运的一笔。这一举措不仅使公司成功转亏为盈，而且还使每一名雇员受益匪浅。这改变所产生的影响已经"物超所值"，非是金钱能够衡量的。这种非凡的经历所带来的自豪感难以用言语表达，这感觉可能就象一名医生使一脚已经踏进坟墓的病人完全康复那样。确实，当转机总裁能够用神奇的万能药或将生命力注入一间垂死的公司体内，并将其从灾难和死亡的边缘拯救回来时，他也就大功告成了。

> 态度会传染！
> 值得感染你的吗？

鼓励休息和娱乐

消除压力，改善精神健康最有效的方法之一是休息和娱乐。人们在工作环境中感到放松和舒适时，他们就能取得最佳成果。没什么能比休息和娱乐带给人们更多放松。

休息

公司世界里的休息首先指的是稳定。这就出现了自相矛盾。为了适应快速的变化，公司需要改变。然而，在寻求由成长引起的变化时，公司又需要休息和稳定。这和人体是同样道理。人的身体需要休息来恢复精力，给自身充电和进行修复，但同时又要保持活力以便达致最佳身体机能和良好的健康状况。这就是为什么转机经理们必须掌握好这样一门艺术：在变化中保持稳定，并在稳定中激发变化。

到了第三疗程，你的管理小组应该建立起来，而只有在必要时才进行主要改组。同意实施一些西方公司所采取的为试图"引起每个人的警觉"而进行频繁的人事变动是轻率的。一名经理说出这样一句令人深恶痛绝的话："要继续解雇直到士气得到提高。"有些公司随心所欲地聘用和解聘人员。这就是职员人事暴食症和厌食症，或称企业易饥症（即一种疾病，患者有极旺盛而不可控制的食欲，通常为了不至增加体重而在大量进食之后又将食物呕吐出来）。管理层和职员如此频繁的变更不仅在职员间滋生怀疑和不忠，而且还会破坏公司凝聚力和团体精神。只要我们感到上当受骗，我们就会使用我们的力量去变得更好。规模缩小化运动所带来的频繁变更已经证明是一场公司文化的灾难。利己主义会取代公司利益，而忠诚和信任都会丧失。这就是为什么在护理疗程中，还必须处理"软"的问题，为取得长期成长而稳定地经营公司。

> **要休息的时候就在你没时间休息的时候。**
> 西德尼·哈理斯（Sidney J. Harris）

娱乐

谚语说："只会用功不会玩耍，聪明孩子也变傻。"虽然雇员们为生活努力工作，他们也有社交需要。这可以通过在工作场所里的娱乐来得到满足。如果他们感到工作有趣、令人愉快而且轻松，即使平凡的琐事似乎也可以忍受，而人们将会把全部身心投入到他们的工作中去。人们需要娱乐，因为人类一般属于社会性的动物。娱乐给他们一个从沉闷紧张的工作生活中放松的机会，也是一个与同事联系的机会。娱乐带来的结果是，他们可以变得更有创造力和更加同心协力。比起正式会议，在这种娱乐活动中反而可以从职员们那里获得更好的支持和反馈。人际关系就是在这种时候得到巩固。

总裁和经理们可以通过更认真地参加娱乐和非正式活动来显示出他们真正融入公司生活中。比如，出席公司运动会或足球比赛与参加保龄球以及高尔夫锦标赛将会带来不同的效果，因为那是和职员们一起参加比赛。后者为职员们提供了与管理层建立友善关系的机会。

幽默

在工作场所正确运用幽默和玩笑可以促进学习并有助于减轻由可能的改变所带来的胁迫感从而改变人们的行为。幽默和玩笑还被发现是一件最好的工具，给公司身份添加一张人性的面孔[55]。幽默、玩笑和欢声笑语在几个世纪以来都被认为是最好的药物。

人们喜欢和有趣的人做生意。看看丰田汽车做了什么，那象一只鸡一样滑稽的标志，创造了一个强大的身份以及鲜明有趣的感觉。卡尔·凯（Carl Kay）在马克思·鲍斯（Max Boas）和史蒂夫·陈（Steve Chain）的著作《巨无霸》（Big Mac）[56]中说："麦当劳整个哲学是到麦当劳是好玩的。那是一个让你过得快乐的地方。"

即便是商业机构第一国家城市银行（First National City Bank）也决定通过在其经理间发展一种"开玩笑"式的关系来创造更令人愉快的商业文化。他们每次开会都讲一个笑话，因为他们发现这能让他们产生一种归属感。

迈克尔·菲利普（Michael Philips）等人[57]在他们的著作《诚实的商业》（Honest Business）中评论说："商业应该是有趣的……在商业中建立快乐是至关重要的，它为我们日常生活带来生命力，快乐是我们大多数活动的强大动力，应该成为我们维持生活的一个直接组成部分。"罗杰·冯欧克（Roger Von Oech）等人[58]说："一个快乐的工作环境比一个常规的环境更具生产率。觉得工作愉快的人将产生更多想法和点子。快乐具有感染力。"在汤姆·彼得斯的著作《卓越的热情》（A Passion of Excellence）[59]中引用大卫·奥格威的话："幽默和笑声现在被认可为我们思考和感觉必不可少的成分，对于我们的存在至关重要，而且他们也需要在市场营销、广告和做生意时认真对待。"因此，为了拥有一支真正快乐的劳动队伍，你必须不仅仅限于发放花红和红包，还必须使工作变得有趣。

> 科学为我们打开自然之书。
> 幽默则是人类天性之书。
> 无名氏

注重锻炼：培训和发展

培训和发展就象体育锻炼一样，有助于身体产生脑内啡（大脑分泌的一种类似于吗啡的物质），给人良好的感觉，能帮助人对抗压力和其它疾病。脑内啡是天然的吗啡，帮助怀孕的准妈熬过分娩时的阵痛期，以及准爸爸经受住失去工作的考验。体育锻炼和训练也能促使灵敏性、灵活性和机动性保持在颠峰水平。

> 锻炼。你不能忍受不去做。

雇员们需要动力去作出超过他们工作所要求的贡献。他们除了用手之外，还需要动用脑子和心去工作。培养这种行为不仅需要可信任的正确文化，而且还要包括动机、培训和发展。授权制定前所未有的复杂决策只有在雇员们有机会面对挑战时获得更多知识和技术的情况下才有可能成功。要求雇员们的成绩超越职责范围（即雇用合约内规定的工作标准）就需要给他们机会，让他们提升自己和他们的事业。每个人都有未开发的潜能，能够在适当的环境中加以培养。我们可以通过恰当的培训和发展取得显著收获（见图表 五.五）：

- 取得长期红利
- 改变思想理念
- 形成优质服务文化
- 作为改变的催化剂

取得长期红利

培训和发展是在护理疗程中形成一个健康的公司文化的有效改变工具。这是一个具有高度争议性的课题。有人感觉培训始终会辞职的职员是浪费资源。然而，这种论点的谬误在于公司其实不能忍受不对职员进行培训。如果培训被认为是昂贵的，那么就试试无知吧。你会发现那更加昂贵。彼得杜拉克解释说，随着个人的学习和成长，企业的学习和成长也就水到渠成了。公司会投资数以百万计的金钱在机器和设备上面。但有些在对他们最重要的财产——人进行投资时却显得过于吝啬。投资在人们身上能取得长期红利。

改变思想理念

作为改变的催化剂

形成优质服务文化

取得长期红利

培训和发展产生脑内啡，
给公司带来良好的感觉。

图表 五.五 注重锻炼：培训和发展

一名患有肾脏病的病人不会委托一名普通的从业医师治疗他的疾病，他完全知道这需要专家来进行治疗。同样的，除非最高管理层想冒着公司患上肾衰竭的风险，否则就应该确保公司内的职员们都为各自的工作进行足够的培训。职员们需要在他们事业生涯中不断进行"充电"、重新培训以及获得新培训。

尽管日本经济陷入低迷的沼泽，否定日本还为时过早。日本商业在扭转逆境为有利优势方面具有天赋。这是因为日本政府和公司在培训和发展上投入了巨额资金。比如，有些日本巨无霸公司会调走行业内所有年满 40 岁的经理接受再教育并进行重新评估。此外，85％的日本公司主管拥有大学学位（主要是经济和工程学位）或其它专业资格证书。这一比例接近于美国水平，而分别比英国水平高出三倍和一半。然而，日本的教育却不止于大学学位。在职培训有助于日本经理成为多面手，可以轻易胜任不同的任务。比如，日本一名人事主管可以迅速调派到亚洲、美国或欧洲领导参加市场营销活动。如果没有这种培训，这些公司全球化进程就会因为其职员不具备多方面的技能，没有为展开策略作好准备而变得非常昂贵。

马尔柯姆·孟罗富尔（Malcolm Munro-Faure）引用英国安达信公司（Arthur Anderson）任事股东吉姆·瓦迪亚（Jim Wadia）的话："我们相信培训是我们不断成功的决定性因素。如果忽略了职员，生意就不可能取得市场份额或收益性上的成长。它将导致职员满意度下降，而人们可能产生不了领导潮流的想法和主意。"英国安达信公司投资在培训上的费用相当于其收入的百分之八。它曾有过经验，即使在经济不景气时期削减培训费用也会带来如职员士气低落等长期负面影响。于是它提高对职员培训和发展的投资力度，而不把这种投资当成福利活动。

改变思想理念

《领导引擎》（The Leadership Engine）[61] 一书作者诺尔·蒂奇说："在今天取得胜利以及创建一间可以在明天再次取胜的机构的关键是教学。如果你观察世界上最好的领导者，你就会看到他们也是世界上最好的老师，因为教学是领导能力的核心所在。"以杰克·威尔齐为例，他非常认真对待培训和发展。他在通用电器最后的几年间花费大量时间指导传授年轻的同事们，改变他们的思想理念。

威尔齐的通用电器有一个众所周知的培训基地，即克罗顿维尔。在一开始，威尔齐和公司同事们同样对克罗顿维尔持有偏见的看法，认为那是对被忽略的人颁发安慰奖[62]。但后来，威尔齐认识到他可以把这个机构用作一种主要推动力，产生他所想要的管理系统和方式。克罗顿维尔提供一个独特而宝贵的机会，向整个通用电器管理层灌输他关于如何经营一间公司的想法。

威尔齐大部分时间（特别是在通用电器后来的岁月里）都花在克罗顿维尔中进行培训上面。威尔齐在 17 年里访问克罗顿维尔 250 多次，在没有隔阂的四小时会议中向大约 1 万 5 千名经理们展示他的想法，并听取他们的反馈。基地会处理通用电器的方针策略并直接帮助经理们解决他们自己的问题。基地还从学术界聘请许多教授前来讲学，其中有很多人是著名的学者。课程涵盖的范围很广泛，从入门水平到上述的最高级发展课程都有。克罗顿维尔使通用电器成为世界上"最有效在职学习"的典范。《通用实战手册》（GEWay Fieldbook）一书中引用杰克·威尔齐的话说："我越来越喜欢克罗顿维尔。我认为它是转型当中最重要的一环。在我们缩小公司规模时，我们把钱投入进去。我们现在正扩大它。"

形成优质服务文化

新航是另一间强调培训和发展的重要性的世界一流公司。新航总裁张松光博士（Dr. Cheong Choong Kong）在谈及公司培训哲学时说："培训是必须的，我们别无选择。这并不是在不景气时期就可以省略的。培训针对每一个人，包括从办公室助理和行李搬运工到常务董事在内的每一个人。我们在培训上从不吝啬。我们将使用能用钱买到的最好的软件和硬件。因为，我们用长远的眼光来看待培训，我们对职员发展的投资并不会随经济的反复无常而改变。培训会永远进行下去。没人因为太年轻或太年老而不能受训。"[63] 新航在 1993 年投入使用一个耗资八千万新元（约 4 千 6 百万美元）的培训中心。今天，新航依然进行着严格的培训和再培训，从而建立起一个强大的服务文化。

新航的空中机组成员受教于这样一个格言："除非你能让其他人开心，否则你自己永远也开心不起来。"队伍管理层也提出年度服务竞赛活动。新航的培训会定期更新。比如，市场反馈指出机舱服务人员感觉上象机器人，只是按照指示要求去做，没有灵活性。航空公司得知此事之后，马上将培训课程修改为提倡更多灵活性，把乘客们作为不同的个人来看待[64]。这就是为什么有人说，竞争对手可能可以拷贝新航的培训手册，但他们仍然无法复制新航的服务水平，因为新航多年来通过培训和发展已经建立起一个非常强大的服务质量文化。

作为改变的催化剂

培训对于产生基层想法和首创精神是至关重要的。这些可以促进推动某些公司的转机进程。为增强培训精神状况，每一个培训课程都要被当成是一个信息平台。虽然坚持下去需要很大的毅力，但对培训精神状况的巩固却可以在长期收获预定的成果。整个过程应该以选择一只具有改变媒介的核心小组作为先锋力量。他们可以由包括在公司内预选的职员或外部人员组成，起促进作用。我的转机小组中一些经理应召成为改变媒介的核心成员。他们的首要任务是帮助职员们为变化作好准备。通过这些，我们可以培养职员们的忠诚度，减少职员流失。发展和培训人们是困难的事情，因为他们需要不断的努力和反复授课。由于主题都是类似的，你可能需要安排多样化的课程，使内容相关的同时又要有趣，而不会令听众们感到无聊。因为商业需要不同的人才，而每个人都有不同的才能，发展计划就必须根据情况进行调整以便符合公司和参加者的需要。当个人目标与公司目标一致时，就可以取得成功。虽然，特别是在短期内，培训的好处可能无法清楚看到或衡量，但这却可以提高无形的品质，如有助于传播新公司文化的积极的职员态度。就象管理大师迈克尔·汉默所发现的那样，"掌握"教育对生存至关重要。一旦你的职员们接受了这个观点，他们就不再会变得"过时"或"迟钝"。是这些具有增值的想法划分出赢家和输家的分界线。鼓励培训和学习的公司作出了未来最好的赌注，因为他们把宝押在人的身上。最终有一天，我们都会和有关人的生意打交道。

人，人，人

最终有一天，你把赌注押在人身上——而不是策略上。

赖利·包熙迪（Larry Bossidy）

一个机器可以做 50 个普通人的工作。没有机器可以做一个非凡的人的工作。

阿尔伯特·哈伯德（Elbert Hubbard）

服务行销的四个 P：人（People）、人（People）、人（People），还是人（People）。

理查德·道（Richard Dow）

带走我所有的钱和财产，但留下我的人。很快我就又能挣回我所有的钱和财产。

无名氏

我相信成功事业背后的关键因素是人和同心协力。

伯纳德·傅尼尔（Bernard Fournier）

商业为消费者们提供了产品和服务。商业的组成是由人操作的机器和设备。商业创新和生产能力的高低来自人的能力。因此，人是商业最重要的资产。

人力资源的价值在为保持长期成长而创造一个强健的公司文化的过程中不能得不到足够的重视。每一间公司都要靠其雇员们来维持经营。他们形成了公司的基础。随着商业世界的发展，在包含了信息技术环境或知识型经济的情况下，一间公司任何时候都不能忘记是人组成了公司的核心资产。管理层如何对待这些高度合格的雇员们是极端关键的，因为他们的离开会严重影响公司的运作。

中国伟大的哲学家们也强调要照顾好人们。哲学家孟子（公元前 371－289）建议给职员丰厚的奖赏。这是为了确保不论是景气时期还是不景气时期，职员们都不必担心他们的生计，而能够紧紧跟随着他们的领导者。陶朱公[65]也认识到其重要性，并认为必须诚恳地对待人们。《陶朱公商训》中说："能接纳。礼文相待，交往者众。"又说："接纳要谦和，切勿暴躁。暴躁则交易少。"就象公司希望雇员能对公司忠诚一样，公司也要对雇员忠诚。确实，中文代表忠诚的"忠"字是由两部分组成，上半部的"中"表示中心，下半部的"心"表示用心。因此，忠诚的意思是你关注的中心是雇员们的心。一旦你赢得他们的心和灵魂，你也就赢得了他们的忠诚。

我们也从世界七大奇迹之一的中国万里长城的历史中学到有关人的重要性。万里长城是世界上最长的城墙。迄今保存较为完整的是明长城，西起嘉峪关，东至鸭绿江边，全长约六千多公里（约3800英里）。它最早是由秦始皇在大约公元前三世纪将之前战国各诸侯修建的长城连接起来而初具规模，后来经各朝代不断修葺而成今天的样子。期间建造和修葺的工程断断续续跨越了十几个世纪。修建长城最初的目的是防御中原西北少数民族匈奴的袭击。尽管有万里长城这样浩大的工程作为防御敌人的防线，中国还是无法阻止象匈奴、蒙古人、满族人这些少数民族侵略者的入侵。原因是敌人可以贿赂守卫在夜里打开城门放敌人进关。于是，世界上最伟大的建筑和防线因为人的关系而变得毫无作用。

杰克·威尔齐认识到在动态公司中，人力资源的重要性，而他曾经火爆的脾气也渐渐变得成熟圆滑，养成一种教练般的管理方式。"通用电器是由其伟大的人们所经营的，"威尔齐说[66]，"我所实现的最大成就是找到了最棒的人们——象军队一样多的人们。他们比大多数总裁还要优秀。他们是出色的击球手，而且他们似乎在那里苗壮成长起来。"杰克·威尔齐在后来的岁月里相信，"中子杰克"已经远远被抛在后面。他说："生产力不是刀耕火种的事情。激励劳动力实现目标与皮鞭和铁链毫无关系。这是一个基于赋予权力的永无止境的过程。当你发现解决问题的方法而令人们振奋时，就会激发他们的动力。"

汤姆·彼得斯发出同样的号召"回归基础"[67, 68]。公司在过去四分之一个世纪中采取所提倡的管理体系、策略、设备和结构离这些基础越来越远。这些策略当中，每一个似乎在当时都很有道理，每一个似乎都是增加复杂性的最佳答案。但结果却是基础迷失在善意的胡言乱语中，让我们在任何领域内都离卓越表现越来越远。我们和科技、设备以及计划的关系是如此密切，以至于忘记还有人的存在——是人在提供这些产品和服务，也是人在消费。这就是为什么彼得斯说："一般而言，雇员可以达到比他或她目前工作要求高得多的水平，也可以做得比'雇员授权活动'、'员工参与管理法'、以及'多工种技能'这些术语所要求的更好。"

李光耀资政将新加坡的成功归功于人民[69]。他说："新加坡是由精英领导的。这些人因为他们自己的价值、努力和卓越的表现一步步爬到领导的最高层。他们紧密地团结在一起，形成一个坚强的核心。如果所有这300人都在一架大型喷气客机中遇难，那么新加坡就要分崩离析了。"

与重视人相关的另一个重要方面是雇员的家庭；我表示出关心职员们的福利，也关心他们的家庭生活。职员的家庭生活可以影响到他们在办公室里的生产力。当一名职员碰到家庭问题，如离婚或小孩生病，这总会影响到他的情绪，降低"气"的水平。当我在海外出差时，不管什么时候，我都会设法邀请那里的职员以及他们的直系亲属一起吃一顿饭。这向职员家属显示，公司确实感激家庭成员的支持。

即便是卢·葛斯纳和李·艾柯卡这些强硬的转机总裁也认识到家庭生活质量的重要性。葛斯纳自己告诉职员们注意维持他们家庭生活和谐。艾柯卡告诉他的职员们，不论他的子女什么时候打电话找他，他的时间表多么紧张，他都应该停下手头的工作接听电话。毕竟，你的人会受到周围其他人和爱人的影响。

前美国总统比尔·克林顿（Bill Clinton）在1992年与当时的总统老乔治·布什的总统竞选中获得胜利。因为他知道正确的目标。他评论说："是经济，笨蛋。"在转亏为盈的过程中，虽然有许多复杂的问题，但归根究底还是人。这就是为什么有人说："是人，笨蛋。"这也是为什么有句老话说："如果你有一年计划，种米。如果你有十年计划，植树。而如果你有一百年计划，育人。"同样道理，中国有句老话："十年树木，百年树人。"你必须牢记，不管是手术、复兴还是护理，这所有的工作都是由人来完成的。

尾注

01 de Geus, Arie (1997), *The Living Company*, Boston: Harvard Business School Press.

02 James, Laurie B. (1995), *Jesus CEO*, New York: Hyperion.

03 Grover, Ron (1997), *The Disney Touch: Disney ABC and the Quest for the World's Greatest Media Empire*, Chicago: Irwin.

04 Slywotzky, Adrian J., Morrison, David J., Moser, Ted, Mundt, Kavin A. and Quella, James A. (1999), *Profit Patterns: 30 Ways to Anticipate and Profit from Strategic Forces Reshaping Your Business*, New York: Random House.

05 Stauffer, David (2001), *D2D Dinosaur To Dynamo – How 20 Established Companies are Winning in the New Economy*, Oxford: Capstone.

06 Mcguire, Stryker (2001), "Fast Fashion", *Newsweek*, 17 September.

07 Ibid.

08 Clements, Alison (2000), "World-Class Retailer: Zara Leads Conquering Armada", *Retail Week*, 14 April.

09 Foster, Richard and Kaplen, Sarah (2001), *Creative Destruction: Why Companies That are Built to Last Under Perform the Market – and How to Successfully Transform Them*, New York: Doubleday & Co.

10 Ministry of Information and the Arts (2001), *Singapore – the last 10 years*, Singapore.

11 Han, Fook Kwang; Ferrandez, Warren and Tan, Sumiko (1998), *Lee Kuan Yew and His Ideas*, Singapore: Time Editions.

12 Gates, Bill (1996), *The Road Ahead*, New York: Viking Books.

13 James, Geoffrey (1997), *Giant Killers*, London: Orion.

14 Burrs, Simon (2001), "Reinventing Acer", *Far Eastern Economic Review*, 24 May.

15 Micklethwait, John and Wooldridge, Adrian (1996), *The Witch Doctors: Making Sense of the Management Gurus*, New York: Random House.

16 Peters, Tom (1987), *Thriving on Chaos*, New York: Harper Collins.

17 Conner, Daryl R. (1998), *Leading at the Edge of Chaos*, New York: John Wiley and Sons Inc.

18 Tucker, Robert B. (1995), *Win the Value Revolution – How to Give Your Customers a Quality Product and Excellent Service ... and Still Make Money*, Hawthorne, NJ: Career Press.

19 Kotter, John and Heskett, James (1992), *Corporate Culture and Performance*, New York: Free Press.

20 Collins, James C. and Porres, Jerry I. (1996), *Built to Last: Successful Habits of Visionary Companies*, New York: Harper Business.

21 Ghoshal, Sumantra and Barlett, Christopher (1997), *The Individualised Corporation: A Fundamentally New Approach to Management*, New York: Harper Business.

22 Khandwalla, Pradip No. (2001), *Turnaround Excellence: Insights from 120 Cases*, Thousand Oaks, CA: Sage Publications.

23 Tushman, Michael L. and O' Reily, Charles A. III (1997), *Winning through Innovation – A Practical Guide to Leading Organisational Change and Renewal*, Boston: Harvard Business School Press.

24 Slatter, Stuart and Lovett, David (1999), *Corporate Turnaround: Managing Companies in Distress*, London: Penguin Group.

25 Stross, Randall E. (1996), *The Microsoft Way: The Real Story of How the Company Outsmarts Its Competition*, Reading,

MA: Addison-Wesley Longman.

26 Teerlink, Rich and Oxley, Lee (2000), "Harley's Leadership U-Turn", *Harvard Business Review,* July/August.

27 Lucas, James R. (1999), *The Passionate Organisation: Igniting the Fire of Employee Commitment*, New York: AMACOM.

28 Ibid.

29 de Geus, Arie (1997), *The Living Company*, Boston: Harvard Business School Press.

30 Collins, James C. and Powes, Jerry I. (1996), *Built to Last: Successful Habits of Visionary Companies*, New York: Harper Business.

31 Jennings, Jason and Haughton, Laurence (2001), *It's Not the Big that Eat the Small...It's the Fast that Eat the Slow*, Beverly Hills, CA: New Millennium.

32 Ries, Al and Trout, Jack (1992), *22 Immutable Laws in Marketing*, New York: Harper Business.

33 McNeilly, Mark R. (1996), *Sun Tzu and the Art of Business*, London: Oxford University Press.

34 Saunders, Rebecca (2000), *Business the Dell Way*, UK: Capstone.

35 Dell, Michael and Fredman, Catherine (1999), *Direct from Dell*, New York: Harper Business.

36 Slyvotzky, Adrian J.; Morrison, David J.; Moser, Ted; Mundt, Kavin A. and Quella, James A. (1999), *Profit Patterns: 30 Ways to Anticipate and Profit from Strategic Forces Reshaping Your Business*, New York: Random House.

37 Kantrow, Buster (2001), "Nokia's Net May Top Forecasts: Surprising Outlook from the Mobile-Phone Maker Boosts Its Shares", *The Asian Wall Street Journal,* 12 December.

38 Steinback, Dan (2001), *The Nokia Revolution: The Story of an Extraordinary Company that Transformed an Industry*, New York: AMACOM.

39 Merriden, Trevor (2001), *Big Shots, Business the Nokia W*ay, Oxford: Capstone.

40 Stross, Randall E. (1996), *The Microsoft Way: The Read Story of How the Company Outsmarts Its Competition*, Reading, MA: Addison-Wesley Longman.

41 Gates, Bill (1999), *Business and the Speed of Thought: Using a Digital Nervous System*, New York: Warner Books.

42 Ibid.

43 Gates, Bill (1996). *The Road Ahead*, New York: Viking Books. 44 Mcguire, Stryker (2001), "Fast Fashion", *Newsweek*, 17 September.

45 Stauffer, David (2001), *D2D Dinosaur To Dynamo – How 20 Established Companies are Winning in the New Economy*, Oxford: Capstone.

46 Treacy, Michael and Wiersema, Fred (1995), *The Discipline of Market Leaders: Choose Your Customers, Narrow Your Focus, Dominate Your Market*, Reading, MA: Addison-Wesley.

47 Ibid.

48 Stauffer, David (2001), *D2D Dinosaur To Dynamo – How 20 Established Companies are Winning in the New Economy*, Oxford: Capstone.

49 Blanchard, Kenneth H. and Johnson, Spencer (1982), *One Minute Manager*, New York: Morrow.

50 Heller, Robert (1992), *The Super Chiefs – Today's Most Successful Chief Executives and Their Winning Strategies for the 1990s*, US: Dutton.

51 Smith, Douglas K. and Alexander, Robert C. (1988), *Fumbling the Future: How Xerox Invented, Then Ignored, the First Personal Computer*, New York: William Marrow.

52 Tushman, Michael L. and O'Reily, Charles A. III (1997), *Winning through Innovation – A Practical Guide to Leading Organisational Change and Renewal*, Boston: Harvard Business School Press.

53 Byrne, John A. (1998), "How Jack Welch Runs GE", *BusinessWeek,* 8 June.

54 Bartol, Kathryn, M.; Martin, David C.; Teiun, Margaret; Matthews, Grapham (1996), *Management: A Pacific Rim Focus*, Sydney: McGraw-Hill.

55 *Humourversity* (2002), "The Business of Humour – The Humour of Business", http://www.buscentre.com.au/toolbox/people/education/humour_university.htm.

56 Boas, Max and Chain, Steve (1976), *Big Mac: The Unauthorised Story of McDonald's*, New York: Sutton and Co.

57 Philips, R. Michael; Rasberry, Salli; Turner, Peter; Bower, Emily (1996), *Honest Business: A Superior Strategy for Starting and Maintaining Your Own Business*, New York: Random House.

58 Von Oech, Roger and Willett, George (1998), *A Whack on the Side of the Head: How You Can Be More Creative*, New York: Time Warner.

59 Peters, Tom (1989), *A Passion for Excellence*, New York: Random House.

60 Munro-Faure, Malcolm and Munro-Faure, Lesley (1996), *The Success Culture: How to Build an Organisation with Vision and Purpose*, London: FT Pitman.

61 Tichy, Noel M. and Cohen, Eli (1997), *The Leadership Engine: How Winning Companies Build Leaders at Every Level*, New York: Harper Collins.

62 Heller, Robert (2001), *Roads to Success*, London: Dorling Kindersley.

63 Singh, Kulwant; Pangarkar, Nitin and Lim, Gaik Eng (2001), *Business Strategy in Asia*, Singapore: Thomson Learning.

64 A.T. Kearney, Inc. (2000), *Sustaining Corporate Growth: Harnessing Your Strategic Strengths*, Boca Raton: St. Lucie Press.

65 Wee Chow Hou (2001), *The Inspirations of Tao Zhu-gong*, Singapore, Prentice Hall.

66 Welch, Jack (2001), *Jack: Straight from the Gut*, New York: Warner Books.

67 Peters, Tom (1994a), *The Pursuit of Wow*, New York: Random House.

68 Peters, Tom (1994b), *The Tom Peters Seminar*, New York: Random House.

第六章 结论

转机阶段可行的应用方法

在考虑了各种问题之后，再联合不同转机步骤及其优点，转机总裁必须小心，因为公司的基因各种各样，没有一种万能的药方能将所有公司转亏为盈。为正确的治疗开出药方是关键，因为错误的治疗可能会要了病人的命。根据医学格言："有些药物可能会比疾病本身更糟。"为简单起见，本书假定疗程一、二和三按照这个典型的顺序得到推行。但实际上这个顺序可以调整以符合生病公司的情况。比如，复兴（疗程二）可以先于手术（疗程一）。每个疗程的重点也可以变化。在执行拯救公司的任务时，有些公司可能只需要侧重疗程一（手术）或疗程二（复兴），而其他的则为立刻看到财政成果而可能必须将重点放在疗程三（护理）。对有些公司而言，只要按公司条件进行适度调整，所有三个疗程可以同步开展。然而，疗程一和二可能只保护公司暂时避免公司疾病的侵袭。如果一些潜藏的问题没有得到彻底解决，就无法保证避开病毒再次袭击。因此，建议公司拯救任务的设计最好可以包括疗程三（护理）以便确保公司能够完整复原和全面康复。生病公司需要服用三个疗程所开的全部处方药，虽然每个疗程的应用重点可能随公司的实际情况而有所不同。

拯救公司的这三个疗程可以根据公司康复过程中所处的不同阶段和面对的不同难题而加以应用。比如，在过去几年间导致网络公司失败的主要原因与传统制造业所面对的问题截然不同。对前者而言，导致其失败的主要原因是选择错误的商业模式，或者用杰克·威尔齐的话就是公司的 DNA。进行疗程三的治疗对这些网络公司可能更合适，他们需要通过重新检讨他们的公司哲学和文化来对自身进行彻底改造，从而建立起一个更切实可行的商业模式。而以新加坡、马来西亚、泰国等国家中陷入困境的传统制造业为代表的后者，其故障所在可能是因为错误的生意策略。随着跨国公司从这些国家中撤出，将工厂转移到中国，这些传统制造业者的运作可能需要用第二疗程的技巧开发新市场或者用第一疗程进行改组，以便帮助他们渡过这个困难时期。

在美国 9·11 恐怖袭击的影响下出现的全球不景气和全世界恐惧飞行的情绪已经导致航空业出现至少三个重大伤亡——瑞士航空、比利时国营航空运输公司以及澳大利亚的安捷航空。在美国，据估计大约有十万名航空业者将失去工作，而业界在 2001 年的累积损失可能高达一百亿美元[1]。对亚洲航空业来说，这里二十多间主要航空运输业者的未来将取决于他们重新专注于本地和区域市场的能力，而不是国际长途航线。这就要用到疗程一和二里面所设计的策略。

自从 1997 年经济危机之前的全盛时期大兴土木而导致生产能力过剩，东南亚建筑业的低迷时期已经持续了好几年。许多建筑物仍然没有竣工。发展商、业主或承包商因为资金缺乏而无法继续这些项目。承包商和建筑行业其他玩家必须打破传统框架的束缚，考虑使用疗程三（护理）所分享的一些技巧。他们不应该害怕调用现有资源去建设与他们核心竞争力密切相关而且具有实际成长潜能的新项目。对许多其他受困于窘境的业者而言，他们必须马上实施疗程一的策略来使公司规模合理化，以便限制成本并切除掉表现不佳的业务。而其他一些人，除了规模合理化之外，可能还需要应用所有三个疗程中强调的转机技巧。这可以包括改变商业模式（疗程三）、开发新市场以及投资新的自动建筑科技（疗程二）。

此外，不象新加坡，有些亚洲国家有敌对的工会和劳工法，使得规模缩小化和削减成本行动变得困难。因此，在这些国家里的公司可能必须依靠本书所提到的疗程三里其它较温和的转机方法来摆脱困境。

三个疗程中所涉及的所有公司转机技巧也适用于遭受经济灾难打击的国家。这些国家可以用相应的技巧对国家经济政策进行改组。萎靡不振的行业也可以用这些技巧来重获生命力。陷入困境的公司更可以用这些技巧制定重组计划。

公司转机和医学治疗的关联

除了用医学比喻显示人体健康和公司财政健康之间有紧密联系之外，不同疾病阶段的东西方疗法和对公司转机过程中不同阶段的东西方处理方法之间也有很强的相似性。这些在表格 六.一中作出了总结。

西方和东方（特别是亚洲或中国）的医学都是建立在长期实践经验和信息积累的基础上的，双方都有自己的逻辑和用处。这里要注意的是两种医疗方法都有助于人体康复并维持良好的健康状况。

在西方医疗手法和传统中医背后的基本哲学与信仰迥然各异[2,3]。西药关心的是治疗疾病本身，而传统中医则注重全身的健康平衡。传统中医可能用不同的药物治疗同一种疾病，也可能用同样的药物治疗不同的疾病，这都是因为不同人具有不同的体质。传统中医的支持者说，五千年历史是最好的证明，说明这种临床方法有效。说明传统中医疗法有效的其它证据是世界上数不清的医院正越来越多地使用传统中医疗法。中国人在没有西药的情况下生存了那么多个世纪，而没有大规模流行瘟疫。

西方医学实践和理论主要基于科学，临床实验和实验室测试。大量费用花在可靠性和药力上面。能够立即看到效果药物和治疗方法就被认为是最好的。按照解剖学的角度来看，身体内每一个细胞都可以看成在人体内行使自己的功能。一种好的药物或疗法只要对现有疾病产生迅速而强大的疗效就行，即使有轻微的毒素或副作用也没关系。于是，治疗观点就趋于局部化、标准化以及针对症状，强调的是直接操作、控制或抑制症状。比如，扑热息痛和阿司匹林等西药只抑制疼痛和发烧等症状，而并不治疗最根本的疾病。这也被看成是具有攻击性的方法，医生开的处方主要是化学成分。西药通常对急性、外部引起的疾病包括外伤非常有效，但对于慢性、退化需要长期照顾的疾病则效果不佳。有些医学专家针对疾病，而不是个人。这可能无法获得全面康复，因为病人经常在心脏或癌症手术的几年后又旧病复发。这可能因为病人没有改变不健康的生活方式和习惯，如大量抽烟、酗酒以及滥用药物等。

表格 六.一 公司转机疗程和东西方医疗方法之间的关联性

医学系统	疗程一：手术	疗程二：复兴	疗程三：护理
医学方向	西方		东方
医学重点	科学：强调迅速治疗效果和"硬"的问题。		哲学：强调预防性效果和"软"问题。
药物	化学：有副作用，如规模缩小化之后士气低落等。		自然：没有副作用，因为是争取赢得人们的"心"。
方法	分析：可用逐步分析方法。多使用"脑"。		综合了解：较少系统性，而更多根据经验。多使用"心"。
临床差别	局部：专注于改善现金流、盈利和销售等。趋于财政导向。		全面：重视其它有内部关联的问题，如公司文化、思想理念以及动力和热情等。趋于以人为本。
强项，建议应用	急性：处理性命攸关的事情以及外伤护理等。		慢性：处理士气问题、消极精神态度等。
诊断方法	临床实验室测试：可以通过财政和会计系统轻易用数字确定及衡量结果。		人的经验：难以用数字确定结果，多是性质上的结果。
治疗程序	标准化：应用独裁式的管理风格，没有什么变化的空间。		个人化：应用授权和民主的管理风格，允许变化的空间。
治疗目的	减轻症状：进行广泛的削减运作预算以实现财政目标。		清除病根：巩固公司免疫系统以面对不确定的未来。
治疗重点	攻击性：给表现不佳的业务截肢以较少损失。		自然：通过培训和沟通培养灵活、快捷而注重以行动为导向。

另一方面，东方疗法倾向于更有哲学性，主要基于个人的感觉和经验，基本偏向于预防性的措施，包含用全面综合的方法进行治疗。在这里，人体被看成是一个小宇宙，里面的器官之间以及与身体和思想之间存在错综复杂的内在联系。东方医学由生理学所引导，相信人体知道如何治疗自身。当内部能量，"气"出现不平衡时，就会引发疾病。传统中医的治疗费用远远低于西医的方法，因为前者强调预防，并不象西医那样，没有大量测试就不能取得有效成果。西方疗法靠服用化学成分为主的药物，这将可能出现在体内产生抗药性或其它副作用的问题。传统中医倾向于使用自然的成分，因此较少抗药性和其它副作用。此外，传统中医以调节体内阴阳取得平衡作为理论依据，这与西医治疗取得动态平衡没什么不同。动态平衡是指身体的自然调节过程，保持体内环境的平衡和健康。

选择或决定哪一种医疗方法更优越在这里并不是什么问题。重点是了解它们相关的优点以及有效应用所带来的意义。西式的医疗方法对急性病例和外伤特别有效。公司转机的疗程一（手术）和疗程二（复兴）就属于这类范畴，因为它们经常涉及"性命攸关"的例子（牵涉到盈利问题），及时果断地开出救生药物和治疗方法可以减少损失并加速康复。因为有时间限制，所强调的逐步和有系统性的方法，对手术的成功至关重要。在使用它们时，特别是在规模缩小化运动中，会产生副作用，可能会摧毁公司的革新精神。这在第三章给公司动手术的过程中可以看出来。另一方面，东方医疗方法的强项在于治疗慢性疾病（主要表现在对公司文化和免疫系统的攻击，造成职员士气低落、生产力降低以及没有效率等后果）。为了改进及巩固系统，自我修复和保持内部长期平衡就比快速而暂时的效果要显得更加重要了。乘数效应是一种强大的推动力，能够促进公司恢复到良好健康状况和最佳体能。为了将公司全面转亏为盈，不但需要处理疗程一和二里涉及的硬或和脑有关的问题，而且还同样需要处理疗程三里涉及的软或和心有关的问题。

> **正确的处方有赖于综合的药物和管理，
> 是东西方疗法最佳的组合。**

转机疗程对比摘要

转亏为盈三个阶段之间的对比一览摘要在下面表格 六.二中。

表格 六.二 转机疗程对比摘要

	疗程一：手术	疗程二：复兴	疗程三：护理
财政侧重点	现金流	收入、盈利、现金流	可持续性收入、盈利、现金流
时间跨度	短：几个月	中：少于一年	长：多于一年
公司方向	专注	专注、快捷	专注、快捷、灵活
治疗病毒种类	内部病毒	内部和外部病毒	内部和外部病毒
管理控制力度	高：独裁式	高或中：民主式	低：授权式
领导风格	慈善的独裁者	教练式经理	精神领袖
沟通模式	封闭、说教式	说教式	开放、互动式
特护病房	在特护病房内	部分出了特护病房	全部出了特护病房
管理重点	硬和有关脑的问题	硬和有关脑的问题	软和有关心的问题

这个对比摘要通过从疗程一到疗程三各范围逐一比较而作出最佳阐述。比如，主要财政重点在疗程一侧重于现金流，到了疗程二就变成是收入、盈利和现金流，而接下来在疗程三中则成为可持续性的收入、盈利和现金流。部分决定原因是时间段在疗程一中相对短（几个月），疗程二中则是中等（少于一年），而在疗程三中则相对长（多于一年）。公司方向也由疗程一的专注调整为疗程二的专注与快捷，进而到疗程三的专注、快捷与灵活。这是因为治疗公司所针对的主要病毒目标发生变化，从内部病毒（疗程一）转变为内部和外部病毒两种（疗程二和疗程三）。所有这些转机动态对采取何种管理控制成为关键——从疗程一中的慈善的独裁者式的管理风格，到疗程二中具有中高管理力度的教练式的民主管理风格，然后到疗程三中低管理力度的精神领袖的管理方式。这就是为什么有一名业主曾说："别太喜欢你的转机经理，因为有一天你可能必须象杀一只鸡一样砍下他的脑袋。"许多转机经理成功地完成了疗程一和疗程二。但不幸的是，他们没有改变他们的领导风格，继续将他们旧的沟通模式和管理重点运用在疗程三里面，从而走向失败。在危机已经过去的时候，命令式的独裁者需要被更民主和宽容的精神领袖所取代，以便更有效地处理"软"的问题。

随着公司环境不断发展进化，转机总裁不能容忍沾沾自喜，而必须及时对策略进行调整，以便保持创意，有效地迎接未来的挑战。

作为本书的结语，公司转亏为盈的过程既是一种处理具体细节的科学，又是处理"软"或有关心的问题的艺术。我祝愿所有读者在成功将业务转亏为盈的途中获得丰富而满意的经验。

尾注

01 Granitsas, Alkman (2001), "Airlines: Caught in a Down Draught", *Far Eastern Economic Review*, 27 December.

02 Stone, Al (2000), "Western and Eastern Medicine Compared", *Acupuncture.com*, http://www.acupunture.com/errors/error.404.html.

03 Kim, H.Y. (1988), *Discover Natural Health*, Panaroma City, CA: Kim's Publishing.

结语

我在前面的章节中所分享的主要是有关科学和艺术的转机技巧。在这个结语中，我想重点说明一下在前面没有提到过的我在落实转机过程中碰到的情感体验。

我必须承认，我不是从强项上，而是从弱点上与大家分享我的转机经验。转机环境是艰辛而紧张的，消耗转机总裁巨大的时间和精力。将一间生病公司转亏为盈比启动一间新公司更为吃力。拯救一间公司比开始一间新公司的时间压力更为巨大。拯救一间公司比公司刚启动时要面对更多更复杂的因素。所有不同的阶段，特别是在手术疗程中（因为相对时间短），都要求转机总裁肩负主动沟通、紧密监控以及严格制定计划的重任。他需要长时间坐在办公桌前，各种要求和挑战经常会使他身心疲惫。

流行的"怕输"综合症（害怕失败或承担风险的心理）以及股票市场要求良好的季度财政结果经常使转机总裁承担巨大的压力，必须立刻展示结果。如果你花太长时间，你的优秀职员就会不耐烦而可能离开公司，因为他们当中有些人的流动性是非常高的。你公司的股价就会下跌，因为股市是无情的。而且，在这个高压锅一样的环境中，一旦碰到困难时期，即使是可信任的和忠诚的职员也会背叛。有些人甚至会让你出局。你确实可以在困难时期很快见识到人性的丑陋和美好各自的一面。老板和股东们也不给你犯错的余地。任何错误调动的代价可能就是转机总裁的工作。一旦你被解雇，还有许多其他人排着队等待取代你的位置。即使是"医院"或银行业者也很保守，一旦听到你的公司里有什么风吹草动，就会毫不迟疑地撤消急需的信用设施。

当情况变得令人绝望时，甚至性命也可能受到威胁。当我重组公司 A 时，曾就一些付款问题与一名承包商有过争执。在一次会议上，他很生气地告诉我："麦克（即邓博士），你只值二百块钱（新币，相当于 110 美元）。"我当时很天真，事后还跟我的经理说："那家伙真笨！我赚的比二百块钱多多了。"我的经理解释给我说，那名承包商的意思其实是他可以用那笔钱雇用一名专业杀手干掉我。为了以防万一，从那天之后，我就在我的手提箱里藏了一把螺丝刀保护自己。幸运的是，除了有几次我的车子被刮花之外，没什么事情发生。我把这当成转机总裁的觉悟之一。

我发觉感情上最难以接受的是被老板出卖。在我将公司 B 转亏为盈之后，老板却决定把它卖给敌对的竞争对手。后者最终把这个业务的一个主要部分关闭了。这是一个全球策略决定（他们如是说）。你可以想象我作为转机总裁所体验到的深深的灰心和失望。感情上的巨大落差和无助的感觉真是无法用语言描述。最糟的是还要对所有职员宣布这个坏消息。就在不久之前，我还向职员们祝贺他们所取得的卓越成绩，并承诺了慷慨的报酬。但之后，我却要告诉他们不再需要他们的服务了。真是虎头蛇尾！

作为转机总裁或经理，你们当中有些人可能不必体验如此戏剧性的经历。而对许多其他人而言，你们可能在重组进程中遭到裁员。不管是什么，你不得不承认，在转机过程中碰到的压力、混乱和其它情绪上的挫折都是非常真实的。

最终，支持我渡过艰难的转机经历的是其它两个"F"：我的家庭（Family）和我对上帝的信仰（Faith）。有了这两根支柱，我能够在困难时期获得力量和安慰。在那些绝望和沮丧的时候，我周围的世界好象快要倒塌了——我的老板耍了我，声称忠心于我的职员们在我背后捅我一刀，我的一些朋友甚至离我而去。这段沮丧时期的打击令我作出深深的自我反省。最后，对我重要的是我的家庭和对上帝的信仰。是我的家庭在任何情况下都陪伴着我。我的妻子陪着我，和我一起祈祷，不论发生什么事情，都给予我感情和精神上的支持。我的两个可爱的孩子从来都好作好准备为他们的父亲欢呼，尽管他们的父亲将漫长的时光都花在办公室里而很少有时间和他们在一起。我对主基督耶稣的信仰让我一直前进。我在心绪不宁时，可以通过向上帝祈祷而获得和睦与平静。他给予我超出理解的内在安宁和力量。如果没有这些，我就不能在转机过程中应付身体和情绪上的双重压力。转机经理们需要从他们的家庭和宗教信仰（如果有的话）那里获得"气"和力量。不是所有转机局面都能获得成功。许多时候，这不是转机经理的错。有时，作出拯救能力的时机可能太晚。也有太多不可控制的因素。转机经理需要克服所有这些并应付自如。你需要开发内部能量源泉。你的家庭和宗教信仰是丰富的内部能量源泉，能够产生能量，让你的"气"保持高水平。

平静的祈祷者

上帝赋予我平静去接受我不能改变的事情，

勇气去改变我能改变的事情，

以及智慧去了解它们之间的不同。

毫无疑问，公司转亏为盈的经验既是令人精疲力尽的，但同时又是极为值得的。将一间生病公司护理至重新焕发出勃勃生机，其成就感非言语所能表达。改变生命而使别人变得不同的能力令人感到非常满足，这不是金钱所能衡量的。最终，公司转亏为盈不是奇迹，而纯粹是勤奋工作以及回归基础。

其它读物

Andriole, Stephen J. (1985), *Corporate Crisis Management*, New Jersey: Petrocelli Books.

Asian Electricity (1993), "Raising the Standards", September.

Boss Magazine (1997), "Corporate Turnaround", December.

Boss Magazine (1998), "Corporate Turnaround", January.

Boss Magazine (1998), "Corporate Turnaround", February.

Cambodia Times (1993), "Generating Power is Big Business", 18–24 October.

Caplan, Suzanne (1994), *Turn Your Business Around: Hands-On Strategies for Long-Term Survival*, Englewood Cliffs, NJ: Prentice Hall.

Conner, Daryl R. (1998), *Leading at the Edge of Chaos*, New York: John Wiley.

Dayao, Dinna (2000), *Asian Business Wisdom*, Singapore: John Wiley.

DiNapoli, Dominic, ed. (1999), *Workouts and Turnarounds II: Global Restructuring Strategies for the Next Century: Insights from the Leading Authorities in the Field*, New York: John Wiley.

Drucker, Peter F. (1993), *Managing in Turbulent Times*, Oxford: Butterworth Heinemann.

Drucker, Peter F. (1995), *Managing in a Time of Great Change*, New York: Dutton.

Drucker, Peter F. (1999), *Management Challenges for the 21st Century*, New York: Harpers Collins.

Economic Bulletin (1998), "First Aid for Ailing Companies", August.

Global Reach (1993), "Focus on ISO 9000", March.

Goddard, Larry (1993), *Corporate Intensive Care*, Malaysia: York.

Goldstein, Arnold S. (1995), *The Business Doctor*, Malaysia: Garrett Publishing.

Hamel, Gary (2000), *Leading the Revolution*, Boston: Harvard Business School Press.

Ho, Janet (2001), "Local Heroes: Men Who Turn Red Into Black", *The Straits Times*, 16 March.

Kharbanda, O.P. and Stallworthy, E.A. (1987), *Company Rescue: How to Manage a Business Turnaround*, London: Heinemann.

Kingshuk (1993), "The First Manufacturer of Generator Sets in Asia", October 15.

Lowe, Janet C. (1998), *Jack Welch Speaks*, New York: John Wiley.

Lowenthal, Jeffrey N. (1994), *Reengineering the Organisation*, Wisconsin: ASQC Quality Press.

Piercy, Nigel F. (1999), *Tales from the Marketplace, Stories of Revolution, Reinvention and Renewal*, Oxford: Butterworth-Heinemann.

Puris, Martin (1999), *Comeback: How Seven Straight-Shooting CEOs Turned Around Troubled Companies*, Toronto: Random House.

Singapore Business (1993), "Management", March.

Singapore Marketer (1996), "Corporate Resuscitation", July.

Sloma, Richard S. (1985), *The Turnaround Manager's Handbook*, New York: The Free Press.

Southeast Asia Building (1994), "A Race without Finish", April.

Stewart, John Jr. (1984), *Managing a Successful Business Turnaround*, New York: AMACOM.

The Straits Times (1993), "Double First for Quality-Conscious Power Firm", 13 July.

The Straits Times (1995), "The 1st Manufacturer Pharmaceutical Components to be Awarded ISO 9002 in the Asia Pacific", 3 January.

Today's Manager (1998), "First Aid for Ailing Companies", April–May.

World Executive Digest (1993), "ISO 9000: The Key to Quality", May.

World Executive Digest (1997), "Rx for Sick and Healthy Companies", October.

人名对照

下列是本书可能出现的人名英文和中文对照一览。

Abdulrahman Wahid（Gus Dur）	瓦希德
Adrian J. Slywotzky	亚德里安·斯莱沃斯基
Akio Morita	盛田昭夫
Al Dunlap	阿尔·杜兰普
Al Ries	阿尔·莱斯
Alan Greenspan	艾伦·格林斯潘
Albert Einstein	阿尔伯特·爱因斯坦
Alexander Graham Bell	亚历山大·格雷厄姆·贝尔
Alfred Zeien	阿尔弗雷德·蔡恩
Amancio Ortega Gaona	阿曼西奥·欧特嘉
Andrew （Andy） Grove	安德鲁（安迪）·葛洛夫
Anita Roddick	安妮塔·罗迪克
Anthony Robbins	安东尼·罗宾斯
Anwar Ibrahim	安华
Arie de Geus	阿里·德·赫斯
Benjamin Disraeli	本杰明·狄瑞里
Bernard Fournier	伯纳德·傅尼尔
Bill Clinton	比尔·克林顿
Bishop Magee	毕夏普·麦基
Bob Hope	鲍勃·霍普
Bob Mansfield	鲍勃·曼斯菲尔德
Bob Stempel	鲍勃·斯坦普尔
Bruce Nordstrom	布鲁斯·努德斯特伦
Carl Kay	卡尔·凯
Catherine Fredman	凯瑟琳·弗里德曼
Charles Dickens	查尔斯·狄更斯
Charles Handy	查尔斯·汉迪
Charles Kettering	查尔斯·凯特林
Charles Schwab	查尔斯·施瓦布
Cheong Choong Kong，Dr	张松光博士
Chuck Swindoll	恰克·斯温道尔
Clement Stone	克莱门特·斯通
Colin Marshall，Sir	科林·马歇尔爵士
Cor van der Klugt	科尔·范戴克
Dale Carnagie	戴尔·卡内基
Daniel Piette	丹尼尔·帕特
Daryl Conner	达里尔·康纳
David Johnson	大卫·约翰逊

David Ogilvy	大卫·奥格威
Douglas K. Smith	道格拉斯·史密斯
Dwight D. Eisenhower	德怀特·艾森豪威尔
Edwin Aldrin	埃德温·奥尔德林
Elbert Hubbard	阿尔伯特·哈伯德
Estrada	艾斯卡达
Frank Pacetta	弗兰克·帕斯塔
Fred Wiersema	弗瑞德·魏斯玛
Gary Hamel	加里·哈梅尔
Geoffrey James	杰弗雷·詹姆士
Gloria Macapagal Arroyo	阿罗约
Greg Dyke	格雷格·戴克
Hagery	海格里
Han Fook Kwang	韩福光
Henry Ford	亨利·福特
Henry Miutzberg	亨利·默兹博格
Herb Kelleher	赫伯·凯勒赫
Ho Chi Minh	胡志明
Irwin Kellner	欧文·凯尔纳
J. Allard	阿拉德
Jack Trout	杰克·特洛特
Jack Welch	杰克·威尔齐
James Allen	詹姆斯·艾伦
James Bryant Conant	詹姆斯·布赖恩·科南
James Champy	詹姆斯·钱皮
James Collins	詹姆斯·科林斯
James M. Barrie	詹姆士·M·巴里
James R. Lucas	詹姆斯·卢卡斯
Jan P. Muczyk	简·P·慕克兹克
Jan Timmer	扬·蒂默尔
Jeffrey Pfeffer	杰弗里·普费弗教授
Jennings	詹宁斯
Jerry Porres	杰里·包瑞斯
Jim Wadia	吉姆·瓦迪亚
John Akers	约翰·阿克斯
John Kirklin	约翰·柯克林
John Kotter	约翰·科特
John Lipsky	约翰·列普斯基
John Ryding	约翰·莱丁
John Thorbeck	约翰·托贝克
Katherine Xin	忻榕
Kay R. Whitmore	凯·R·惠特莫尔
Ken Blanchard	肯·布兰查
Ken Olson	肯·奥尔森

Philip Kotler	菲利普·科特勒
Prahalad	普拉哈拉德
Randall E. Stross	蓝道尔·史卓思
Reggie Leach	雷杰·李奇
Sir Reginald Ansett	雷金纳德·安捷爵士
Rich Teerlink	李查·提尔林克
Richard Branson	理查德·布兰森
Richard Dow	理查德·道
Richard Foster	理查德·傅士德
Richard Friedman	理查德·弗雷德曼
Richard Li Tzar Kai	李泽楷
Richard McGinn	理查德·麦克金
Robert B. Tucker	罗伯特·图克
Robert C. Alexander	罗伯特·亚历山大
Robert Heller	罗伯特·海勒
Roger Von Oech	罗杰·冯欧克
Roilo Golez	罗伊洛·戈赖斯
Ron Grover	荣恩·格罗弗
Roy Coleman	罗伊·科尔曼
Roy Vagelos	罗伊·瓦格洛斯
Sam Walton	山姆·沃尔顿
Sarah Kaplan	莎拉·凯普兰
Sidney J. Harris	西德尼·哈理斯
Sim Wong Hoo	沈望傅
Stan Shih	施振荣
Steve Case	史蒂夫·恺斯
Steve Chain	史蒂夫·陈
Steve Jobs	史蒂夫·乔布斯
Steve Peace	史蒂夫·皮斯
Steven Sinousky	斯蒂芬·斯诺斯基
Steven Spielberg	斯蒂芬·斯皮尔伯格
Suharto	苏哈多
Sukarno	苏卡诺
Ted Turner	特德·特纳
Dr. Thaksin Shinawatra	达信
Theodore Levitt	西奥多·莱维特
Thomas Alva Edison	托马斯·爱迪生
Thomas J. Watson	小托马斯·约翰·沃森
Tiger Woods	老虎·伍兹
Tito	铁托
Tom Peters	汤姆·彼得斯
Victor Hugo	维克多·雨果
Walt Disney	沃尔特·迪斯尼
Warren Buffet	沃伦·巴菲特

William H. Davidow	威廉·H·达维多
William James	威廉·詹姆斯
Willie Nelson	威利·尼尔森

名称对照

下列是本书中可能出现的公司名称以及其它物名对照一览

22 Immutable Laws in Marketing	《营销大师法则》
3M	3M
A Business and Its Belief	《商业及其信仰》
A Passion of Excellence	《卓越的热情》
ABC	美国广播公司
Acer	宏碁
Acquired Immune Deficiency Syndrome，AIDS	爱之病
Air India	印度航空
Air New Zealand	新西兰航空公司
Alcatel	阿尔卡特（手机公司）
Altair 8800	牟牛星 8800
American Marketing Association	美国营销学会
Ansett	安捷航空
AOL	美国在线
APL	美国总统轮船公司
Arthur Anderson	安达信（英国）
Asia Inc	《亚洲公司》
Asian Wall Street Journal，The	《亚洲华尔街日报》
AST Research, Inc.	虹志（电脑）有限公司
ASUAG	瑞士钟表工业公司
Bain & Co.	贝恩咨询公司
Barings Bank	巴林银行
Baxter	百特
Bear Stearns	贝尔斯登
Berkshire Hathaway	伯克希尔·哈撒韦
Big Mac	《巨无霸》
Blue Chip Economic Forecasts	蓝筹经济预测
Boca Raton	博卡拉顿
Body Shop，The	美体小铺
Boston Consulting Group	波士顿咨询公司
Britain Inc.	不列颠公司
British Airways	英国航空公司
British Broadcasting Corporation（BBC），The	英国广播公司
Built to Last	《基业长青》
Business @ the Speed of Thought: Using a Digital Nervous System	《未来时速：数字神经系统和商务新思维》
Business Planning and Research International	商业计划与研究国际集团
Business Week	《商业周刊》

Carrefour	家乐福
Casio	卡西欧
CBS	美国哥伦比亚广播公司
CBS.marketwatch.com	CBS 市场观察公司
Chaebols	财团
Charles Schwab	嘉信
China Airlines	中华航空
Chrysler	克莱斯勒公司
CNN	美国有线电视新闻网
Co-opetition	《竞合》
Coffee Bean，The	香啡缤
Columbia Pictures	哥伦比亚影片公司
Compaq	康柏（电脑）
Cornell University	康耐尔大学
Corporate Debt Restructuring Committee（CDRC）	企业债务重整委员会
Creative Destruction	《创造性破坏》
Creative Technology Singapore	新加坡创新科技
Crotonville	克罗顿维尔
Customer Broker	客户经理
DBS	新加坡星展银行
Delifrance	德利法兰西
Digital Equipment Corporation（DEC）	数字器材公司
Discipline of Market Leaders，The	《市场领导者原则》
Disney Touch，The	《画梦巨人－迪斯尼》
Eastman Kodak	柯达公司
Economist，The	《经济学家》
EMC	美国易安信公司
Enron Corporation	恩龙公司
Ericsson	爱立信
Escom	E 时空
Experimental Prototype Community of Tomorrow，Epcot Centre	"未来社区实验原型"（即，艾波卡特中心）
Far Eastern Economic Review	《远东经济评论》
First National City Bank	第一国家城市银行
Focus	《焦点》
Forbes	《福布斯》
Ford Motor Company	福特汽车公司
Fortune	《财富》
Gap	盖普服装公司
Gateway, Inc.	捷威公司
General Electric	通用电器
General Motors	通用汽车公司
GEWay Fieldbook	《通用实战手册》
Giant Killers	《巨人杀手》

giri	"义理"
GITIC	广东国际信托投资公司
Global System for Mobile communications，GSM	全球移动通讯系统
Goldman Sachs	高盛集团
Harley Owners Games（HOG）	哈利一族
Harley-Davidson	哈雷戴维森
Hello Kitty	凯蒂猫
Hewlett-Packard	惠普
Hitachi	日立
Honest Business	《诚实的商业》
Honeywell	霍尼韦尔
Hong Kong Telecom（HKT）	香港电信
Hong Kong University of Science and Technology	香港科技大学
Hudson River	哈德逊河
Hugo Boss	雨果波士
IBM	IBM
ICL	国际电脑有限公司
IESE	西班牙纳瓦拉大学商业管理学院
IMF	国际货币基金组织
In Search of Excellence	《追求卓越》
Inditex	西班牙印迪泰克斯集团
Intel	英特尔
International Harvester	国际收割机公司
International Institute for Management Development（IMD）	国际管理发展学院
Johnson & Johnson	强生制药有限公司
JP Morgan	摩根大通
Keiretsu	财阀
Kidder Peabody brokerage firm	基德皮博迪证券公司
Kleenex	舒洁
Kopi-tiams（coffee shops）	咖啡店
KrisWorld	银刃世界
La Coruna	拉科鲁尼亚
Leadership Engine，The	《领导引擎》
Leading at the Edge of Chaos	《领导于混沌的边缘》
Lego	乐高
Lexus	凌志
Lily-Tulip Co.	莉莉特利普公司
Lipitor	立普妥（降胆固醇药）
Lisa	莉萨（苹果电脑）
Living Company，The	《长寿公司》
Lucent Technologies	朗讯科技公司
LVMH	法国路易·威登轩尼斯集团
Macintosh	麦金托什机

Maserati	玛莎拉蒂汽车公司
McDonald's	麦当劳
McKinsey	麦肯锡
Mean Business	《真的商业》
Medco	医疗保健方法公司
Mercedes-Benz	马赛地—奔驰汽车公司
Merck	默克制药公司
Merrill Lynch	美林（股票公司）
Ministry of Information，Communications and the Arts	新加坡新闻通讯及艺术部
MITS	微型仪器与自动测量系统公司
Motorola	摩托罗拉
MS/DOS	磁盘操作系统
Mustafa	穆斯塔法（新加坡）
NASA	美国国家航空航天局
National Bureau of Economic Research（NBER）	国家经济研究局
National Speakers' Association	美国演讲家协会
NBC	美国国家广播公司
Neptune Orient Line（NOL）	新加坡海皇船运公司
Netscape	网景
Nike	耐克
Nikkei index	日本东京证券交易所指数
Nissan	日产汽车
Nokia	诺基亚
Nordstrom's Company	努德斯特伦公司
NTUC FairPrice	新加坡职总平价合作社
Olivetti	好利获得
One Minute Manager，The	《一分钟经理》
OneSource	一揽子销售
Optus	澳洲澳普图斯电讯公司
Pacific Century Cyberworks（PCCW）	电讯盈科有限公司
Packard Bell	派克贝尔（电脑公司）
Palo Alto Research Centre，PARC	帕洛阿尔托研究中心（施乐）
Pan Am	泛美航空
People Express	人民捷运
Pfizer Corporation	辉瑞制药有限公司
Philips	飞利浦
Popular Electronics	《大众电子》
POSB	新加坡储蓄银行
Post-It®	报事贴®
PricewaterhouseCoopers LLP	普华永道国际会计公司
Qantas	澳洲航空
Quaker Oats	桂格麦片
Raffles Class	莱佛士商务舱
Re-engineering	《重组公司》

Reader's Digest	《读者文摘》
Reebok	锐步
Research Institute of Economy, Trade and Industry	日本经济产业研究所
Revlon	露华浓
Reynolds Metals Co.	美国雷诺兹金属公司
Road Ahead，The	《拥抱未来》
Royal Dutch/Shell	荷兰皇家壳牌集团
Rupert Murdoch's News Ltd	鲁珀特·默多克的新闻公司
Sabena	比利时国营航空运输公司
Samsung	三星
Scandinavian	斯堪的纳维亚
Sears	西尔斯·罗巴克
Seiko	日本精工株式会社
Sembawang Corporation Industries （SCI）	胜宝旺有限公司
Siam Cement	泰国暹罗水泥综合公司
Siemens	西门子
Singapore Airline （SIA）	新加坡航空公司（新航）
Singer Corporation	胜家公司
Singer Sewing Machines	胜家缝纫机公司
SingTel	新电信
Smith Corona	史密斯·科罗纳
Sogo Department Store	崇光百货
South African Airways	南非航空
Southwest Airlines	西南航空公司
SpaceBed	睡床式座椅
Spring Hill	斯普林希尔
SSIH	瑞士钟表总公司
Standard & Poor's 500 stock index	标准普尔 500 股票指数
Stanford Business School	斯坦福商业学校
Starbucks	星巴客
Stratix Consulting Group	史翠蒂咨询顾问集团
Sun Microsystems	升阳微系统公司
Sunbeam Corporation	尚彬公司
Superchiefs，The	《超级领导》
SupplyChain	供应链（美国俄勒冈州的顾问公司）
Swatch	斯沃琪
Swissair	瑞士航空公司
Synergy Trap	《协同效应的陷阱》
Tennessee	田纳西州
Thai Airways	泰国航空
Thakral Corporation	德加拉有限公司
Thriving on Chaos	《乱中求胜》
Time Magazine	《时代》杂志
Time Warner	时代华纳集团

Toyota	丰田汽车
Trade ministry	日本贸易省
Trend Watch	"趋势展望"
Turnaround Management Association	转机管理协会
University of Texas	德州大学
Vauxhall	沃克斯豪尔汽车制造公司
Virgin Atlantic Airways	英国维珍航空公司
VISA International	威士国际组织
Volvo	沃尔沃
Wal-Mart	沃尔玛连锁店
Wall Street Journal，The	《华尔街日报》
Wang Computers	王安电脑公司
Western Union	西联汇款
Wharton	宾夕法尼亚大学沃顿学院
Win The Value Revolution	《赢得价值革命》
Wormald International	沃莫尔德国际公司
Xerox	施乐公司
Yaohan Supermarket	八佰伴超级市场
Zara	飒拉
Zoloft	百忧解（抗抑郁剂）

www.ingramcontent.com/pod-product-compliance
Lightning Source LLC
Chambersburg PA
CBHW071851200326
41519CB00016B/4333